主要执笔者
铁　军　侯　越　詹桂香　王　怡　林　墾
李　莉　吕文辉　姜　娜　陈　斯

日本语言·文化·传播丛书
第2辑

中日跨文化交际研究

侯越 主编

中国传媒大学出版社
·北京·

图书在版编目(CIP)数据

中日跨文化交际研究 / 侯越主编. —北京：中国传媒大学出版社，2016.6
(日本语言·文化·传播丛书·第2辑)
ISBN 978-7-5657-1681-2

Ⅰ.①中… Ⅱ.①侯… Ⅲ.文化交流—研究—中国、日本 Ⅳ.①G125 ②G131.35

中国版本图书馆CIP数据核字(2016)第069065号

中日跨文化交际研究
ZHONGRI KUAWENHUA JIAOJI YANJIU

主　　编	侯　越
责任编辑	张　旭
策划编辑	冬　妮
特约编辑	沈梦绮
封面设计	大鹏工作室
责任印制	阳金洲
出 版 人	王巧林
出版发行	中国传媒大学出版社
社　　址	北京市朝阳区定福庄东街1号　邮编：100024
电　　话	86-10-65450532 或 65450528　传真：010-65779405
网　　址	http://www.cucp.com.cn
经　　销	全国新华书店
印　　刷	北京易丰印捷科技股份有限公司
开　　本	170 mm×240 mm
印　　张	15.75
版　　次	2016年6月第1版　2016年6月第1次印刷
书　　号	ISBN 978-7-5657-1681-2/G·1681　定价 59.00元

版权所有　翻印必究　印装错误　负责调换

目 录

壹 语言与跨文化交际

第一章　对日语暧昧观点的再思考
　　——从"魔鬼的语言"谈起　/ 3
　　导　言　/ 3
　　一、翻译和教学中遇到的日语"暧昧"观点　/ 4
　　二、何谓暧昧　/ 6
　　三、"日语表达暧昧"说法产生的根源　/ 8
　　四、中日语言的"婉转（委婉）"与"暧昧"　/ 10
　　结　语　/ 14

第二章　探析日语否定前缀「無」的语义功能　/ 16
　　导　言　/ 16
　　一、先行研究和研究对象　/ 17
　　二、「無 N」的语义分析　/ 22
　　三、「無 V」(無＋サ变动词)的语义分析　/ 33
　　结　语　/ 35

第三章　日源外来词在汉语中的接受研究
　　——以《汉语外来词词典》为例　/ 38
　　导　言　/ 38
　　一、先行研究以及本论文的研究方法、目的　/ 38

二、《词典》中日源外来词的使用状况调查　　/ 40

三、114 个日源外来词的演变规律　　/ 43

四、促使词语发生演变的因素　　/ 55

结　语　　/ 56

贰 跨文化交际教学实践

第一章　跨文化交际课"常识"认知的教学法研究　　/ 61

导　言　　/ 61

一、跨文化交际课的主要教学方法　　/ 62

二、常识的文化认知在跨文化交际体系中的定位　　/ 65

三、有关常识认知的教学法分析　　/ 67

四、有关常识认知教学效果的评估　　/ 72

结　语　　/ 73

第二章　跨文化视野下的商务日语教学研究　　/ 75

导　言　　/ 75

一、商务日语的内涵　　/ 76

二、学校教育资源及特点　　/ 80

三、商务日语人才培养探讨　　/ 82

结　语　　/ 86

第三章　国际化复合型外语人才的培养　　/ 88

导　言　　/ 88

一、国际社会视野中的国际理解　　/ 88

二、跨文化交际能力　　/ 90

三、外语学习和跨文化交际能力　　/ 93

四、今后的课题　　/ 95

第四章　汉译日翻译过程中重要细微信息缺失问题初探

——以翻译教学指导为中心　　/ 96

导　言　　/ 96

一、语言的"意义"及翻译活动目标　　/ 98

二、关于"同文双译"训练结果的对比分析　　/ 99

结　语　　/ 108

叁 社会文化与跨文化交际

第一章　审视日本人"求小"的心理中的空间要素　　/ 113

导　言　　/ 113

一、来自狭小空间的制约因素　　/ 114

二、空间狭小带来的强烈界限意识　　/ 118

三、对"小"的不懈开发　　/ 121

四、小中的效率意识　　/ 123

五、事事求细带来的文化冲突　　/ 127

结　语　　/ 132

第二章　浅析日本"杰尼斯"偶像文化的特点及在中国的传播　　/ 133

一、先行研究　　/ 133

二、"偶像帝国"——杰尼斯　　/ 134

三、杰尼斯的经营模式分析　　/ 139

四、杰尼斯偶像文化在中国的受容　　/ 145

结　语　　/ 150

第三章　用跨文化理论解读日本影片《入殓师》　　/ 152

导　言　　/ 152

一、相关概念　　/ 153

二、影片简介　　/ 155

三、影片所表现出来的日本文化主要特征　　/ 157

四、几点思考　　/ 161

结　语　　/ 162

第四章 试论城市化中文化指向的缺失
——中日现代化进程中的文化定位 / 164
导　言　/ 164

一、中国城市化与现代化的关系　/ 165

二、日本城市化与现代化的关系　/ 168

三、城市化中地域文化构建　/ 173

结　语　/ 175

第五章 关于现代日本老年人生存现状的问题研究
——以《读卖新闻》的报道为例 / 178
一、研究背景　/ 178

二、研究对象和方法　/ 179

三、研究发现　/ 180

四、结语　/ 188

五、今后的课题及研究方向　/ 190

肆 历史与跨文化交际

第一章 中日创世神话中女性神祇形象及地位变迁比较研究　/ 195
导　言　/ 195

一、作为独身神的女性神祇　/ 196

二、身为对偶神的女性神祇　/ 200

三、女性神祇的地位变迁　/ 205

结　语　/ 208

第二章 历史传承之载体、文化交流之平台
——冲绳久米至圣庙 / 210
一、久米三十六姓　/ 210

二、久米至圣庙之沿革　/ 211

三、释奠祭礼　/ 214

四、久米崇圣会的中日交流　/ 217

五、久米历史展示室　/ 219
　结　语　/ 221

第三章　中日傀儡戏比较研究
　　——以布袋戏与人形净瑠璃为例　/ 225

　导　言　/ 225
　一、中日傀儡戏史的变迁　/ 226
　二、布袋戏与人形净瑠璃的异同　/ 229
　三、中日傀儡戏发展之现状　/ 233

后　记　/ 238
作者简介　/ 240

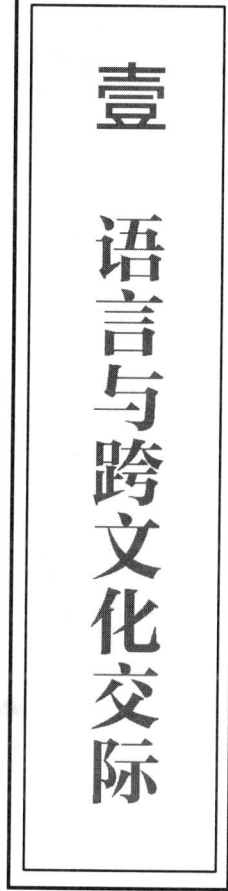

壹 语言与跨文化交际

第一章　对日语暧昧观点的再思考
——从"魔鬼的语言"谈起

铁　军

导　言　问题提起的背景

一般情况下,在学习一门语言之前,人们会有各种印象作为先入观存在于头脑中。这种先入观,有不少属于对象国文化深层里的意识和观念的领域。因此,很容易在语言教学中的文化导入中被忽视。现今的语言教学中的所谓文化导入,介绍给学生的大都是较为浅显的知识性内容、图片和文化符号意义的内容,涉及不到的盲点较多。就日语语言教学而言,人们对日本语言的认识仍然不那么清晰,常可听到"都是使用汉字,一看就懂一半""中日间可以笔谈""日语是暧昧的语言,弄不清日本人在说什么"的说法。而针对日本文化而言,"日本人跟中国人同文同种""日本文化都是学中国的""失传的中国文化在日本可以找到"等也属这类先入观的主流说法。

不可否认的是,这类先入观的确有强调中日文化交流历史的效果。作为一般认识,仅仅以日本语言、日本文化的表面现象为依据,即便是有些片面,也无大碍。但是在专业语言文化的学习、研究领域,这些论调就显得粗浅、经不住仔细推敲,对深入学习和研究是有害的。起码它忽略了日本人对外来文化进行本土化的努力,否定了外来文化在进入另一个文化区域时必然发生的摩擦、冲突、被边缘化或去边缘化的过程。

其中，经常被提到的"日语暧昧论"就是较为片面的、容易引起误解的观点之一。没有接触过这门外语的一般人和初入此道的学习者，特别容易受此影响。在学习日语前，学习者不具备与日本人进行交流的手段，接触日本人不多，不太了解他们的思考方法和行为模式。在日语语言水平达到一定程度后，学习者会发现日语转弯抹角的说法较多，又会加重日语暧昧的感觉。实际上，这些都属于直觉印象，忽视了使用这个语言的人的意识和语言使用习惯。当然，不是所有的学习者都是如此，不否认一些学习者可以在学习的过程中，逐步纠正不正确的先入观，建立起客观的、符合实际的正确看法。

的确，日本语言采用了汉字，历史上还大规模引进中国文化，曾以汉字作为记载手段。但是在一千多年前，日本人就已经创造出符合日语语法、表现习惯的日本式表记方法，日语在文字表现上具备了完整的表达系统。中国人可以看懂的只有借用汉字的部分。一篇文章里汉字多的话，可以基本推断出属于哪个主题，而细节，尤其是肯定与否定、思路与认识过程就难以以汉字为依据进行推断，以致无法进行笔谈。

如前述，历史上，日本人引进了中国文化，在推行和使用实践中，不断与本国土著文化相融合。即便是中国文化占主流的领域，也融入了日本土著文化的成分，与中国原本的文化产生了不少差异。无论是中国人在日本还是日本人在中国，都可以明显感受到两国文化的差异。所以，对日本文化、语言的性质下判断时，应排除想当然的基本印象和不正确的习惯性说法的干扰，进行有实证的科学分析。

一、翻译和教学中遇到的日语"暧昧"观点

在此，首先针对日本语言的一般性印象——"日语暧昧"的问题进行分析、思考。

在语言翻译中，经常会遇到如何执行翻译界通行的原则——"信达雅"的问题。有些人在翻译实践中，只作简单的基本信息传递，而对表达感觉、感情的地方处理得比较粗糙，认为是啰唆和暧昧而割舍。这固然有悖"信达雅"的原则。具体到中日语言翻译上，若按照中国人直言的思路，译得太少，会缺少日语的原汁原味，不像日语；不分轻重地都译出来，作为中文又显得有些啰唆，不符合中国人的表达习惯，

又可能导致意思模糊不清。尤其是需要将说话人的原意精确地表达出来时,这个矛盾就更加突出,导致"信达雅"的原则在中译日时难以把握。与日本人打交道多了,听到这种与中国人的语言表现习惯大为不同的日语或这种日语的直译文,几乎所有的人都会有"日本人说话怎么这么暧昧"的感觉。

当然,把日语与日本人联系起来是合理的,问题在于究竟是日语语言本身具有暧昧的构造还是日本人的思考习惯问题。遗憾的是,人们并不去多想,这导致日语在我国已成为第二大外语、为许多人所掌握的今天,在相当一部分人头脑里,仍有一种所谓"日语表达暧昧"的既成概念。

李兆忠在《暧昧的日本人》中写道:

> 日语曾被西方传教士称为"恶魔的语言",它像一座迷宫,把崇拜逻辑,讲究语法的西方人折腾得筋疲力尽。

书中还引述了400年前的葡萄牙传教士在其著书《日欧比较文化》中的一段话:

> 在欧洲,人们要求语言明确,避免暧昧不明的语言。在日本,暧昧是最优秀的语言,最受重视。

不仅限于语言翻译领域,直接用日语口语与日本人交流时,不少人也有这种看法。一些日本人也大概是因为与外国人交流中的几次挫折,也应声附和,说本国语言表现是暧昧的。这样,"日语表达暧昧"这种判断似乎就成了定论。

实际上,作为语言表达的习惯,日语中的确有一些惯用的说法让外国初学者难以领会。探其原因,就可以发现大多数是由于缺乏对日本文化背景的了解,其语言学习缺乏文化上的了解作支撑所致。随着学习的深入,掌握了文化背景知识后,这些问题也就会迎刃而解的。

一般说来,在提倡直截了当地表达自己的意志、以直言为美德的中国,暧昧一词带有一些贬义,我们拿它来评价日语时,也就稍稍带有一点负面意识。所谓"暧昧"的语言表达,它带来的直接效果是影响与对方的沟通,使对方无法迅速弄清说话者的真实意图。

在日语语言教学中,经常通过惯用句型将日本人的语言表达方式规范地教授给中国学生,使他们学会所谓「日本語らしい日本語」(真正的日语)。在这其中,就有不少被认为是暧昧的表达方式。譬如,中文的"我认为……"在日语中常以「……ないのではないかと思います」的惯用形式出现。同样,将其译成中文时,初学者就有可能直译成"我认为不是不……吧"。这种表达方式在了解了日本人不善直接判断、留有余地的表达习惯后,就不再成为问题。反之,中国学习者在用日语对某一事物进行说明、推断时,模仿日本人的表达习惯,将句子处理成以上这种被称为"暧昧"的表达形式时,日本人听起来自然也会比较顺耳。

表达方式和表达内容在语言表现中至关重要。而且,思想内容通过何种形式表达出来,对表达内容是有影响的。即便语音如何纯正,一旦脱离了日语固有的语言表达方式,将使所表达内容的准确性大打折扣。

中国和日本都有一句古话,叫做"入乡随俗(郷に入れば郷に従え)",也应该是语言翻译中遵守的原则。即,在正确解读核心意思的原则下,翻译成听者易懂、没有理解障碍的表现。换言之,译成日语像日语,译成中文像中文。

然而,在不少人的脑子里,早已有了"日语暧昧"的贬义倾向的先入观。而且道理上,既然是贬义的,在实际应用中自然就会去作避免表现出来的努力。这种先入观会对日语的理解和翻译产生一些负面作用,所以,有必要通过一番考察分析,来判断由来已久的"日语表达暧昧"的说法是否准确。

二、何谓暧昧

讨论日语暧昧与否时,看一下权威工具书中如何表述语言表达领域的"暧昧",会给我们建立一个判断的尺度并带来一些启示。

《汉语大词典》[①](1)含糊;模糊。(2)不光明的;不便公之于众的。

《辞海》[②](1)幽暗。(2)模糊;不清晰。(3)态度不明或有不可告人的私隐……。

---

① 罗竹风主编:《汉语大辞典》,汉语大词典出版社1990年版,第840页。
② 《辞海》,上海辞书出版社1980年版,第1404页。

日语『国語大辞典』①也指出：(1)物事がはっきりしない様子。物事が確かでない様子。あやふや。不明瞭。(2)うしろ暗いこと。いかがわしいこと。怪しげな、疑わしい様子。②

　　从以上权威工具书的表述可以看出，"暧昧"一词作为名词和形容词，其解释基本是贬义的。在实际的人际交流中，的确存在着符合以上几条定义的表达方式，导致语言的受者难以弄清话者想要表达的真实含义。这种暧昧的表达，从话者的角度来说，有时是无意的，在不知不觉中给人造成这种感觉。有时又带有话者的主观意图，想通过暧昧的表达达到一种与直接表达不同的目的和表现效果。这种暧昧的表达常会使语言的受者处以一种易于误解的状态，必须费尽心思去揣摩话的真实含义。所以，人们一般多对暧昧作贬义的解释。并且，正因为是贬义倾向的表达方式，所以在一个国家和民族的语言中，理应不会成为表达的主流方式。如果说一个国家、民族的语言表达暧昧，就等于判定这个国家、民族的语言在表达方式上尚不成熟，从根本上否定这个国家、民族赖以交流的语言以及支撑语言的文化。

　　应该说，暧昧属于比较个人性的表达方式，无论哪一个民族、国家，其语言表达都会有一些人在一些场合下，使用被称之为暧昧的内容和方式，这是话者在考虑到说话场景、气氛以及人际关系时逃避直言的处理方式，在养成习惯后，会不知不觉地以这种方式与他人交流。在中国，也有某些人在特定的条件下，含糊其辞、拐弯抹角地叙述。然而，不能因为有这种人和这种表达方式的存在，就断定中文是暧昧的语言。所以，我们在谈论日语暧昧与否的问题时，还应首先弄清是属语言本身构造性的原因还是使用这个语言的人在思考、表达问题上的态度问题。

　　暧昧的表达导致认知的错误，是人们对暧昧作贬义评价的理由之一。从结果上看，也的确导致人际交流障碍和意志沟通不畅，不利于人际交流。幸好在人类通过语言进行的交流中，暧昧的表达并未成为主流。同时，暧昧的表达还由于被认为是带有贬义倾向、有悖于语言表达的美学观而不被提倡使用。既然如此，也就不可能成为语言表达的主流。

---

① 尚学図書言語研究所編集：『国語大辞典』、日本小学館1982年第一版。
② (1)事物不清楚、不确切的状态。模棱两可。(2)心中有鬼，可疑。怪怪的，有疑惑。——笔者译

三、"日语表达暧昧"说法产生的根源

如前所述,暧昧会造成语言的目的——信息传递、人际交流极为不利的结果,不是语言表达中所提倡的,而是一种病态的表达方式。日语语法结构严谨、表现方法丰富,可以与许多国家、民族的语言互译。所以,可以说,日语语言本身并不是结构性、基础性的病态语言。

归纳起来,日语中有几种被外国人学习者称为暧昧的表达方式。这些多属于不了解日本人思考方式、无法把握话题的流向、弄不清几个关键词汇的涵义造成的对整体的认知错误。从起因上看,还称不上暧昧,属于语言受者自身的原因。而由于话者表达方法低劣、故意含糊其辞、绕着弯子说造成的听者的认知障碍,不仅在日本人中,在外国人中也时有发生,这些表达方式当然可以认定为暧昧。其实,暧昧与否,不是语言本身的问题,应该是话者的思维习惯、行为模式的问题。因而觉得听到日本人暧昧的言语表达,就断定日语暧昧是不准确的。

语言虽然有国家、民族属性,但不是绝对的。中国人说日语、英国人说法语都只是将语言作为交流意志的工具,并不等同于人也变成对方国家的人,也不意味着一定要按对方国家的思考习惯、行为模式去做。有的日本人在语言表达习惯上有暧昧的感觉,但也有善于直言的日本人。同是日本人,操着日语说话,却给人以不同的感觉,说明问题不在日语这门语言上。

从话者的角度看,表达方式被认为是暧昧的原因基本有以下几种。

(1)由于部分人表达水平低下、思路不清等的关系,客观上不经意间造成暧昧的结果,可以通过解释说明进行弥补,这种情况应为多数。

(2)主观上故意造成暧昧结果,多带有负面或不良意向。这种情况应为少数。

(3)日本人作表达时,对已知的事物不表现主语,多用推量、省略、不愿直言的表达方式。对外国人而言,按照本国的语言习惯来接收来自日本人的信息必然会感到意思不清,造成日本人表达暧昧的印象。这不仅仅是一种语言表达的方式问题,同时也是文化背景问题。

(4)日本人避免"迷惑"(不给他人添麻烦)的意识出现在各种场面。想让对方心领神会,不愿在语言上使对方尴尬,给自己和对方留有余地。京都人对坐得太久

的客人会说一句"再给你倒一杯茶吧",虽然是表面上的热情,可使对方意识到自己坐得太久。这种行为模式的本意并不是出于针对对方的恶意,与其说是暧昧,毋宁说是对对方的尊重。

较浅层次的外国人日语学习者常因为日语的一些惯用表现而弄不清日本人在表达什么意思,即便是一句(日本人认为的)意思明确的表述,有时也会因为日语特有的句尾表现而感到困惑。在针对一件事物表达意见时,他们究竟是想赞成还是反对?既然赞成,为何不直接说一声「はい」?既然是反对,又为什么不直接说一声「いいえ」,而非说「ないのではなかろうかと思う」呢?明明在说自己的想法,在句末却使用「～と思われます」,使人弄不清前面的内容到底是谁的判断。

其实,初学阶段留下的所谓"暧昧"感随着学习的深入就会自然消失,取而代之的是对日语、对日本人语言表达方式更深的理解。既然在学习的高级阶段,已经达到了对日语以及日本人的语言表达方式的高度理解和认知,不再存在由于表达上的"暧昧"而导致的误解,那么,就应该承认在初学阶段所作的"暧昧"结论是幼稚、不成熟的。

通过考察,可以给对日语表达作"暧昧"评价者群体下一个判断。一般有以下几种。

(1)日本人中并不了解本国语言、随大流随意说说者。

(2)外国人学习者中,日语尚不熟练、缺乏熟练的语言表达技巧和日本文化背景支撑者。

(3)日语学习时间较长、能熟练表达意志,但其日语语言水平仍处于本国式的思维和表达方式的禁锢中,缺乏对日本文化理解者。

第一种人是日本人,对日本语言的构造和自己作为日本人的行为模式不能做到明确区分,又因为是日本人的"亲身感觉",对第二、三种人的"日语暧昧观"的形成具有推波助澜的效果。第二种人属于还没有掌握较为复杂的表现,刚学会最基本的肯定否定表现。第三种人属外国学习者,有一定的日语表现能力,其语言学习只注意单纯模仿,日本文化基础不深厚,还不能准确表达和理解日语。

历史上,日语作为一门语言,同任何一种语言一样,都曾有过只有口语没有文字、表达上不成熟的阶段。为了解决这个阻碍社会进步的语言障碍,古代日本人甚至用汉字的音——"万叶假名"来表示日语的读音。当这种用别国文字的读音来表示本国语言的矛盾又阻碍社会前进时,日本人又找到拆解汉字和利用汉字草书的方法,完成了创造日本文字的历史性突破,并一直沿用至今。日语的修辞也是如此。虽然语法、语体、文字表现、修辞上与语系不同的汉语有着巨大差异,汉字、中国古代文化、文学依然对日本人的文化及世界观产生了深远的影响,甚至在被日本人作为国粹的和歌、草子(散文)中也可以寻觅到中国古代文学的踪影,含蓄、比喻(借喻、隐喻、明喻)、双关、反语、婉转、倒置句等修辞手法成了和歌修辞的主流。这些中国古代文化的传入以及在日本的本土化,使日本语言具备了完整、成熟的表达体系,足以表达日本人的思想、意志,可以承担与任何其他外国语言之间的对等交流。

对一个具有完整体系的语言的表达作判断时,需要全面地考察此语言,要涉及使用范围、说话者与接受者间的关系、接受者的能力等。目的是为了通过考察来弄清、理解差异以及交流障碍如何产生、是否在一个合理原因之上。如前所述,一个国家民族的语言表达方法如果整体是暧昧的,那么只能说明这个国家的语言以及支撑语言的文化很原始、不成熟,并且与其他国家、民族不能进行对等的交流。而事实上,至少在日本语言表现上还没有发生这样的事情。

语言由人来使用,语言表述出现问题,首先是人的问题,是人的思维模式的问题,李兆忠的著书书名《暧昧的日本人》所做的定位还是合理的。应该说是日本人的、被认为是暧昧的思考方法导致了人们认为日本语言表现暧昧的现象,所谓"日语暧昧论"可以休矣。

四、中日语言的"婉转(委婉)"与"暧昧"

在表达意志时,人们还经常处于一种人际关系的框框束缚中,这种框框的束缚,使话者不得不考虑自己如何通过相应的表达方式将自己的意志表现出来。否则,就会处于因说话方式的种种不慎而造成的被动之中。聪明的人,会使用婉转的表达方式,将难以启齿的内容巧妙地表现出来。《辞海》(语言文字分册修辞学,第25页)中对"婉转"一词的含义作了以下归纳:

不直说本意而用委曲含蓄的话来烘托暗示。

"婉转"是一种褒义倾向的修辞学辞格,熟知日语表达方式的人会用"婉转"对日语表达作一个定位,而不熟悉日本人的表达方式、并屡屡在与日本人的交流中发生理解障碍者,则会将日语的表达评价为"暧昧"。参考《辞海》的说法,就可以断定,婉转在多数情况下也是一种带有主观倾向的表现,从结果上看,"婉转"是为了使对方更好地接受自己的意图而采取的非直接表达方式,行为和内容均属褒义范畴。而"暧昧"在非主观的情况下,即便是出于良好愿望,表现手法低劣,极易发生沟通不畅、造成误解,属在语言表达上的不成熟和忌讳,不值得提倡。如若属于主观上的恶意,就应从道德的层面进行指责了。其实,婉转与暧昧在中文表达中也常可见到实际用例,基本意义同日语中的"婉曲"和"暧昧"相同。中国人在不能直接表达和作判断时,也会使用婉转或者暧昧的修辞方法,其中,使用得当者,被称为"委婉",会被看作是一种替他人着想、善解人意的美德。而在应该明示观点的场合,却含糊其辞,结果越弄越糟,造成沟通障碍,结果适得其反,在语言表现上,谈不上任何语言美,这就是所谓"暧昧"。

那么日本人的"暧昧"是如何体现的呢?归纳起来有两种。

(1)顾及对方的感受,不伤害对方的自尊,给对方留有余地,婉转地将难言的意思暗示出来。这就是人与人之间"界限意识"的反映,可以理解为善意的委婉。

(2)故意含糊其辞,不给对方明示,通过对方的错误理解来达到目的。是一种带有恶意倾向的语言态度。

多项研究结果证明,赖以生存的空间,对一个民族性格的形成具有相当重要的影响。例如,以畜牧为生的草原民族与种植作物为生的农业民族,在性格上有明显差异。同样,土地辽阔国家的国民与土地窄小国家的国民的思考方法、行为模式也有很大不同。迄今为止,我们与日本人交往时,往往只注意到他们的历史、文化、现代社会等,对他们的生存空间注意较少。而不可否认的是,生存空间对形成一个民族的历史、文化以及行为模式具有基础性的作用。日本国土面积窄小,没有人人都可以放开、随意做事的空间,需要用严格的"界限意识"来划分物理空间,保持"和"。然而,严格的界限意识并不否认灰色部分的存在。和式房间内的榻榻米,正好是一个人躺下并有左右翻身空间的尺寸,原则是身材大的人多占一点,身材小的人少占一点。不像床那样,无论大个小个,空间平均一致,不会因越了界就掉下去。如吃饭的托盘,宽度基本上是普通人的肩宽,成为与他人的界限的同时,留下自己活动的最低要求。但这个界限并不绝对,不像中国小学生的双人课桌那样,用刀子划出一条线,不许越雷池半步。同一个公司里的人,对内或对外提到本公司领导的用词、态度有所不同。日语中有尊他、自谦、郑重三种敬语表现,可以起到调节人际关系的作用,从用词中可以感受到人与人之间的关系的界限以及界限显示出的亲疏。一个简单的"来"在日语中会有「来る」「来られる」「見える」「来ていただく」「お越しになる」「いらっしゃる」等几种表示不同心情、敬意的译法。根据听者的不同,还可能有语体上的不同。敬语的使用,表明了人与人关系的界限,而对不明身份的人,一般也多用敬语和敬体,这是由于敬语和敬体接受面大,不会导致因语言使用不当而尴尬。

换言之,只意识到双方界限中的黑与白,意识不到灰色部分,就难以在日本社会里混下去。灰色部分即所谓暧昧也是维护"界限意识"的窍门之一。只有这样,日本人才能在拥挤的空间中,照顾彼此利益,避免冲突,保持相对的和谐。空间决定语言态度,乍听起来似乎有些荒唐,然而将"空间决定思考方法""思考方法决定语言态度"这两点连在一起考虑,就可以发现这一点颇具合理性。暧昧与界限意识,二者在意义上似乎相互矛盾,然而,在日本,暧昧的行为模式(语言态度)是为了达到相互不触及利益的目的,是表明彼此界限的手段,最终都是为了维持相对的"和"。总之,在窄小空间中生活的日本人的思考方法、行为模式中,具有暧昧感的行为比起生存在幅员辽阔的国度里的中国人更多。

日本人在人际交流中,重视语言上的"配虑(时时顾及对方的感受)文化"以及"待遇表现(根据对象使用不同的语言)",这些成为形成日语语言美的基本构件之一。尤其是"配虑文化",使日本人在运用语言作人际交流时,时时会意识到对方的地位、心情、处境。难以启齿的事,喜欢「それとなく」(在不经意中)表达出来。日语中,还有包括复杂的"待遇表现"体系的、直接和非直接的多种表达方式。我们日常听到的、证明日语暧昧的许多具体表现实例,有不少就是这些"配虑文化""待遇表现"意识带来的结果,即婉转的表达。因此,唐突地断言日语暧昧,是对婉转的一个误解。而这些"配虑文化"产生的根源,与中国文化又有着千丝万缕的联系,我们在日语表达中,看到和听到的婉转表达,有不少是中国文化在日本这个特殊环境中本土化后的结果。其实,对中国人来说,日本人的"配虑文化"并不那么难以理解。访日归来的中国人,有不少人称赞日本人到位的礼仪以及周到的安排,从日本人的言谈举止中发现一些熟悉的东西——心灵深处尚未泯灭的儒、道、佛思想的影响,并与它产生共鸣,并不像欧美人在日本那样有强烈的置身于异文化之中的感觉。

在当今,人种与民族已不再是判断国籍要件的环境下,语言表达方式尚能够承担起判断其文化属性的重任。日本人的委婉表达被看作"暧昧",被包括日本人在内的研究者、学习者作为负面意义的现象进行"再思考",甚至被日本学者看作是与外国人交流的障碍,是一种值得关注的问题。

事实上,即便由于上述基本构件以及由此产生的意识的存在,在某些场合,某种程度上导致了与异文化间的交流障碍,日本人也不会为了与国际接轨而抛弃自己特有的语言表达方式,同时也不可能要求别人按照着自己的语言习惯改变。因为,日本人已建立起成熟的日本文化体系。语言,包括具体的表达习惯是文化认同的一个重要标志,丢弃了特有的表达方式的语言,将导致文化认同要素的缺失,像通行世界各国的英语一样,失去传承本民族文化的功能。当然,日本人重视这些基本构件,也只是就正常情况而言,在无须考虑"待遇表现"以及对人"配虑"的特殊场合,日本人会不客气地使用双重的否定「いいえ、違います」(不,不对),拒绝时也会直言「だめだ」(不行)。生气和遇到生命危险时,日本人也会非常直截了当,直接说「いや」(不)。「助けてくれ」(救救我)。本是求人救命和饶恕的场合,用敬语和更为礼貌的委婉表达理应更有效,而这些在此时此刻都消失得无影无踪。

其实,就日本人的语言表达习惯而言,有不少颇有特点的地方。在转变话题和需要引起对方注意、需要对方谅解的内容前,大都会习惯性地加上一句提示将有后续内容的前置语句。例如:

「まだご存じないかも知れませんが……」(也许您还不知道)

「田中さんには申し訳ないですが……」(太对不起田中先生了)

「お話中、ちょっと済みませんが……」(您正谈话呢,稍打断一下)

这些前置语,并非需要传达给对方的主要信息,目的在于使后续话题、内容不会导致对方的吃惊、不快,给对方留一个反应和准备时间,是对对方的尊重和体贴,不会让人听了不舒服。单从语言效果来看,预示后续话题的做法,与后续内容形成互补,起到了提高表达效果的作用,在一些场合,会比直言更易接受,是一种很好的表达习惯,究其根源,可以认为是出于配虑意识的婉转表现,是文化背景使然。

结　语

所谓表达方式的问题，不仅仅是语言修辞的问题。从更深层次来说，也是一个语言表达的美学和价值观问题，与这个国家的文化背景有着不可分割的关系。虽然在实际使用中，汉语和日语之间有着种种差异，且不能保证人人说话都避开婉转和暧昧，但从主流上来说，中国人以直言不讳、开门见山为美德；而日本人则在长期的历史和社会实践中，建立起一套考虑到不同的人际关系为基准的"待遇表现"，并推崇一种"配虑"文化，造成重视婉转的语言表达的倾向。日本人之间在自己的文化语境下，用日语做人际交流，并未产生认知理解障碍，尤其在今天的日本，即使信息传播手段发达、信息量剧增，也不曾发生沟通不畅，所以，可以说一部分人所认为的"暧昧表达"并不是日语表达方式的主流。

由于漫长的奴隶社会、封建社会中形成的等级观念的影响，在中文表达中，也曾有过类似于日本的"配虑文化""待遇表现"。中国人在说话时，也曾时时考虑到对方的地位、处境、与自己的关系，在许多场合，通过婉转的表达将难以启齿的话表达出来是常用的重要修辞技巧之一。只是到了现代，经历了各种历史变革，中文的敬语已不及日语那样健全、繁缛，已不具备类似于日语"待遇表现"那种特殊的、完整的表现系统。至于"暧昧"一词，虽然与"婉转"都同属名词、形容词，根据话者、受者的意识，在同一表达上，与婉转可以相互置换，但在修辞学中并未作为一个正式用语出现，足以表明它不是积极意义的、规范的语言表达，不是语言修辞中所提倡的。

另外，中国在近现代史上经历了几次使社会脱胎换骨的革命后，人与人的关系发生重大变革，中文中，提示人与人社会地位差别的修辞表现以及词汇已经很少了，语言表达变得更为简练、直接。相比之下，日本在战后，社会发生很大变革，语言表达上也出现简练、直接的倾向，但人际关系发生的变化，不及中国这样激烈，属于在不动摇社会文化根基前提下缓慢的"移行式嬗变"。这些本属社会文化范畴的差异的客观存在，使中日语言教学、翻译领域里又多了一个必须考虑的因素。

总之，语言教学中的文化导入的目的，是为了更好地了解对象国的语言背景。但是，纵观各校、各地日语教学中的日本知识、文化、背景咨询课程，除了具有文化符号意义的知识外,还缺少对内化于人们头脑内部行为模式、意识方面进行思考的引导。譬如,对日本文化中的"集团主义""内侧外侧观念""求小心理"等还处于"先论为上"的随大流式教育,没有从深层次引导学生进行比较研究,更谈不上反论、质疑了。没有教师的有意识的引导,学生就难以对这些抽象事物进行学习和思考,更谈不上深入下去。同时,对对象国不成熟的了解,有时也会限制人们的思考,在解释一些现象时,导致无法突破先入观制约的负面效果,以至于找不到合乎逻辑的答案。作为教育工作者,首先应该有意识地发现问题,解决问题,为学习者创造了解文化的机会。因为,对大多数学习者来说,大学学习就是他们一生系统学习生活的终点,让他们带着不成熟的对象国知识走出校门,进入社会,是教育的耻辱,是教育工作者不愿看到的。

参考文献

罗竹风主编:《汉语大词典》,汉语大词典出版社1990年版。

辞海编辑委员会:《辞海》,上海辞书出版社1980年版。

李兆忠:《暧昧的日本人》,金城出版社2005年版。

尚学图书言語研究所编集:『国語大辞典』、日本小学館1982年第一版。

第二章 探析日语否定前缀「無」的语义功能[①]

李　莉

导　言

　　「無」从古汉语进入日语后,作为否定前缀产生了很多派生词,如:「無意識」「無責任」「無宗教」等,同时,现代汉语中有也不少含有"无"的词汇,如"无意识""无原则"等。虽然汉日两语中同时存在含"无"的词汇,但同形同义词并不多。一个语言中存在的词汇在另一个语言中可能并不存在,比如,日语中「無責任」「無宗教」在汉语中不存在,汉语中我们只能用"没有责任感(不负责任)""不信仰任何宗教"来表达。这种汉日两语间的不对应是学习者习得过程中的难点之一,同时也会造成跨文化交际中的障碍。

　　因此,探析日语否定前缀「無」的语义,弄清汉日两语中"无"在语义功能上的区别,对于学生的日语词汇习得以及跨文化交流都是非常必要的。

　　基于此,本文将探讨日语中「無」的语义功能,并与现代汉语中含"无"的相关词汇做对比,期望能对学生的词汇习得及消除跨文化交际中的障碍有所助益。

　　那么,日语中的「無」表示什么意义呢?先来看下面的例子。

[①] 本文受北京市教委 2015 年科研计划面上项目——基于语料库的汉日否定成分构词功能对比研究资助。项目批准号 SM201510034002。

(1)無意識＝意識がない　　無期限＝期限がない
(2)無責任≠責任がない
(3)無派閥≠派閥がない

一般认为，「無」表示「ない」("没有")，因此，「無～」即表示「～がない」之意。例(1)的「無意識」「無期限」也的确表示「意識がない」「期限がない」；但例(2)的「無責任」，例(3)的「無派閥」并不表示「責任がない」「派閥がない」之意。那么，「無」究竟表示什么意义呢？

在日语学界，关于日语否定前缀「無」的语义特征有过不少论述，但都未能对「無」所表示的意义给予一个系统的解释。关于这一点，将在2.1的先行研究中做详细论述。

本文将在回顾先行研究的基础上，分析「無」构成的合成词的意义，从中总结出「無」的语义特征。

一、先行研究和研究对象

1. 先行研究

关于日语否定前缀「無」的语义特征，日语学界有过不少论述。

其中，相原(1986)指出：「無」主要表示「存在性の否定」(例4)，有时也可表示「概念性の否定」(例5)、「事態性の否定」(例6)和「価値性の否定」(例7)。另外，「無」在和サ变动词结合时，表示「行為性の否定」(例8)。

(4)無試験、無趣味、無期限、無効
(5)無私、無為、無念
(6)無作法、無所属、無神経
(7)無気力、無勢、無欲、無能
(8)無抵抗、無差別

サトーほか(1982)将「無X」①的语义用句子进行解释,以此总结出了「無X」的语义类型。以「無紋」为例:

(9)「無紋」→「紋がないこと」→「Nがないこと」

像这样,サトーほか(1982)将「無N」②的语义总结为7种类型,即「Nがナイコト」「Nが悪いコト」「Nが少ないコト」「Nがイラナイコト」「Nに反するコト」「Nデナイコト」「Nニガヲ(Vシ)ナイコト」。其中,「無紋」属于「Nがない」型。

同时,サトーほか(1982)将「無V」③的语义也总结为5种类型,即「Vシナイコト」「Vサレテイナイコト」「Vシタコトガナイコト」「Vシキレナイコト」「(Nニガヲ)動シナイコト」。

可以看出,相原以及サトーほか,都对「無N」「無V」的语义进行了具体的分析与考察,并在此基础上总结出「無N」「無V」的语义类型。但这些语义类型的归纳本身存在不合理之处,例如:相原认为「無作法」「無神経」表示「事態性の否定」,但我们也可以认为「無作法」「無神経」表示「価値性の否定」。不过,归根结底,最重要的问题是,无论是相原还是サトーほか,都没有对「無」的语义做出统一的解释,即「無」到底表示什么样的否定。本文将对「無」的语义做出系统解释。

2. 研究对象

日语的否定前缀「無」可以和名词、サ变动词结合,但不能和形容词结合。之所以不与形容词结合,这与「無」所具有的语义密切相关。因为「無」本身是表示事物或事件的不存在,因此不能和表示状态的形容词结合。

下面将分别考察「無」与名词、サ变动词词干结合时的情况,来分析探讨「無」否定的本质及特征。

迄今为止的先行研究,对含有「無」的词例收集大多局限于辞典,这导致很多现在日常生活中使用的词汇未被纳入研究对象(如「無果汁」「無派閥」)。因此可以

---

① 「無X」指含有「無」的合成词。
② 「無N」指「無＋名词」。
③ 「無V」指「無＋サ变动詞」。

说,先行研究的分析结果很难全面地反映「無」的全貌。为此,笔者在参考『日本国語大辞典』(第二版)①、『広辞苑』(第六版)的基础上,引入大型语料库——『朝日新聞』(2009年1年份)以及『日本語書き言葉均衡コーパス』(モニター公開データ2008年版),从中抽取含有「無」的词例,以确保研究对象的全面性和科学性。

在此原则下,本文抽取了155个含有「無」的合成词②作为研究对象。这些词汇有些被辞典收录,有些并未被辞典收录。(10)a中列出的78个词被收录在辞典『日国』中,而(10)b中列出的77个词未收录在辞典『日国』中。

(10)a. 收录于『日国』的「無 X」③(78词)

無愛想・無安打・無意識・無意義・無意味・無一物・無一文・無遠慮・無過失・無価値・無感覚・無関係・無干渉・無関心・無感動・無期限・無技巧・無軌道・無記名・無器用・無気力・無器量・無教育・無競争・無教養・無計画・無欠席・無原則・無国籍・無作為・無沙汰・無作法・無差別・無資格・無自覚・無資産・無慈悲・無思慮・無宗教・無収入・無重量・無重力・無趣味・無条件・無証拠・無責任・無邪気・無所属・無所得・無神経・無制限・無政府・無造作・無脊椎(動物)・無節操・無担保・無秩序・無着陸・無定見・無抵抗・無添加・無灯火・無党派・無投票・無届け・無頓着・無任所・無能力(化)・無配当・無反省・無批判・無報酬・無表情・無防備・無目的・無免許・無利子・無利息

(10)b. 未收录于『日国』中的「無 X」(77词)

無違反・無応答・無改造・無回転・無回答・無会派・無火災(工場)・無果汁・無花粉(スギ)・無観客・無鑑査・無感情・無関与・無関連・無寄港・無記載・無給油・無許可・無許諾・無金利・無警戒・無欠勤・無権利・無公害・無香料・無呼吸・無個性・無戸籍・無根

---

① 『日本国語大辞典』(第二版)是目前最大的日语国语辞典,共收词条60万。下面简称『日国』。
② 像「無鉄砲」这样使用「当て字」的词语不作为研究对象。
③ 在下列「無」的造词中,包含发音为「ぶ」、有「不」「無」两种表记的词语。这类词不是很多,本文也将其列为研究对象。

拠・無細胞・無彩色・無酸素・無四球・無試験・無事故・無施錠・無失点・無脂肪・無車検・無借金・無修正・無修整・無承諾・無承認・無署名・無申告・無審査・無申請・無装飾・無接点(充電)・無炭酸・無遅刻・無治療・無着色・無着用・無調整・無抽選・無停電・無電柱(化)・無店舗・無党派・無動力・無登録・無塗装・無認可・無年金・無燃料・無農薬(栽培)・無派閥・無反射・無伴奏・無反応・無肥料・無編集・無補給・無保険・無濾過

如上所示，含有「無」的合成词的几乎一半，都未被『日国』这样的大型国语辞典收录。但它们经常出现在日本人的日常生活中(如「無会派」「無果汁」「無記載」)，这一事实也表明，「無」在今天依然具有一定程度的造词能力。

下面我们将按照「無＋N」「無＋V」的顺序进行考察分析。先来看看「無 N」「無 V」的词例。

(11)「無 N」(115 词)

a. 無愛想・無安打・無意義・無一物・無一文・無会派・無火災(工場)・無果汁・無過失・無価値・無花粉(スギ)・無感覚・無観客・無感情・無期限・無技巧・無軌道・無気力・無器量・無器用・無教養・無金利・無原則・無権利・無公害・無香料・無国籍・無個性・無戸籍・無根拠・無細胞・無彩色・無作法・無酸素・無資格・無四球・無試験・無事故・無資産・無失点・無慈悲・無脂肪・無邪気・無車検・無借金・無宗教・無収入・無重量・無重力・無趣味・無条件・無証拠・無所得・無神経・無責任・無接点(充電)・無政府・無脊椎(動物)・無節操・無造作・無炭酸・無秩序・無定見・無電柱(化)・無店舗・無灯火・無党派・無動力・無届け・無任所・無年金・無燃料・無能力(化)・無農薬・無派閥・無肥料・無報酬・無保険・無表情・無目的・無免許・無利子・無利息

b. 無違反・無意味・無遠慮・無応答・無回転・無回答・無関係・無鑑査・無関心・無関連・無教育・無許可・無許諾・無計画・無欠勤・無

呼吸・無自覚・無思慮・無承認・無所属・無署名・無審査・無制限・無担保・無着色・無停電・無投票・無認可・無配当・無伴奏・無反応

将「無 N」分为 a、b 两类，是由于两类词的词根在词性上有差异。a 类「無 N」的词根只具有名词用法，而 b 类「無 N」的词根，兼有名词和サ变动词两种词性，不过在 b 类词中，N 是作为名词使用的。例如：

（12）しかしながら<u>無計画</u>の消灯は居住者や作業者の健康、安全性を損なう恐れがあります。特に年寄りは若者とくらべ約 3 倍の光量を必要とされ、又ちらつきやまぶしさのない自然光に近い安定した照明が必要で、……。（2011 年 8 月 22 日）

（13）在米イエメン大使館の報道官は「サレハ大統領が帰国しないとの報道や、オマーンまたは米国への亡命を求めているとの報道は<u>無意味</u>だ。強く否定する」と述べた。（2012 年 1 月 25 日）

例（12）的「無計画」，其词根「計画」同时具有名词和サ变动词两种词性，但在「無計画」中，「計画」用作名词。（12）中的「無計画（の消灯）」是「計画がない（消灯）」之意。例（13）的「無意味」，其词根「意味」也用作名词，「無意味」表示「意味がない」之意。从例（12）（13）可以看出，此时的「無 N」的词根 N 虽有两种词性，但都用作名词。b 类的「無 N」都是如此。鉴于此，我们将 b 类也归于「無 N」类。

（14）「無 V」（40 词）

「無 V」即「無」和サ变动词结合的词例有 40 例，如下所示：

無意識・無改造・無干渉・無感動・無関与・無寄港・無記載・無記名・無給油・無競争・無警戒・無欠席・無作為・無沙汰・無差別・無施錠・無修正・無修整・無承諾・無申告・無申請・無装飾・無遅刻・無治療・無着陸・無着用・無抽選・無調整・無抵抗・無添加・無登録・無塗装・無頓着・無反射・無反省・無批判・無編集・無防備・無補給・無濾過

表 1 「無」的词根的词性特征

	無＋名詞	無＋サ変動詞	無＋形容詞	总计
词例	115 词	40 词	0 词	155 词
所占比例	74.2%	25.8%	0%	100%

「無」的词根的词性特征可以用表 1 来表示，此后的分析将以表 1 为基础进行。下面先来看看「無」和名词的结合（即「無 N」）。

二、「無 N」的语义分析

先行研究中已经指出，「無」主要与名词结合，「無」的名词词根主要是表示事物及概念的名词，如「果汁」「国籍」「責任」等。下面对前面列出的 115 个「無 N」的意义进行分类考察。

ⅰ．表示「Nがない」之意的「無 N」

ⅰ-a　無安打・無意義・無一物・無一文・無違反・無意味・無応答・無回転・無回答・無火災（工場）・無過失・無価値・無花粉（スギ）・無観客・無関係・無鑑査・無関心・無関連・無期限・無技巧・無許可・無許諾・無金利・無計画・無欠勤・無原則・無権利・無公害・無国籍・無呼吸・無個性・無戸籍・無根拠・無細胞・無彩色・無資格・無四球・無試験・無事故・無資産・無失点・無車検・無借金・無収入・無重量・無重力・無条件・無証拠・無承認・無所属・無所得・無署名・無審査・無制限・無接点（充電）・無政府・無脊椎（動物）・無担保・無秩序・無着色・無停電・無電柱（化）・無店舗・無灯火・無投票・無動力・無届け・無能力・無認可・無任所・無年金・無燃料・無能力（化）・無配当・無伴奏・無反応・無報酬・無保険・無目的・無免許・無利子・無利息

ⅰ-b　無愛想・無遠慮・無感覚・無感情・無器用・無気力・無器量・無教育・無教養・無作法・無自覚・無慈悲・無思慮・無邪気・無趣味・無節操・無造作・無定見・無表情

ⅱ.需要「(Nが)含まれていない・(Nが)入っていない・(Nが)いらない・(Nが)使われていない」等动词做补语的「無N」

  ⅱ-a 無果汁・無香料・無脂肪・無炭酸

  ⅱ-b 無会派・無党派・無派閥

  ⅱ-c 無酸素・無農薬・無肥料

  ⅱ-d 無責任・無宗教

  ⅱ-e 無軌道・無神経

下面具体来分析这两类「無N」的意义和特征。

1.表示「Nがない」之意的「無N」

首先，来分析ⅰ类。ⅰ類又可根据词根N的语义特征分为ⅰ-a、ⅰ-b。

ⅰ-a的词根N表示「ものや事物、事柄」。这些词根与「無」结合后，「無N」即表示「ものや事物、事柄がない、或は存在しないこと」。与此相对，ⅰ-b的词根N多为「人間の性質・態度・素質に関するもの」，这些词语与「無」结合后，「無N」即表示「そのようなの品格・素質・教養を、人間が持っていない、或は欠落していること」。

ⅰ-a类是「無N」中词例最多的一类，表示「Nがない」之意。比如，「無安打」为「安打がない」「無意義」为「意義がない」「無関心」为「関心がない」「無期限」为「期限がない」「無年金」为「年金がない」之意。例如：

(15)その後、難民認定を申請し、2009年1～8月、「日本では<u>無収入</u>、<u>無資産</u>で生活に困窮している」として計100万円の保護費を受給した。（朝日新聞online 2012年1月22日）

例(15)中的「無収入」的语义是「収入がない」，「無資産」的语义是「資産がない」。

另外，这类「無N」有一个特征，即：经常组成复合词，出现在复合词的前半部，用来修饰复合词的后半部分。① 下面的(16)(17)分别是 i-a 的「無 N」分别作为定语(连体修饰)和状语(连用修饰)的例子。

(16)無政府状態・無政府主義・無過失保障制度・無観客試合
　　無重力状態・無重力空間・無重量状態・無重量環境・無重量空間
　　無免許状態・無店舗型・無店舗スタイル・無金利政策・無火災工場
　　無事故年数・無事故記録・無国籍状態・無国籍料理・無国籍者・無資格者
　　無報酬役員・無報酬ボランティア
　　無収入期間・無所得者・無所得世帯・無年金問題・無年金者
　　無権利状態・無権利労働者・無権利居住者
　　無保険状態・無保険者・無保険問題・無車検車
　　無彩色作品・無公害カー・無公害エンジン
　　無細胞生命科学工学・無細胞タンパク質・無応答通報・無応答電話

(16)所列举出的「無 N」,是其做定语(连体修饰)的用法,为「Nがない」之意。如「無政府状態」「無重力状態」「無報酬役員」分别表示「政府がない状態」「重量がない状態」「報酬がない役人」之意。下面再来看看用作状语(连用修饰)的「無 N」。

(17)無免許運転・無免許看護・無店舗販売・無店舗営業・無借金経営
　　無利息貸付・無利息融資・無利子貸付・無利子融資・無金利融資
　　無資格医業・無資格運航・無資格操縦・無資格マッサジ
　　無条件降伏・無条件返還・無条件解約・無事故運行

---

① 野村雅昭指出,含有「不・無・非・未」的合成词,有两种用法:单独使用以及作为更大的复合词的一部分。当其作为更大复合词的一部分时,大多用在复合词的前半部分。野村举出了含有「無」的复合词如:「無記名投票」「無事故運転」「保守系無所属」「頑陋無慈悲」「連続無四球」「33イニング無得点」。野村雅昭:「否定の接頭語『無・不・非・未』の用法」、国立国語研究所論集 4、1973 年、41—42 ページ。

無店舗経営・無店舗販売・無通告開戦・無通告開催・無通告査察
　　　無試験入学・無試験合格・無試験認定・無競争選挙・無投票当選

（17）是用作状语（连用修饰）的「無 N」，意为「Nがなしで V する」「Nがない状態で V する」。例如：

（18）もう1人は07年から速度超過などの交通違反を繰り返し、無免許運転も続けていたとされる。（2012年2月3日）
（19）本学では、平成23年度入学手続者のうち、このたびの災害による入学辞退者に対し、特別措置として、下記のとおり翌年の無試験合格を認めることと致しました。（東京音楽大学経理課の掲示）

　　例（18）的「無免許運転」是「免許なしで運転する」之意，例（19）的「無試験合格」是「試験なしで合格と見なすこと」之意。
　　另外，「無通告開戦」是指「通告なしで、あるいは通告がないままで開戦すること」「無保証貸付」是「保証なしで貸付をする」「無店舗販売」是「店舗なしで（店舗を開設せずに）、商品の小売りをする」「無借金経営」是「借金なしで、経営を行うこと」「無投票当選」是「投票なしで（投票を行われずに）、候補者が当選する」之意。

　　此外，下面（20）所示的「無 N」，作为后半部分的动词的宾语，出现在复合词的前半部分，这类词较少。

（20）無重量体験・無事故表彰・無火災祈願

　　「無重量体験」之意为「無重量な状態を体験する」，「無事故表彰」之意为「無事故ということを表彰する」，「無火災祈願」之意为「火災のないことを祈願すること」。此时「無 N」分别为复合词中动词「体験」「表彰」「祈願」的宾语。
　　下面来看看 i-b 类。

ⅰ-b 無愛想・無遠慮・無感覚・無感情・無器用・無気力・無器量・無教育・無教養・無作法・無自覚・無慈悲・無思慮・無邪気・無趣味・無節操・無造作・無定見・無表情

如前所示，ⅰ-b 类「無 N」的词根 N 是与人的精神层面有关的名词，表示「思虑・思いやり・教養」等人的素养或「表に出ている人間の行為・感情」。这些词与「無」结合后，表示人不具有或欠缺这方面的素质或教养。作为人来说，具有这种素养被认为是应该的或是理想的。因此，「無 N」因不具备这方面的素养而具有贬义。例如：

(21) これに対し、イラン外務省はEUの決定を「無節操な動きだ」と非難する声明を発表、「欧州の人々にとって喜ばしくない結果が生じるだろう」と警告した。(『産経新聞』2012年1月15日)
(22) ミジャは無愛想な孫の世話をし、介護職で生計を立てている。ちまたでは孫の同級生の少女の自殺が話題だが、孫は少女を知らないという。(2012年2月5日)

「無節操」表示「節操のないこと」「無愛想」表示「愛想がよくない、そっけないこと」之意。作为人，「節操がある」「愛想がいい」被认为是理想的状态，如果没有人们的评价就会降低。因此，此类「無 N」的大多数都是贬义词。需要注意的是，此时的「無 N」，并不是表示「Nがまったくない」，解释成「Nが欠けている」更为合适。如：

(23) 91年の政府崩壊で学校がなくなり、以来、無教育の状態が続く。
(2003年11月30日)

例(23)中，从「学校がなくなる」这一句可以看出，此处的「無教育」是指「教育そのものが存在しない」「教育が一切行われていない」之意。但是，下面的(24)

(25)并不是指"教育完全不存在"。

(24)雪印食品の偽装牛肉事件、心底驚きました。こんな劣悪な企業が日本に存在していたとは……。社長以下末端の社員まで、いかに<u>無教育</u>・<u>無教養</u>で非常識な人々で構成されていたかが本当によく分かりました。(2002年2月9日)

(25)アパートに帰って辞書を引いた。「<u>無教育</u>な白人とユダヤ人の米国を破壊しろ」といった意味だ。

例(24)(25)的「無教育」,与其说表示"教育完全不存在"(「教育が存在していない」之意,不如说其表示「望ましい教育、あるいは理想的な教育が行われていない」之意。下面的「無教養」也是如此。

(26)晩年は、税制の不備を指摘し、政治家の<u>無教養</u>や行政の無策を憂うことが多かった。(2008年8月22日)

(27)<u>無教養</u>でわがままな建設会社の社長と、そんな父親に反旗を翻した家族が繰り広げる人情喜劇。(2005年8月20日)

(26)(27)的「無教養」也是表示「教養が低い、教養が足りない」之意。

可以看出,与人类的性格、素质相关的 i-b 类,从意义来说,多表示不具有或缺乏人类应该具备的素质和教养,具有贬义。①

---

① 另外,从形态来看,i-b 类的词语「無」大多读作「ブ」,而不是「ム」(如「無愛想」「無遠慮」)。读作「ブ」这一形式上的特征,和表示贬义这一意义上的特征有着很深的关系。来由隆(1981)曾将『日葡辞书』中含有「無」的词汇按照读音分为「無(ム)」类和「無(ブ)」类,通过考察分析,发现「無(ブ)」类词语几乎都带有贬义,而無(ム)类词语中带有贬义的只有少部分。

2. 需要「(Nが)含まれていない、(Nが)いらない、(Nが)使用されていない」等动词做补语进行解释的「無N」

ⅱ类的「無N」不是纯粹地表示「Nがない」，即不表示N所指的事物或概念不存在，而是表示「Nが含まれていない」「Nに属さない」「Nが使われていない」，即需要补充动词才能准确解释「無N」的意义。也就是说，此时「無」的语义趋于抽象，没有动词的帮助，「無N」的意义理解起来有一定难度。再来看看之前举出的例子。

ⅱ-a 無果汁・無香料・無脂肪・無炭酸

ⅱ-b 無会派・無党派・無派閥

ⅱ-c 無酸素・無農薬・無肥料

ⅱ-d 無軌道・無責任・無宗教

ⅱ-e 無軌道・無神経

首先来看看ⅱ-a的「無香料」「無炭酸」「無果汁」「無脂肪」4个词。这类词的「無N」表示"某类东西中不含N"〔(あるものの中に)Nが含まれていない〕之意。「無香料」多数用于化妆品，表示化妆品中不含有香料等。「無炭酸」「無果汁」「無脂肪」分别表示饮料、食物中不含有「炭酸」「果汁」「脂肪」等。

ⅱ-b类的「無会派」「無党派」「無派閥」3个词，其词根分别是「会派」「党派」「派閥」等表示团体、组织的词。此时，「無N」不是表示没有「会派」「派閥」「党派」，而是表示没有加入「会派」「派閥」和「党派」，即不表示「Nがない」，而表示「Nに入っていない、属さない」之意。「無会派」表示「会派に属さないこと」、「無派閥」表示「派閥に属さないこと」、「無党派」表示「特定な政党の思想に属さないこと」之意。「無党派」除表示不属于任何党派之外，还表示没有加入任何党派的政治家和普通民众。来看看下面的例句。

(28)自民党で、派閥離脱の動きが再燃している。4月に入ってすでに3人(離党、議員辞職を除く)が退会届を提出。検討中の中堅・若手はほかにもおり、<u>無派閥</u>議員が近く自民党の最大勢力になる可能

性も出てきた。(『読売新聞』2010年4月17日)
(29) 自治政府の主流派組織ファタハは、…<u>無党派</u>の実務者からなる暫定内閣のもとで1年以内に自治政府の議長選と国会にあたる自治評議会の選挙を実施するとしている。(2012年2月7日)

例(28)的「無派閥(議員)」为「派閥に入っていない(議員)」、例(29)的「無党派」也表示「党派に入っていない(人)」之意。

接下来看看ⅱ-c类的「無酸素・無農薬(栽培)・無肥料」分别为何意。

这三个「無N」,表示「Nがいらない、Nを使わない、Nが使われていない」。「無農薬(野菜)」是指不使用农药栽培出的蔬菜(「農薬を使わずに栽培した野菜」),「無肥料(栽培)」是指不使用肥料进行的栽培。来看看下面的例句。

(30) <u>無肥料</u>栽培とは、化学肥料・農薬はもちろんのこと、有機肥料(畜産堆肥、米ぬか、油粕、魚粕を含む、自然堆肥)を一切使用せず、土壌と作物そのものがもつ本来の偉力を発揮させることで作物を栽培する農法のことです。(http://www.h3.dion.ne.jp/~muhi/kan-tan.htm)

同样,「無酸素」为"不使用氧气",即「酸素が使われていない」之意。

(31) a. その登山スタイルは独特だ。単独<u>無酸素</u>で、カメラと通信機材を担いで登り、自分で撮影した山の映像をネット中継するのだ。(2010年8月6日)
b. 山に廃棄することになる酸素ボンベを用いず、<u>無酸素</u>登頂という過酷なスタイルで、8千メートル峰6座の登頂に成功した著者が、不況の時代の「ビジネス戦士」に具体的な言葉で危機を切り抜けるためのアドバイスをつづった。(2009年12月25日)

例(31)a的「無酸素」单独使用,并不表示"没有氧气"(「酸素がない」),而是表示"没有使用氧气泵"(「酸素(ボンベ)を使用しない」)。例(31)b「無酸素登頂」是指在"没有使用氧气泵情况下进行的登顶",即「酸素(ボンベ)を使用せずに登頂する」之意。

可以看出,这几类「無 N」,比起 i 类的「無 N」,其语义的透明度降低。要准确理解「無 N」的语义,必须加入「(Nが)入っていない・(Nが)使われていない」等动词作补充。

下面来看看 ii-4 的「無宗教」「無責任」。这两个词中「無」的语义更加抽象,不能解释为「Nがない」,如果不补充动词进行进一步的解释,甚至可能误解「無 N」的意义。

(32) a. 無宗教の音楽葬も生前予約した。(2011 年 1 月 28 日)
　　　b. しかし、無宗教人口の増加と少子化のため、仏教寺院は後継者不足。(2010 年 5 月 23 日)

例(32)a 的「無宗教の音楽葬」是指「仏教でもなく、キリスト教でもなく、どの宗教にも属さない音楽葬」之意。(32)b 的「無宗教(人口)」是「宗教を信仰しない(人口)」之意,另外「無宗教」还可以指不信仰任何宗教的人。从这里可以看出,日语中的「無宗教」不是"没有宗教或宗教不存在"之意,而是"不属于任何宗教,不信仰任何宗教"之意。

与此相对,汉语中的"无宗教",表达的是其字面意思,即"没有宗教或不存在宗教"。来看例(33)。

(33) 上世纪 80 年代,在世界大多数国家的思想界都公认"中国无宗教"时,任继愈挺身而出,试图打破这一观点。他认为,中国的儒教就是宗教,而教主就是孔子。他的"儒教就是宗教"学说,在学术界引起了近 20 年的哲学大讨论。(《国际金融报》2009 年 7 月 13 日)

当然,汉语中的"无宗教",个别情况也表示与日语相同的语义(如例 34)。但表达这种语义的"无宗教"例句很少。① 在表达与日语中的「無宗教」相同的语义时,汉语往往说成"无宗教信仰"(如例 35)。

(34)新疆无宗教人士参与打砸抢烧。(《人民日报》海外版 2009 年 8 月 3 日)

(35)吉尔吉特骚乱发生后,巴基斯坦新闻和广播部部长谢赫·拉希德·艾哈迈德立即予以谴责。他把袭击事件称作"恐怖分子和无宗教信仰者的行径"。(《京华时报》2005 年 1 月 10 日)

下面来看一下「無責任」。

(36)a.「ギリシャの経済危機は無責任な政策と現実との落差が原因。規律を守らない国は、報いを受けなければおかしい」。(2011 年 2 月 4 日)

b.菅政権が発足したのは6月でした。党の規約だからと代表選をやって、わずか3カ月で首相が代わることになれば、与党としては無責任すぎます。(2011 年 1 月 28 日)

例(36)的「無責任」不是「責任がない」,而是"没有责任感,责任观念薄弱"之意。汉语中也有"无责任"的说法,但汉语的"无责任"表示的完全是其字面意思,即"没有责任,不用负责"之意。来看看例(37)。

(37)2010 年 1 月 6 日,常州市公安局交通巡逻警察支队新北大队作出道路交通事故认定书,认定货车司机负事故全部责任,轿车司机无责任。(《江南时报》2011 年 12 月 29 日)

---

① 笔者检索人民网,共得到14例"无宗教"的例句。其中表示"不信仰宗教"之意的是 3 例,表示"宗教不存在"的是 11 例。

可以看出，汉语的"无责任"完全是其字面意思，而日语中的「無責任」用汉语说就是"缺乏责任感""没有责任感"。

最后来看看ⅱ-e类的「無軌道」「無神経」。

这两个词汇多用其比喻义。日语中的「無軌道」可以用作其字面意思，如「無軌道電車」，但多数情况用作比喻义〔如例(38)〕，表示"想法或行为脱离正常的轨道，缺乏常识"，即「考え方や行動が軌道に乗っていない、常識にはずれたこと」之意。

(38)松田は、これまでも『ワルボロ』や『ケンタとジュンとカヨちゃんの国』などの作品で、閉塞感の中で自らの進むべき道を求めて疾走する若者を演じ、高い評価を受けており、無軌道に生きる若者たちを描いた本作での演技も注目を集めそうだ。(2011年8月25日『朝日新聞』online)

(39)ウォールバーグは「無神経な発言だった。この事故で犠牲になった方々のご遺族に深くおわび申し上げます」との声明を発表した。(2012年1月20日)

「無神経」并不是指"没有神经器官"，而是指缺乏对他人的理解、体贴（「配慮・思いやり」），可以说，这是由「そのような感情を司る神経がない」这一比喻的说法衍生出来的造词。

与此相对，汉语的「無軌道」、「無神経」其意义为其字面意思，没有比喻义。且这两个词在汉语中很少单独使用，多数是作为复合词的构成要素出现，如例(40)、(41)。

(40)南京地铁10号线连接主城和浦口，沿总部大道通过，但规划区内无轨道站点；地铁11号线西至桥林，东至六合，串联起江北副城，沿丰子河路通过，规划区内设置4个站点。(《江南时报》2011年11月3日)

(41)a.部分病人出现一般呼吸道或消化道症状，而无神经系统症状。

(《江南时报》2003年6月22日)

b. 他们在全国最早开展多节段脊柱截骨治疗脊柱侧弯及脊柱后凸畸形,<u>无</u>神经损伤等并发症发生。(《人民日报》海外版2001年10月11日)

综上所述,「無N」主要还是表示「Nがない」之意。不过,ⅱ类所列举的「無N」,并不单纯地表示「Nがない」,而是需要部分动词的帮助,才能更好地解释「無N」的含义「Nが～ない」,此时「無N」的语义趋于不透明,词汇化程度较高。

三、「無V」(無＋サ变动词)的语义分析

(42) 無改造・無干渉・無感動・無関与・無寄港・無記載・無記名・無給油・無競争・無警戒・無欠席・無作為・無差別・無施錠・無修正・無修整・無承諾・無申告・無申請・無装飾・無遅刻・無治療・無着陸・無着用・無調整・無抵抗・無添加・無登録・無塗装・無頓着・無反射・無反省・無批判・無編集・無補給・無濾過・無沙汰

野村指出,「サ変動詞と結合するとき、『無』は『～することがない』のように実体視する意が強い」。因此,「無」与「不」不同,「不」表示「～しない」,动作性较强。[1]

下面我们通过例句来确认一下野村有关「無V」的论述。

(43) 朝日新聞では、コンピューターで<u>無作為</u>に固定電話の番号を作り、オペレーターがかけて聞き取りをする調査が中心です。(2010年5月21日)

---

[1] 野村雅昭:「否定の接頭語『無・不・非・未』の用法」、国立国語研究所論集4、1973年、46ページ。

(44) 動機について「同僚から嫌がらせを受けたと思い込み、秋葉原での<u>無差別</u>殺傷のような事件を起こせばマツダの評判が地に落ちると思った」と述べた。(2012 年 1 月 26 日)

(45) また災害リスクの低い立地で、停電時に<u>無給油</u>で 48 時間以上給電可能な自家発電設備や、2 回線受電方式(本線予備線受電方式)を含む冗長化された電源設備を設置しています。(2011 年 8 月 22 日)

(46) 94 日かけて成し遂げた世界初の太平洋単独<u>無寄港</u>横断は世間の話題をさらい、翌年には石原裕次郎主演の映画「太平洋ひとりぼっち」が公開された。(2011 年 11 月 28 日)

(43)的「無作為」是「作為することなく、ランダムに」之意,(44)的「無差別(殺傷)」是「差別することなく(殺傷する)」之意。而(45)(46)的「無給油」「無寄港」也分別表示「給油することなく～する」「寄港することなく～する」的語義。可以看出,「無 V」多是将"动作表示的行为看作一个事件而否定这个事件的存在"。

如果将与同一个サ变动词结合的「無 V」「不 V」做一个比较,便可更清晰地看出「無 V」的语义特征。来看看下面的例句。

(47) a. 政策決定の一元化の名のもとに、内閣と党が互いに<u>不干渉</u>を決め込み、意思疎通と連携を欠いたことも迷走を深めた。(2010 年 6 月 4 日)

b. そのような、パラパラの個人が<u>無干渉</u>に併存するという、どこか淋(さび)しい理想を、ぼくたちは生きようとしているように見える。(1996 年 8 月 25 日)

(47)a 的「不干渉」直接否定「干渉する」这一动作,从中可以感觉到主体带着自己强烈的意志不进行「干渉」这一动作。与此相对,(47)b 的「無干渉」表示「干渉することがないこと」,即「干渉すること」这一事件不存在,是对事件存在的否定。

因此说,「無」和サ变动词结合时,是将サ变动词所表示的动作看作一个事件,来否定这一事件的存在。

另外,「無 V」也可以表示 V 所表示的状态不存在。如:

(48)「無防備な運転手を狙った犯人を許せない」。警察の捜査が難航する中、かつての同僚は一日も早い事件の解決を願い、きょうもハンドルを握る。
(49) 506 施設を図面や目視で調べ、うち使用が疑われた 40 カ所を詳しく調べた。その結果、8 カ所で使用、20 カ所は無使用と確認、残る 12 カ所は年内に結果をまとめる。(2005 年 11 月 3 日)

(48)的「無防備」表示「防備していない」、(49)的「無使用」表示「使用していない」。此时,「無」否定的是状态的存在。

可以看出,由于「無」的参与,词根 V 整体作为一个事件或状态,「無」否定事件或状态的存在。

结　语

综上所述,「無」从本质上来说是表示对事物、事件存在的否定(「ものや事物、事柄の存在の否定」を表すもの)。「無」与名词结合时,否定名词所指代的事物的存在,与サ变动词结合时,将サ变动词所表示的动作行为看作一个事件或状态,从而否定这一事件或状态的存在。

不过有一点需要指出,当「無」与名词结合时,「無」的意义在某些情况下会趋于抽象(如「無肥料」「無宗教」「無責任」等),此时的「無」不是单纯地否定词根名词所指事物的存在,而是指不需要或不使用词根名词所指的事物(「語基が表す事物そのものが存在しないのではなく、その事物がいらない、使われていない」という意味を表す)。此时,需要「いらない、使われていない」等动词做辅助,才能更好地理解「無 N」的意义。

至此可以看出,我们不能用汉语"无"的含义(即"没有")去理解日语中的「無」,日语中的「無」,其语义有时会趋于抽象。只有弄清「無」的语义,才能在相关的跨文化交流中不出现障碍。

参考文献

1. 中文文献

李莉:《日语中的否定接头词「不」——当词根为形容词时》,《日语学习与研究》2012年第2期。

李莉:《现代汉语类前缀"非"与日语否定接头词「非」的对比研究》,《北京第二外国语学院学报》2012年第2期。

2. 日语文献

朝日新聞データベース、CD－HIASK2004、紀伊国書店。

日本国語大辞典第二版編集委員会・小学館国語辞典編集部編:『日本国語大辞典』(第二版)、小学館2003年。

新村出編:『広辞苑』(第六版)、岩波書店2008年。

国立国語研究所:『現代書き言葉均衡コーパス』、モニター公開データ、2008年。

『朝日新聞』、記事データベース。

相原林司:「接辞『不』と『無』の使い分けに関する一考察」、『外国人と日本語』5、1980年。

相原林司:「不─ 無─ 非─ 未─」、『日本語学』3、1986年。

奥野浩子:「否定接頭辞『無・不・非』の用法についての一考察」、『言語』6、1985年。

河上誓作:「対義と否定」、『日本語学』6、1987年。

サトー・アメリカほか:「語頭の位置にある否定的な意味をもつ造語要素『無・不・未・非』の意味と使われ方」、『日本語と日本文学』2、筑波大学国語国文学会、1982年。

須山名保子:「接辞『不』『無』をめぐって」、『学習院文学国語国文学会誌』17、1974年。

野村雅昭:「否定の接頭語『無・不・非・未』の用法」、国立国語研究所論集4、1973年。

吉村弓子:「造語成分『不・無・非』」、『日本語学』12、1990年。

来由隆:「否定辞『無』を冠する漢語の音と意味—『無礼』の音の変遷をめぐって」、『鎌倉時代語研究』、1981年。

李莉:「日本語の否定接頭辞『不』に関する一考察—語基が形容詞の場合」、『日本語学会2010年度秋季大会予稿集』、2010年。

李莉:「日本語の否定接頭辞『不』—語基がサ変動詞の語幹の場合」、《日语语言文化研究》(第四辑)、中国传媒大学出版社2011年。

李莉:「日本語の否定接頭辞『不』—語基が名詞の場合」、愛知大学中国交換研究員論叢、

2011年。

李莉:「日本語の否定接頭辞『非』—中国語と対照の立場から」、『異文化コミュニケーション』、高等教育出版社2011年。

第三章 日源外来词在汉语中的接受研究
——以《汉语外来词词典》为例

林 曌

导 言

"跨文化交际"(cross-cultural communication)指本族语者与非本族语者之间的交际,也指任何在语言和文化背景方面有差异的人们之间的交际。它包括两大类:语言交际、非语言交际。本文试图梳理在跨文化交际过程中语言交际的小部分内容:日源外来词在汉语中的接受情况以及演变结果。在教学中我们常常感到"词不达意""选词错误""望文生义",这往往成为导致交流障碍的首选因素。由于课时等的限制,实际教学过程中教师不可能让学生对每个词汇逐一学习,但是,如果能对某类词汇的接受情况、演变结果等进行总体、概括性描述,那么不仅可以使学生正确认识该类词汇的词义、使用特点,同时也能让他们对这类词汇的演变结果等有全面了解,从而帮助他们尽快摆脱语言交流的障碍。故而,本文选择汉语中借自日语的一类词汇进行研究。

一、先行研究以及本论文的研究方法、目的

自1902年章太炎在论著中使用"外来词"这一术语以来,中国对外来词的研究已经走过了百年历程。百年来,学者们主要从外来词的性质、分类、来源以及规范

化等方面对汉语外来词进行了深入探讨。① 20 世纪 50 年代开始,与汉语外来词相关的论著、论文便层出不穷,外来词研究受到学者们的普遍关注,而日源外来词是汉语外来词研究中的一个重要领域。

通过中国知网搜索,共检索出题目为"汉语""外来词"的论文 495 篇②,其研究范围大致包括四个方面:

一是从词汇语义学角度对汉语中的汉语外来词或是少数民族语言、外语中借入的汉语词汇的定义性质进行确定,或是对其类别进行划分,或是对其来源进行详细论述,抑或是对其词汇的历史演变、词义的历史演变、词汇的规范化等进行论述。

二是从中外语言对比的角度对汉语外来词的词义、构词特点等进行论述。

三是从语言接触、语言与文化的角度对形成汉语外来词的文化因素、修辞手法等进行论述。

四是从翻译的角度对汉语外来词翻译的方式方法技巧、准确程度等进行论述。

在这些研究中,少有对汉语外来词的使用情况、演变结果进行调查研究的。③即便有相应的词典问世,但其搜集词汇均限于 90 年代之前,缺少对当代汉语的词汇使用状况的调查和统计。

王立达④对日语借词作了专门的分析,从而开启了国内学者对日源外来词汇的研究。由高名凯、刘正埮等编著,1984 年出版的《汉语外来词词典》,大量搜集了 80 年代前出现在汉语中的日语外来词,为日语外来词的研究提供了一个良好平台。近年来,有多篇论文对《汉语外来词词典》⑤里的日源外来词进行了研究:如章

---

① 曹莉亚:《百年汉语外来词研究热点述要》,《深圳大学学报(人文社会科学版)》2009 年第 3 期。
② 检索时间为 2013 年 11 月 22 日。
③ 据笔者了解,国内出版过三种和"词频"相关的字典。
  北京语言学院语言教学研究所编:《汉语词汇的统计与分析》,外语教学与研究出版社 1985 年版。
  北京语言学院语言教学研究所编:《现代汉语频率词典》,北京语言学院出版社 1986 年版。
  刘源等编:《现代汉语常用词词频词典(音序部分)》,宇航出版社 1990 年版。
④ 王立达:《现代汉语中从日语借来的词汇》,《中国语文》1958 年 2 月。
⑤ 以下简称为《词典》。

一鸣、卢柏林①、钟吉娅②、夏晓丽③、陈雪④、郑美花⑤等。章一鸣、卢柏林(1995)从统计学的角度对《词典》中日源外来词的类型进行了分类；钟吉娅(2003)对《词典》里全部词汇的分类、分布进行了定量研究，并对其演变的过程和原因进行了探讨；夏晓丽(2006)对日源外来词的定义、汉语吸收外来词的历史、各阶段的分布情况以及十个词汇的演变过程，日源外来词的发展趋势进行了叙述；陈雪主要探讨了《字典》里日源外来词的界定和分类，并对各个分类中的几个词汇中词义范围进行了探讨；郑美花主要对《字典》里日源外来词的分类、两国词汇的语义特点以及形成该语义特点的因素进行了阐述。

总的说来，众多的先行研究以《词典》为研究对象，采用计量或是归纳的方法，从词汇词义以及历史文化的角度对日源外来词的分类、个别词汇的演变过程、汉日词义范围对比以及日源外来词形成的原因、发展趋势等进行了论述。这些论述使我们对80年代前出现的日源外来词的性质、特点有了概括性了解。语言是人类交际和交流的产物，会随着时代的变化而不断变化。自《词典》刊行至今已过去了将近30年，随着时代的发展，这些词汇在当代汉语中的使用状况如何？本文拟以《词典》中出现的日源外来词为研究对象，通过搜索北京大学现代汉语语料库中的语料，对《词典》中的日源外来词的使用频率做统计调查。在调查统计的基础上，对出现频率最高以及最低的20个词的词义等进行对比分析，梳理这些词汇近年来的演变规律，描述日源外来词在现代汉语中的变化情况。最后，探究导致其词义变化和演变的原因。

二、《词典》中日源外来词的使用状况调查

对于《词典》中日源外来词的统计，在不同的论述中其个数不尽相同，史有为指出共有878个；章一鸣、卢柏林统计有878个，但笔者精算其附录词汇后发现，实际

---

① 章一鸣、卢柏林：《〈汉语外来语词典〉中的日语借词考察》，《电大教学》1995年第5期。
② 钟吉娅：《汉语外源词——基于语料的研究》，华东师范大学博士论文，2003年。
③ 夏晓丽：《现代汉语中的日源外来词研究》，辽宁师范大学硕士论文，2006年。
④ 陈雪：《对〈汉语外来语词典〉中汉语日来词的研究》，陕西师范大学硕士论文，2010年。
⑤ 郑美花：《现代汉语中的日语借词》，延边大学硕士论文，2010年。

上只有870个;钟吉娅指出有850个;郑美花统计共有889个。综合众多先行研究的成果,仔细筛选后,本文认为《词典》中日源外来词共有890个。

通过北京大学的现代汉语语料库(CCL)上对890个词的使用次数进行统计和分析。其中,出现次数最多的前20个词依次为:

表1 出现次数排名前20位的词汇[①]

排名	词例	出现次数	排名	词例	出现次数
1	代表	84098	11	承认	19243
2	电话	33836	12	动力	18920
3	吨	28964	13	电子	17756
4	出版	27831	14	保险	16201
5	成员	26870	15	对象	13912
6	出口	26605	16	参观	11885
7	必要	25643	17	背景	10995
8	保障	22173	18	博士	10618
9	创作	21872	19	登记	9809
10	动员	19340	20	场所	9025

出现次数少于10次的词依次为:

表2 出现次数少于10次的词汇

排名	词例	出现次数	排名	词例	出现次数
1	安质母尼	0	50	大正琴	2
2	丁几	0	51	公称	2
3	奥巴桑	0	52	金婚式	2
4	才(体积单位)	0	53	净琉璃	2
5	膵脏	0	54	可锻铸铁	2
6	泛心论	0	55	间歇热	2
7	风位	0	56	溶体	2
8	复水器	0	57	通货收缩	2
9	粴(li2)	0	58	队商	3
10	粍(zhe2)	0	59	目	3
11	弓道	0	60	钱	3
12	古加乙涅	0	61	三味线	3

[①] 由于时间关系,目前笔者还没有完成出现次数最多词汇的整理。表1的排序来自已完成的142个词(首字汉语拼音A—E的词)。

续表

排名	词例	出现次数	排名	词例	出现次数
13	规尼涅	0	62	上水道	3
14	虎列剌	0	63	摄护腺	3
15	加答儿	0	64	银翼	3
16	健质亚那	0	65	肉弹	3
17	觉书	0	66	苍铅（铋）	4
18	倭麻质斯	0	67	等外	4
19	加非	0	68	但书	4
20	可决	0	69	假分数	4
21	哩	0	70	美浓纸	4
22	累减	0	71	拟人法	4
23	日见和主义	0	72	探海灯	4
24	碳酸加里	0	73	旋盘	4
25	碳酸瓦斯	0	74	制限	4
26	亚铅	0	75	坐药	4
27	野兔病	0	76	研磨机	4
28	疫痢	0	77	狂言	4
29	银婚式	0	78	代议士	5
30	猿乐	0	79	规那	5
31	运转手	0	80	国事犯	5
32	止扬	0	81	连歌	5
33	窒扶斯	0	82	沃度	6
34	窒素	0	83	气密	6
35	制御器	0	84	默剧	6
36	轴接手	0	85	平假名	7
37	风云儿	0	86	外分泌	7
38	免许	0	87	铣铁	7
39	吉地	0	88	压延机	7
40	曹达（纯碱）	1	89	水密	7
41	高周波	1	90	氛围气	8
42	脚光	1	91	时计	9
43	胶着语	1	92	羊羹	9
44	溶媒	1	93	初夜权	10
45	水素	1	94	检波器	10
46	沃素	1			
47	兴信所	1			
48	重曹	1			
49	味之素	1			

三、114个日源外来词的演变规律

武占坤、王勤①在谈及现代汉语词汇的发展和演变时,提到"词汇的社会功能性和词汇的物质符号性,这两种属性的差异或矛盾,是词汇发展演变的主要内在根据。……词汇'几乎处在经常变动中'。这也是词汇发展变化的一种规律性的表现"。可见,变动是汉语词汇发展演变的总规律,词汇的社会功能性与词汇的物质符号性两者之间的矛盾运动是引起这一变动的最主要原因。当然,社会的发展和人们认识的发展也是引起词汇变化的主要因素。② 日源外来词虽然源自日语,但已成为汉语词汇不可分割的重要组成部分,故而,这类词汇演变的总规律也是"变化"。

在词汇的社会功能中,在言语交流中承担核心作用的便是词义。探究词义的变化发展是梳理词汇演变的重要途径,本文将重点从词义层面分析上文选出的114个词的词义变化,以此来梳理日源外来词演变的具体情况。

本文主要探讨日源外来词进入汉语后的词义变化,而对该词汇在日语中的义项和汉语中义项的异同不作比较。所以,在比较时选取较权威的《日语外来词词典》(1984年版)中的义项为该词汇的基本义项,同时对比《现代汉语词典(第6版)》(2012年版)和《汉语大词典(缩印本)》(2007年版)中的义项,以此来分析词义的变化。③

1. 出现次数排名前20位词汇的演变特点

通过对比分析,可以确定这些日源外来词的词义演变可以分为以下三种情况:

(1)词义扩大

葛本仪指出,所谓"词义扩大",指的是"在词的一个意义范围之内表现出来的词义扩展的情况。它是词义所指称的客观事物的范围由小变大的结果,也就是词

---

① 武占坤、王勤:《现代汉语词汇概要》,外语教学与研究出版社2009年版。
② 葛本仪:《汉语词汇研究》,外语教学与研究出版社2006年版,第127—130页。
③ 在语义对比时,除了单纯对比字典中的义项外,如能够进一步参照语料库中的实际用例进行对比分析,结论将会更加科学。由于笔者个人原因,对语料库中实际用例的比较将留待下篇论文继续完成。

的某个意义由原来表示种概念，扩展而成为表示类概念的变化和发展。原来表示的种概念的意义则包括在扩大以后所表示的类概念的意义范围之内，扩大了的新义和原义形成了一种类属的关系。"① 依据这一定义，我们可以观察到"动力""电话""动员"三个词的词义有所扩大。详见表3。

表3 词义扩大词汇在字典中的义项

词例	《词典》中的义项	《现代汉语词典》中的义项	《汉语大词典》中的义项
电话	利用电流使两地的人互相交谈的装置。	名词。(1)利用电信号的传输使两地的人互相交谈的通信方式。(2)电话机，主要由发话器、受话器和线路三部分组成。(3)用电话装置传递的话。	1.利用电信号的传输达到互相交谈的通讯方式。 2.指电话机。
动员	把国家的武装力量由和平状态转入战时状态，以及把所有的经济部门转入供应战争需要的工作。	动词。(1)国家把武装力量由和平状态转入战时状态，把所有的经济部门(工业、农业、运输业等)转入供应战争需要。(2)发动人参加某项活动。	1.军事术语。把国家的武装力量，由和平状态转入战时状态，以及把所有的经济部门(工业、农业、运输业等)转入供应战争需要的工作。 2.发动人参加某种活动。 3.泛指发动；运用。
动力	使机械运转做功的各种作用力。	名词。(1)使机械做功的各种作用力，如水力、风力、电力、畜力等。(2)比喻推动工作、事业等前进和发展的力量。	1.使机械做功的各种作用力，如水力、风力、电力、热力以及原子能等。 2.泛指事物运动和发展的推动力量。

"电话"在《词典》中的原义为"利用电流使两地的人互相交谈的装置"，相当于《现代汉语词典》和《汉语大词典》中的义项2。② 而《现汉》和《大词典》的义项1表示"利用电信号的传输使两地的人互相交谈的通信方式"。这一义项和原义之间形成了一种类属关系，由表示种概念的"电流""装置"扩大为表示类概念的"电信号""通信方式"。《现汉》中的义项3和原义的关系可以算作是"义项的增多"。这一义

---

① 葛本仪：《汉语词汇研究》，外语教学与研究出版社2006年版，第113页。
② 本文将《现代汉语词典》简称为《现汉》，将《汉语大词典》简称为《大词典》。

项的出现并没有使原义消亡,而是使"电话"一词的概念增多。

同样,"动员""动力"两个词在《现汉》、《大词典》中的义项2和原义的义项也构成了类属关系,由特指某种事物扩大为泛指一类事物。

(2)义项的增多

所谓义项增多,就是"指一个词的形式所表示的义项的增加和发展。词义是表示概念的,因此,词的义项增多就是表现为同一个词的形式所表示的概念的增加,从而影响到了该词新义的增多、丰富和发展。义项增多和词义扩大的区别在于:新义的出现,只是表明了它的新义项的增加,却不会妨碍原有义项的存在,更不会引起旧义在该词范围内的消亡。在词的义项增多的情况下,新旧义项在一个词的形式内完全可以同时并存,并且各自保持着自己的独立性"[①]。义项的增多不同于词义扩大的根本区别在于:前者,新义和原义各种保持独立;后者,新义和旧义是一种类属关系。通过表4我们可以知道,"代表"等词汇的义项比原义有了增多。

表4 义项增多词汇在字典中的义项

词例	《词典》中的义项	《现代汉语词典》中的义项	《汉语大词典》中的义项
代表	代表集体或个人办事或表达意见。	(1)名词。由行政区、团体、机关等选举出来替选举人办事或表达意见的人。 (2)名词。受委托或指派代替个人、团体、政府办事或表达意见的人。 (3)名词。显示同一类的共同特征的人或事物。 (4)动词。代替个人或集体办事或表达意见。 (5)动词。人或事物表示某种意义或象征某种概念。	1.谓显耀于一代。 2.受委托代替个人、集体、组织办事或表达意见的人。亦指由选举产生,替选举人办事或表达意见的人。 3.指同类人物的典型。 4.代替个人或集体办事或表达意见。 5.体现,反映。 6.代为表示。

---

① 葛本仪:《汉语词汇研究》,外语教学与研究出版社2006年版,第119页。

续表

词例	《词典》中的义项	《现代汉语词典》中的义项	《汉语大词典》中的义项
吨	英美等国计量质量和重量的一种单位。	量词。(1)质量或重量单位,符号t。 (2)英美制质量或重量单位。 (3)登记吨的简称。 (4)船舶运输时按货物的体积计算运费用的单位,根据不同的货物定出体积换算成吨数的不同标准。	公制重量单位。亦称公吨。
背景	(1)图画、摄影里衬托主体事物的景物。 (2)舞台上或电影里的布景。 (3)对人物、事件起作用的历史情况或现实环境。	名词。(1)舞台上或电影、电视剧里的布景。放在后面,衬托前景。 (2)图画、摄影里衬托主体事物的景物。 (3)对人物、事件起作用的历史情况或现实环境。 (4)指背后倚仗的力量。	1.图画、摄影里衬托主体事物的景象。 2.舞台上或电影里的布景。 3.对人物、事件起作用的历史情况或现实环境。 4.指靠山及支持者。
对象	行动或思考时作为目标的事物。	名词。(1)行动或思考时作为目标的人或事物。 (2)特指恋爱的对方。	1.指行动或思考时作为目标的事物。 2.特指恋爱的对方。 3.北方方言亦指物色配偶。
出口	从公共场所出去的地方(门或口儿)。	(1)动词。说出话来。 (2)名词。从建筑物或场地出去的门或口儿。 (3)名词。(船只)驶出港口。 (4)动词。本国或本地区的货物运出去。	1.出言;张口。 2.通向外面的口、道。 3.把货物运往国外或外地。 4.谓船只驶出港口。 5.谓出边塞关口。 6.流放犯人于口外。
保险	以集中起来的保险费建立保险基金,用于对社会集团、企业或个人因灾害、意外事故等所造成的经济损失而给予补偿的一种方法。	(1)名词。集中分散的社会资金,补偿因自然灾害、意外事故或人身死亡而造成的损失的方法。参加保险的人或单位,向保险机构按期缴纳一定数量的费用,保险机构在保险责任范围内对所受的损失负赔偿责任。 (2)形容词。稳妥可靠。 (3)动词。担保。 (4)方言词。副词。一定。	1.据守险要之处。 2.谓稳妥可靠,不会发生意外。 3.担保,保证。 4.肯定,一定。 5.指枪支、门锁等机械物件上起安全作用,以防意外的装置。 6.集中分散的社会资金,用于补偿因自然灾害或意外事故而造成的经济损失,或对公民因疾病或丧失工作能力时给予医疗或物质保证的一种方法。

续表

词例	《词典》中的义项	《现代汉语词典》中的义项	《汉语大词典》中的义项
保障	有效地保护,使不受侵犯和破坏。	(1)动词。保护(生命、财产、权利等),使不受侵犯和破坏。 (2)名词。起保障作用的事物。	1.起保护防卫作用的事物。 2.特指供防御戍守的军事建筑物。 3.保护,保卫。 4.保证。

"代表"的原意为"代表集体或个人办事或表达意见",这一原义在《现汉》(义项4)、《大词典》(义项4)也得到了保留,为动词用法。同时,《现汉》的义项1、2以及《大词典》的义项2均为名词用法。由指事转而指人,这明显就是一种义项的增加,是对原义的发展。此外,"吨"中《现汉》的义项2;"出口"中《现汉》的义项3、4,《大字典》的义项4、3;"保险"中两部字典的义项2、3;"对象"中《现汉》的义项2,《大字典》的义项2、3;"背景"中两部字典的义项4均是新增义项;"保障"中《大词典》的义项4均是在原义基础上,对其的丰富和发展。

从词汇义项是否古已有之①来看,这类词汇又可以分为两类:清中期前便有的词汇;清中期后出现的新词。如"代表"一词就见于明吴承恩的《寿苏山陈公障词》:"郢中寡和,风高《白雪》之篇;日下无双,代表青云之业",此处的代表表示"显耀于一代"。同样,"出口"中的"出言;张口""通向外面的口、道""谓出边塞关口"三个义项;"保险"中"据守险要之处"义项(此时保险为动宾词组);"保障"之中的"特指供防御戍守的军事建筑物""保护、保卫"义项均是古已有之,这类词汇在清中期以前便有,只不过随着日语借词大量涌入中国,汉语对日语词汇吸收后,该词汇的义项有所增加而已。这些新增义项和古代原有义项之间,有些有关联,有些没有关联。而"吨""背景""对象"这三个词便是典型的清中期后出现的新词。这类词不论是词形还是词义都借自日语,清中期以前的汉语中并无该词形或是该词义。②

---

① "古已有之",具体指的是19世纪50年代(清代中期)以前古籍中有该义项的词汇。据顾江萍(2011)介绍,19世纪中期以前中日之间的文化交流主要是中国影响日本,而自19世纪50年代开始,清政府不断派出使臣考察日本,从此也揭开了第一次日语借词进入中国的高潮。故,本文把古已有之定义为日语借词尚未大量进入中国的19世纪50年代之前。

② 本文以北京大学古代汉语语料库为基础,对每个词在古代汉语中的出现等进行了调查。根据实际用例以及文章出处来判断该词汇的语义以及出现年代。

(3)词形词义稳定,没有发生变化

这 20 个日源外来词中,除了词义扩大和义项增多的情况之外,最多的便是保持原有风格、词义没有发生变化的情况。见表5。

表5　词形词义没有发生变化的词汇在字典中的义项(1)

词例	《词典》中的义项	《现代汉语词典》中的义项	《汉语大词典》中的义项
出版	把书刊、图画等印刷出来。	动词。把书刊、图画、音像制品等编印或制作出来,向公众发行。	把书刊、图画等编印出来。
成员	集体或家庭的组成成员。	名词。集体或家庭的组成人员。	集体或家庭的组成者、参加者。
必要	不可缺少。	形容词。不可缺少;非这样不行。	非这样不行;不可缺少的。
承认	(1)同意、认可。 (2)国际上指肯定新国家、新政权的法律地位。	动词。(1)多表示肯定,同意,认可。 (2)国际上指肯定新国家、新政权的法律地位。	1.表示肯定、同意、认可。 2.指一国肯定另一新国家为主权国家或肯定另一国新政府为该国合法政府的表示。
电子	构成各种原子的一种基本粒子。	名词。构成原子的粒子之一,质量极小,带负电,在原子中围绕原子核旋转。	构成各种原子的一种基本粒子,质量极小,带负电,在原子中围绕原子核旋转。
登记	把有关事项写在特备的表册上以备查考。	动词。把有关事项写在特备的表册上以备查考。	把有关事项或东西记载在册籍上。
场所	活动的处所。	名词。活动的处所。	活动的处所;地方。
参观	实地观察。	动词。实地观察(工作成绩、事业、设施、名胜古迹等)。	1.对照察看。 2.实地观察。
博士	学位的最高一级。	名词。(1)学位的最高一级。 (2)古时指专精某种技艺的人。 (3)古代传授经学的一种官职,一般由博学或具有某种专门知识的人充任。	1.博古通今的人。 2.古代学官名。 3.古代对具有某种技艺或专门从事某种职业的人的尊称,犹后世称人为师傅。 4.学位名。学位的最高一级。
创作	指文艺作品的创造及其作品。	(1)动词。创造文艺作品。 (2)名词。指文艺作品。	1.制造,建造。 2.始创。 3.特指文艺创作或文艺作品。

表5中的"出版""成员""电子""场所"4个词最早为清中期后出现的新词,而"必要"见于明代的《二刻拍案惊奇》卷二一:"即差快手李彪随着王爵跟捕贼人,必要擒获,方準销牌"(《大词典》);"承认"见于南宋《话本选集》:"张富被官府逼勒不过,只得承认了"(ccl语料库);"登记"则见于明代李颐《条陈海防疏》:"兵部量发马价,於密、蓟、永三道,每道二万两,听专备前项买马造器及海防杂办一应必需之物,详为登记"(《大词典》)。经几个世纪的发展,这些词汇的义项依旧较稳定,没有发生词义的扩大、缩小或转移。

"博士""创作"和"参观"早在宋之前的文献中便已经出现。例如,宋代曾巩的《叙盗》:"其创作兵仗,合众以转劫数百里之间,至於贼杀良民,此情状之尤可嫉者也。"(《大词典》)中表示"制造,建造"之意的创作;《韩非子·备内》:"执后以应前,按法以治众,众端以参观",(《大词典》)中表示"对照察看"之意的参观等。这些词的义项之中,除了古汉语中流传至今的义项外,从日语中引进的义项并没有发生词义的扩大、缩小等变化。

2. 出现次数少于10次词汇的演变特点

一个词在几百万字的大型语料库中出现次数少于10次,我们可以认定该词汇至少发生了以下三种情况中的一种:该词汇已经为汉语所淘汰,词形、词义不再使用;该词汇不是常用词汇,使用范围窄,词形、词义没有变化,仅在特定领域使用;该词汇所表述的词义已经成为汉语的一般词汇,但是该词的词形为新词汇半替代或完全替代。

随着社会生活的发展以及语言规范化的需要,有些日源外来词逐渐退出历史舞台。这些外来词退出汉语基本词汇系统的过程并不是单一的:即弃旧选新,而是存在着以下几种现象。

(1)旧词[①]为新词汇所替代

有些日源外来词所描述的现象、事物并没有发生变化,但是旧有的说法为新词汇所代替。在90多个出现次数少于10次的词汇中,这种现象较多,详见表6。

---

① 本文中"旧词"指的是:汉语中同时有两个或两个以上的词表达同一个义项,几个词中出现且使用较早的为"旧词",出现得较晚的为"新词"。

表6 新旧词汇对照表

旧词	新词	旧词	新词
安质母尼	锑	日见和主义	机会主义
丁几	酊剂	溶媒	溶剂
奥巴桑	欧巴桑、大娘、大婶、老太婆	摄护腺	前列腺
膵脏	胰、胰腺	水素	氢
曹达	碳酸钠、纯碱	碳酸加里	碳酸钾
苍铅	铋	碳酸瓦斯	二氧化碳
代议士	议员	沃度	沃素
队商	商队	沃素	碘
复水器	冷凝器、凝汽器	亚铅	锌
高周波	高频	野兔病	兔热病
古加乙涅	可卡因	运转手	司机
规那	金鸡纳皮	止扬	扬弃
规尼涅	奎宁	窒扶斯	伤寒
加答儿	卡他	窒素	氮
健质亚那	龙胆	轴接手	联轴器、连接器
脚光	脚灯	免许	批准、许可
觉书	备忘录	吉地	木屐
偻麻质斯	风湿病	检波器	检验器、整流器
制御器	控制器、操纵器	加非	咖啡
重曹	碳酸氢钠、小苏打	旋盘	车床、旋床

(2) 旧词尚未完全为新词汇所替代

有些日源外来词所描述的现象、事物并没有发生变化,但除去旧有的说法外,新词汇也已经在现代汉语中广为使用。详见表7。

表 7　新旧词混用的词汇

旧词	新词	旧词	新词
探海灯	探照灯	味之素	味精
糎	厘米	哩	英里
粍	毫米	胶着语	黏着语
时计	钟表	国事犯	政治犯
研磨机	磨床	铣铁	生铁、铸铁

"铣铁"为《现汉》第 6 版和《大词典》两本字典所收录,《现汉》第 6 版解说为"名。旧时指铸铁",《大词典》解释为"生铁、铸铁",可见,虽然"铣铁"一词有些陈旧,使用频率不高,但还属于一般词汇。其实在钢铁制造行业,这个词也频频使用,如"铣铁价格""铣铁批发""铣铁铸件"等。同"铣铁"一词类似,有些旧词依旧活跃在现代汉语之中,"味之素"一词在表示"调味品的一种"时,已经完全为新词"味精"所代替,但是它依旧以专有名词的形式活跃在现代汉语之中——"日本味之素株式会社""日本味之素集团"。而"研磨机"一词也依旧活跃在现代汉语之中,搜索"百度",和研磨机相关的网页有 800 万之多,如"研磨机""研磨机价格""平面研磨机""震动研磨机"等等。

上面提到,有些旧词和新词还处于并行使用阶段,但有些旧词虽出现在词典中,但在实际使用过程中已经几乎为新词所代替。如在《大词典》中把"时计"解释为"钟表","国事犯"解释为"政治犯","探海灯"解释为"探照灯",也就是说,这些词在词典编纂之时(约 1986 年)的确是当时的"一般词汇",但是,这三个词却没有出现在《现汉》第 6 版(2013 年初)中,可见,随着时代的发展,这些旧词已经为新词所代替。

(3)词形无变化,词义稳定,依旧使用

虽然使用频率较低,但是有些日源外来词的词义和词形稳定,没有发生变化,见表 8。和表 5 中所列词汇不同,这些词汇多为某些领域中描述该领域特定事物特征的专有名词,如"但书";而表 5 中的词汇多为表示描述某类事物、行为名称的一般词汇,如"成员""登记"。此外,这些词所表示的词义在古汉语中几乎没有出现过,均是随着新生事物的出现而从日语借入的新义。

表8 词形词义没有发生变化的词汇在字典中的义项(2)

词例	《词典》中的义项	《现代汉语词典》中的义项	《汉语大词典》中的义项
但书	法律条文中,"但"字以下的部分,指出本条文的例外。	名词。法律条文中"但"或"但是"以下的部分,指出本条文的例外或限制。	法律条文中,于本文后,说明有例外情况或某种附加条件的文字。因句首常冠以"但"字,故名。亦借指正文之外附带的说明。
等外	不列入等级的。	属性词。质量在登记标准以外的(区别于"等内")。	谓产品质量差,不列入等级。
公称	标称,额定。	名词。机器性能、图纸尺寸等的规格或标准	无。
可锻铸铁	用白口铁经过热处理后制成有韧性的铸铁,有较高的可塑性,广泛应用于机器制造业。	用白口铸铁经过热处理后制成的有韧性的铸铁。有较高的强度和可塑性,广泛应用于机器制造业。也叫马铁、玛钢。参看"铸铁"。	无。
目	1. 筛目,筛号。 2. 网眼,网目。	2. 名词。网眼、孔。	8. 孔眼
上水道	供给生活消防或工业生产用的清洁水的管道。	名词。供给生活、消防或工业生产上用的清洁水的管道。	无。
外分泌	指人或高等动物体内的有些腺体,把自己的分泌物通过导管排出体外或引至体内其他部分。	名词。人和高等动物体内,有些腺体的分泌物通过导管排出体外或引至体内其他部分,这种分泌叫作外分泌。具有外分泌功能的腺体叫外分泌腺,如唾液腺、胃腺等。	无。
坐药	栓剂,一种塞入肛门、尿道或阴道内的外用药。	中医指栓剂。	无。

续表

词例	《词典》中的义项	《现代汉语词典》中的义项	《汉语大词典》中的义项
通货收缩	即通货紧缩。缩减在流通中的纸币以提高其购买力的措施。	1.国家纸币的发行量小于流通中所需要的货币量,引起物价持续、普遍下跌的现象。2.缩减流通中纸币的数量,提高货币的购买能力,以抑制通货膨胀。	无。
羊羹	一种用赤小豆、琼脂等制成的甜点心。	用赤豆粉、琼脂、砂糖等制成的一种点心。	1.以羊肉制作的羹。2.用赤小豆粉、琼脂、砂糖等制成的一种糕点。如天津栗羊羹。
风位	风向	1.风来的方向。2.比喻情势。	

还有些日源外来词,其词义和词形没有变化,但它们却没有出现在《现汉》和《大词典》中。下列词汇均是描述旧有的事物或名称的。

初夜权:封建主、部族首领等强制占有平民、农奴的新妇第一夜的特权。

泛心论:一种唯心主义哲学理论,认为一切自然现象都有灵魂。

肉弹:第二次世界大战时,日本冒险战术,即以飞行员驾驶飞机冲向敌方船只或阵地,与敌人同归于尽。

有些词是描述日本特有文化现象的,它们虽没有出现在《现汉》和《大词典》中,但在解释日本文化时,它们还是常常出现的。

大正琴:一种发明于大正初年的简单拨弦乐器。

弓道:日本的一种箭术训练方法,用以发展专注和协调能力。

净琉璃:日本戏剧的一种。

连歌:日本诗歌的一种,由二人以上分别咏上下句。

美浓纸:日本美浓地方所产的一种棉纸。

钱:日本货币单位,100钱等于1日元。

三味线:日本的一种拨弦乐器。

猿乐:日本戏剧的一种。

默剧:哑剧。

狂言:日本喜剧的一种。

平假名:日文的草体字母。

还有一类日源外来词属于特定领域的用词,属于专科词汇,没有收录到《现汉》和《大词典》中。

假分数:分子等于或大于分母的分数。

拟人法:一种修辞方式,把事物人格化。

间歇热:指病人的体温升高,但在24小时内有一次或两次降到正常体温或正常体温之下。

(4) 该词汇已完全淘汰

还有一类日源外来词不仅使用频率低,而且在笔者所调查的范围内已经不再使用,如以下词汇。

才:木材的体积单位,1立方米约等于299.6才。

金婚式:结婚50周年纪念庆祝仪。

银婚式:结婚25周年纪念庆祝仪式。

可决:议案等经法定人数同意通过。

溶体:混合气体溶液固溶体的总称。

兴信所:接受委托,对他人的品行财产等秘密进行调查并提出报告的一种机构。

疫痢:日本儿童在夏季所患的一种与痢疾相似的急性传染病。

风云儿:在社会上活跃于一时的人。

气密:不漏气。

水密:不透水。

"气密"和"水密"这个词主要用于专门领域,虽然这两个词单独使用的频率很低,但是由这两个衍生出的词汇在汉语中还是常用的,如"气密性""气密拉链""气密测试""水密性""水密舱""水密门"。

《现汉》是国内权威的中型字典,而《大词典》则是更权威的大型字典。关于收词原则,《现汉》前言谈到"收录一般词汇。……也收了不久以前还使用的旧词语、旧意义,现在书面上还常见的文言词语,以及某些习见的专门术语",到1996年第3版时,其原则是:"删去一些过于陈旧的词语及一些过于专门的百科词条"。第5版为"删减一些陈旧的而且较少使用的词语或词义"。第6版的原则是"删除少量陈旧的词语和词义"。可见,《现汉》主要收录现代汉语常用词和常用的新词,过于陈旧的词语、过于专业的词语以及使用频率低的词汇都没有收录。《大词典》的收词原则为"只收汉语的一般词语。……专科词只收已进入一般语词范围内的,与其他专科辞书相区别。"也就是说,没有收入两部字典的词汇都是非一般词汇,使用频率低,又或是过于陈旧、过于专业。"大正琴""三味线""美浓纸"都是描述专业方面事物特征的词汇,而"初夜权""泛心论"则是使用频率低且过于陈旧,故而都未被收入到两部字典之中。

综观以上词例以及论述,我们可以清晰地描绘出本文中涉及的114个日源外来词在现代汉语里的具体演变结果:

(1)有些词已经成为汉语的一般词汇。这些一般词汇中,有些词形在古汉语中就已经存在,有些则是近代借入到汉语之中的词形、词义全新的新词。这类一般词汇有的词义扩大了;有的义项增多了;还有一部分词义稳定,没有发生变化。在词义稳定的词汇中,既有描述一般事物的普通词汇,也有专业词汇;它们的使用频率不定,有高也有低。

(2)因为词义自身描述的是特定文化或专业领域的事物,且使用频率低,有些词没有为一些大型辞书收录,只有一小部分词进入了汉语的一般词汇系统;有些词尚处于新旧交替过程中;有些词的词形在现代汉语中已经被淘汰,它所表示事物为新词汇代替,新词汇成为汉语的一般词汇;还有一些词的词形、词义均已被汉语所淘汰。

四、促使词语发生演变的因素

武占坤、王勤[1]、葛本仪[2]、符淮青[3]等学者均认为三个方面的要素影响和决定着现代汉语词汇的发展和演变,即社会生活的发展、人的思想意识的发展以及语言内部各个因素的相互作用。这些因素也同样是影响本文中探讨的日源外来词演变

---

[1] 武占坤、王勤:《现代汉语词汇概要》,外语教学与研究出版社2009年版。
[2] 葛本仪:《汉语词汇研究》,外语教学与研究出版社2006年版。
[3] 符淮青:《现代汉语词汇(增订本)》,北京大学出版社1985年版。

结果、使用情况的重要因素。

随时社会生活的发展,有些旧的事物被淘汰,有的新事物产生。旧事物渐渐淡出人们的生活,和这些旧事物相关的词汇自然也渐渐地消亡,如"才"。随着新事物的产生,一些新新词语也随之出现,如"电子""背景""但书"。人的思想意识发展后,对事物的认知更加全面、丰富和深刻。对新的认知和见解的表述有时就会以词义扩大或是义项增多的形式添加到一些常用词之中,如"电话""动员""代表"等。语言内部各个因素的相互作用使得有些词汇消亡,如"曹达""膆脏"等。出于经济原则和词语规范化的需要,人们选择了单一固定的词形,舍弃了相对不规范和陈旧的词汇形式。

人类语言的基本核心功能就是交际功能,故而,语言载体的词汇的使用也是与交际需要紧密相连的。越贴近、顺应社会交际需要的词,其使用频率越高,如"电话"。另外,词汇的使用频率也和词汇语法系统相关。如果一个词汇承载着多个义项或是众多的语法功能,那么它的使用次数在一般境况下会高于词义或语法功能单一的词汇。如"代表"一词在《现汉》中共有 6 个义项,且具备名词和动词两种词性,是我们本次调查中使用次数最多的词。而表 2 中列举出的使用频率低的词,义项和词性均很单一。

结　语

本文就《词典》中出现的 890 个日源外来词在北京大学现代汉语语料库中的出现次数进行了统计和最初步的调查。结果显示,"代表""电话"等词汇的出现次数最高,而"安质母尼""丁几"等词汇的出现次数非常低或是根本没有出现。

通过对比分析 114 个日源外来词的词义、词形,我们可以知晓它们在现代汉语里的接受过程和最终演变结果:

(1)牢牢地扎根于汉语,成为一般词汇。这些一般词汇中,有些词形在古汉语中就已经存在,有些则是近代借入到汉语之中的词形、词义全新的新词。这类一般词汇有的词义扩大了;有的义项增多了;还有一部分词义稳定,没有发生变化。在词义稳定的词汇中,既有描述一般事物的普通词汇,也有专业词汇;它的使用频率不定,有高也有低。

（2）成为非一般词汇或被淘汰、被替代。因为描述事物仅限于特定文化或专业领域，使用频率低，没有为一些大型辞书收录，只有一小部分词进入了汉语的一般词汇系统；有些尚处于新旧交替过程中；有些词在现代汉语中已经被淘汰，它所表示事物为新词汇代替，新词汇成为汉语的一般词汇；还有一些词形、词义均已被汉语所淘汰。

社会生活的变化、人的思想意识的变化、语言内部各个因素的相互作用这三方面要素直接促成了这些日源外来词在现代汉语中的变化，同时，实际交际需求以及它们在词汇语法系统中的位置、地位也影响了它们的使用频率。

在跨文化交际教学过程中，教师可以帮助学生梳理词语演变的大致思路：词汇，语言系统中的重要组成部分，并不是一成不变的，而是随着时间、社会生活、科学技术的变化而变化着的。这种变化过程并不是一蹴而就的，而是渐变的。它们或是成为一般词汇，或是成为非一般词汇，抑或是被新词所替代，或是词形、词义完全被淘汰。在实际交际过程中，要让学生注意根据交流的对象、词语使用的场合来决定使用何种词汇。

参考文献

曹莉亚：《百年汉语外来词研究热点述要》，《深圳大学学报（人文社会科学版）》2009年第26卷第3期。

陈雪：《对〈汉语外来语词典〉中汉语日来词的研究》，陕西师范大学硕士论文，2010年。

崔崟、丁文博：《日源外来词探源》，中国出版集团2013年版。

符淮青：《现代汉语词汇（增订本）》，北京大学出版社1985年版。

高名凯、刘正埮等：《汉语外来词词典》，上海辞书出版社1984年版。

葛本仪：《汉语词汇研究》，外语教学与研究出版社2006年版。

顾江萍：《汉语中的日语借词研究》，上海辞书出版社2011年版。

罗竹风主编：《汉语大词典》（缩印本），上海辞书出版社2007年版。

沈国威：《现代汉语中的日语借词之研究——序说》，《日语学习与研究》1988年第5期。

史有为：《外来词——异文化的使者》，上海辞书出版社2004年版。

史有为：《汉语外来词》，商务印书馆2000年版。

王立达：《现代汉语中从日语借来的词汇》，《中国语文》1958年第1期。

武占坤、王勤：《现代汉语词汇概要》，外语教学与研究出版社2009年版。

夏晓丽:《现代汉语中的日源外来词研究》,辽宁师范大学硕士论文,2006年。

杨锡彭:《汉语外来词研究》,上海人民出版社2007年版。

叶蜚声、徐通锵:《语言学纲要(修订版)》,北京大学出版社2010年版。

章一鸣、卢柏林:《〈汉语外来语词典〉中的日语借词考察》,《电大教学》1995年第5期。

郑美花:《现代汉语中的日语借词》,延边大学硕士论文,2010年。

中国社会科学院语言研究所词典编辑室:《现代汉语词典》(第6版),商务印书馆2012年版。

钟吉娅:《汉语外源词——基于语料的研究》,华东师范大学博士论文,2003年。

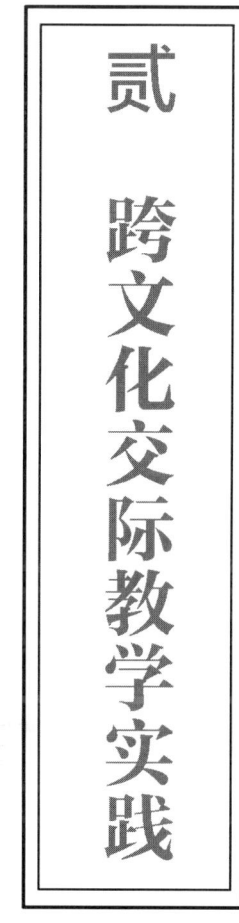

贰　跨文化交际教学实践

第一章 跨文化交际课"常识"认知的教学法研究[①]

侯 越

导 言

跨文化交际能力培养在高校外语专业教学中地位重要已经成为不争的事实。近年,国内很多外语院系设立跨文化交际方向,以定向加强学生跨文化交际能力的培养。跨文化交际课着眼于培养学生的跨文化交际能力,是跨文化交际方向的核心课程。

相对于形成已久的外国语言文学课程,跨文化交际课的教学方法有待开拓。胡文仲曾指出以讲授知识为中心的教学方法不能有效地提高跨文化交际能力;[②]高一虹[③]也指出以知识为中心的教学模式容易出现教师灌输知识而缺乏对学生的启发的问题。跨文化交际课所采用的教学方法,应该促进教学过程的趣味化、动态化,提高学生的学习主动性,解决老师讲、学生听的问题,实现"学生为主体,教师为主导"的课堂教学原则。本文在对跨文化交际课的主要教学方法进行梳理的基础上,以对"常识"的文化认知为例,对其教学模式进行定位、探讨。

[①] 本文受北京第二外国语学院2014年本科教学团队建设项目资助。项目编号:2014JXTD0202。
[②] 胡文仲:《跨文化交际学概论》,外语教学与研究出版社1999年版。
[③] 高一虹:《跨文化交际能力的培养:"跨越"与"超越"》,《外语教学》2002年第10期。

一、跨文化交际课的主要教学方法

跨文化交际学始于 20 世纪 60 年代的美国,20 世纪 80 年代中国的高校开始讲授跨文化交际课。跨文化交际课"是一门实践性很强的课程,主要旨在唤醒学生的跨文化意识,增长跨文化知识,提高跨文化能力"①。

跨文化交际课的教学方法与课程的发展历程密切相关。国内"跨文化交际课程主要是由外语教师开设"②,跨文化交际能力主要被定位为"如何在目的文化情景中适宜地使用目的语的知识"③。20 世纪 90 年代,在国内很多外语院系中,跨文化交际能力的培养融于外语教学,并未形成单独的教学体系。胡文仲、高一虹提出的八种文化教学法从跨文化交际的角度归纳了外语教学中的文化教学法。④

这八种文化教学法分别是:(1)文化渗透法:包括挖掘词汇的文化因素,把目的语文化对语法的影响融入教学等。(2)文化旁白法:把对文化的介绍和讨论导入语言教学。(3)文学作品分析法:引导学生从文学作品中分析其蕴含的价值观、风俗习惯。(4)比较法:对比外语中表现的文化与本国、本民族文化的异同。(5)课堂交流或专题介绍:教师为学生设计多样化的交际场景,帮助学生提高交际能力;邀请跨文化交际领域的相关专家进行专题讲解。(6)跨文化交际技能训练法:教师针对学生在跨文化交际中存在的不同类型的弱点进行定向训练。(7)解析法:教师通过解析具有典型意义的跨文化交际案例,引导学生理解其中的文化内涵及历史成因。(8)课外活动。学生将所学的知识运用于课外活动。

上述八种方法中除了"课外活动"一项,都是教师在引导学生认识和掌握目的语文化的过程中扮演主角,属于教师主导型教学法。这种以教师为主导的授课方式在当时高校外语专业的教学中占主要地位。

进入 21 世纪,开设跨文化交际课的国内高校外语院系增多,跨文化交际逐渐发展为一门独立的课程。跨文化交际能力不仅仅局限于对语言表达的理解和应

---

① 陈倩:《案例教学法:跨文化交际课程课堂模式的优化》,《湖北经济学院学报》2012 年第 3 期。
② 胡文仲:《跨文化交际课教学内容与方法之探讨》,《中国外语》2006 年第 6 期。
③ 黄瑛、寇英:《中国高校英语专业跨文化交际课程教学初探》,《山东外语教学》2010 年第 5 期。
④ 胡文仲、高一虹:《外语教学与文化》,湖南教育出版社 1997 年版,第 10 页。

用,而是涉及文化认知、价值观、社会行为等多种领域。同时,随着外语教学理念和教学手法的发展,以教师为主导、学生为主体的教学法的影响力不断提高,跨文化交际课的教学法逐渐发生改变。

为了提高国内跨文化交际课的教学水平,胡文仲以美国高校跨文化交际课的教学法为参照,将其归纳为:(1)讲课、(2)小组讨论、(3)个案研究、学生报告、(4)客座讲师演讲、(5)电影、(6)小组报告、(7)角色扮演、(8)实地调查、(9)录像及其他。上述9种教学法中,(2)、(3)、(6)、(7)、(8)五项都以学生为活动主体。

上述9项教学法及其教学效果可以归纳为以下六种。[①] (1)教师授课和客座讲师演讲。讲课以传授知识为主,"对于跨文化交际能力的提高并不一定十分有效"[②]。(2)使用电影、录像等视频、音频资料。直观、生动,有利于增强学生对跨文化交际的理解。(3)个案研究、学生报告。个案研究内容生动;学生报告有利于提高学生的参与程度。(4)小组讨论及报告。有利于开拓学生的思路,克服由于学生人数多而不易组织课堂讨论的缺欠。(5)角色扮演。为学生创造模拟跨文化交际的环境。(6)实地调查。学生直接参与跨文化交际活动的程度最高,教师需要对调查地的选择、组织、安全工作做出周详的安排,适用于小班教学。上述六种教学法的后四项都旨在发挥学生的主体性。与90年代胡文仲、高一虹提出的八种教学法相比,整体呈现出从以教师传播知识为主,向提高学生亲身参与跨文化实践活动转变的趋势。

黑龙江大学严明讲授的"大学英语跨文化交际"课是国家级精品课程,该课程采用的主要教学法包括:(1)文化演讲、(2)文化谜语、(3)文化表演。[③] (1)文化演讲主要由教师讲授基础概念,分析深层文化现象和理论,其中穿插教师与学生间的课堂讨论。(2)文化谜语由学生针对教师选取的某些文化现象或文化对比事例进行分析。教师通过播放视频、新闻资料,组织学生小组讨论、辩论,开拓学生的思路。(3)文化表演。学生以学习小组为单位针对某一主题或某一文化现象表演小

---

① 上述分类还可以进行相互组合,如:个案研究与小组讨论相结合的个案研究讨论法。"这种方法强调学生的参与,可以引起他们的思考和讨论,能够有效地提高他们的跨文化敏感和跨文化意识。"引自胡文仲:《跨文化交际课教学内容与方法之探讨》,《中国外语》2006年第6期。
② 胡文仲:《跨文化交际课教学内容与方法之探讨》,《中国外语》2006年第6期。
③ 严明:《跨文化交际理论研究》,黑龙江大学出版社2009年版。

品。小品表演包括事先准备和即兴表演两部分。严明的教学方法与上文所归纳的六种跨文化交际课教学法有相似之处。"文化演讲"涵盖了(1)的内容。"文化谜语"涵盖了(2)中的学生报告以及(3)、(4)的大部分内容。"文化表演"等同于(5)的角色扮演。严明的教学法主要涉及课堂教学,未把实地调查列入其中。

陈云、樊葳葳通过分析美国艾柏林基督大学(Abilene Christian University)为其教员准备跨文化交际课教学大纲而提供的参考性教学大纲清单中随机抽样出的26篇,将跨文化交际的教学法分为传统教学法(teaching methods)、体验性教学(experiential learning)和合作性教学(collaborative learning)三大类。传统教学法包括课题讲学、课堂讨论和课外阅读。邀请富有实践经验的专家学者所做的讲座被视为传统教学法中的新鲜手法。体验性教学包括让学生设计方案、调查访问、案例分析、角色模拟等,该教学法丰富了学生对真实世界的模拟体验和认知。合作性教学法与上述两种教学法相比,更具创新性。上述26篇教学大纲中,有一例采用了合作性教学法。由美国爱荷华(The University of Iowa)大学跨文化交际专业的学生和芬兰于韦斯屈莱大学(University of Jyväskylä)语言交流专业的学生结成对子,围绕友谊这一主题进行专题对话,对彼此间的交流日志进行分析,撰写论文,总结从跨文化交际实践中得到的收获。上述分析方法中的传统教学法基本等同于严明所采用的"文化演讲",而严明分别所列的"文化谜语"和"文化表演"可纳入体验性教学范畴。爱荷华大学和于韦斯屈莱大学学生间的对话把跨文化教学延伸到课堂之外,与胡文仲归纳的美国高校跨文化交际课9种教学法中的"实地调查"同样着眼于现实生活中的社会实践,只是后者更加强调自文化与他文化的沟通与对比。

比较上述跨文化交际课所采用的教学法,整体来说,美国艾柏林基督大学提出的三类跨文化交际教学法涵盖的领域最广,其中包括了多种教学法;胡文仲提出的9种教学法则最为具体。这些教学法的主要目的在于突破传统课堂教学的局限性,达到更好的教学效果。上述教学法对确立跨文化交际课的教学方法具有指导性意义。本文以跨文化交际课中有关"常识"的文化认知为例,摸索更为有效的教学方法,以改变传统的以教师讲课为主的教学模式。

二、常识的文化认知在跨文化交际体系中的定位

1. 跨文化交际课的整体教学内容

笔者曾提出日语专业跨文化交际课的主要教学内容包括:"异文化认知的基本概念、交际方式的差异、语言/非语言交际、自我认知、价值观"①五大模块。胡文仲通过对国内出版的面向英语院系本科生的6种跨文化交际教材的汇总,总结出普遍得到认可的跨文化交际课的内容包括:(1)有关跨文化交际的基本介绍,(2)文化,(3)交际,(4)语言交际,(5)非语言交际,(6)社会组织,(7)管理,(8)跨文化认知,(9)价值观与信仰,(10)跨文化交际能力培养十个方面。②

笔者提出的跨文化交际课教学内容的五大模块与胡文仲的十项分类相比,在语言交际与非语言交际方面观点一致;笔者提出的"异文化认知的基本概念"涵盖了胡文仲文中(1)、(2)项;笔者提出的"交际方式的差异"可包括胡文仲文中的第(8)跨文化认知、(10)跨文化交际能力培养。整体来说,胡文仲分类涵盖的范围更广,不仅包括交际方式中的差异,还包括共性,而且将交际方式细化为跨文化认知和交际能力培养两方面。胡文仲提出的第(6)"社会组织"和第(7)"管理"是笔者的五大模块中没有涵盖的内容。综上所述,笔者对跨文化交际课教学内容的设定具有明显的关注"语言与文化的关系以及语用方面的问题""注重国与国之间的文化差异对于交际的影响"的倾向,而对"不同文化(或社会)身份对于交际的影响"未能予以更为细致的关注。③

与胡文仲上文所概括的十项跨文化交际课的教学内容相比,美国大学设立的该项课程不仅把各类社会群体对交际的影响细化为:(1)社会身份,(2)偏见与歧视,(3)集体罪责,(4)语言与社会身份;而且还把权力与跨文化交际相联系,通过语言规划(强势语言与弱势语言)、舆论导向、种族关系、多元文化等几方面进行分析,

---

① 侯越:《日语专业跨文化交际课程教学体系的构建》,《外语学习与研究》2012年第3期。
② 胡文仲:《跨文化交际课教学内容与方法之探讨》,《中国外语》2006年第6期。上述10项内容为笔者根据胡文仲原文所做的翻译。
③ 本句中引用参考胡文仲:《跨文化交际课教学内容与方法之探讨》,《中国外语》2006年第6期。

将交际"双方在政治和经济权力方面的不同处境"视为跨文化冲突的根本原因。[①]此外,还将跨文化冲突的解决纳入课程内容,体现出美国这一移民大国的文化多样性特征以及对社会不同群体相互间作用力的关注。

参考胡文仲归纳的跨文化交际课十项教学内容、美国大学跨文化交际课的教学内容以及笔者所在的北京第二外国语学院日语学院跨文化交际与商贸方向的授课特点,笔者把自身设定的跨文化交际课教学内容的五个模块修改为:(1)跨文化交际的基本概念(包括文化的定义、交际的定义),(2)跨文化认知与跨文化交际能力培养,(3)语言交际,(4)非语言交际,(5)价值观、信仰,(6)不同社会群体对跨文化交际的影响(包括政界、媒体等)。由于笔者所在日语学院开设的跨文化交际与商贸方向同时设有商贸方面的专业课,而且跨文化交际课的授课时间仅为一个学期,无法涉及太多内容,所以在实际教学中不把经营管理与跨文化交际的内容纳入跨文化交际课的教学内容。另外,交际双方在政治、经济方面的权力差异对跨文化交际影响的相关内容专业性较强,可以将其作为研究生阶段跨文化交际课的教学内容,暂不列入本科阶段讲授的范围。

2. 有关常识的文化认知的教学目的

有关常识的文化认知属于笔者所列上述六种跨文化交际教学模块中的(2)跨文化认知与跨文化交际能力培养。常识是特定文化圈、组织内部得以普遍共享的事物。它包括特定的行为方式、习惯、规范、价值观与信仰等。常识经过长期的文化浸淫而逐渐形成,在特定范围内被认为是一种约定俗成的习惯,成员彼此间不需要对此进行过多的解释,因此常识具有隐性的特征。但是实际上,常识并非是放于四海皆通行的准则,有着明显的应用范围。对常识的无意识和忽视会成为该集团成员与外部之间跨文化交际中的障碍。因此,对常识的认知是文化认知中的重要一环,是构成跨文化交际基础的重要组成部分。

教学中有关常识的文化认知的教学目的重点在于引导学生认识到常识这一认知行为自身的特点,中日双方在常识认知方面的共性和个性,常识认知偏差对跨文化交际所产生的影响及应采取的对策。

[①] 参见胡文仲:《跨文化交际课教学内容与方法之探讨》,《中国外语》2006年第6期。

三、有关常识认知的教学法分析

在教学中,笔者把有关常识的文化认知的教学内容分为以下六个环节:(1)常识的定义与特性,(2)中国文化内部常识认知的共性与差异,(3)中日之间常识认知的共性与差异,(4)常识认知差异对交际行为产生的影响,(5)如何跨越常识认知的差异,(6)学生实践报告及教师点评。在整个教学过程结束后,以本校日语学院本科跨文化交际与商贸方向103班的17名学生为对象,针对教学效果进行了问卷调查。

在第一个教学环节中,笔者采取由浅入深的方法,分别提出两种关于常识的解释。一种是日语『広辞苑』词典对常识的解释:「普通、一般人が持ち、また、持っているべき知識。専門的知識でない一般的知識とともに、理解力・判断力・思慮分別等を含む」[1]。另一种是跨文化交际学领域对常识的定义:「文化内、集団内で共有され、信じられている」「価値観、規範、行動様式」[2]。引导学生以小组讨论的形式,通过对比两种常识的定义来自行总结常识这一概念的特性。通过学生总结、教师补充,得出常识的特性包括三个方面,即:(1)在特定范围内通行并被普遍认可,(2)不同文化对某一特定常识有着不同的认识,(3)涉及知识、思考方式和行为方式等多个领域。其中,"在特定范围内通行"这一特性是跨文化交际中认识差异、交际障碍产生的主要原因。此外,由于常识涉及社会生活的方方面面,而且本课面向的是大三的学生,为了促进学生的理解,笔者在教学中所选用的实例主要围绕日常生活。

作为常识认知教学的第二个环节,笔者首先提出几个问题,引导学生认识常识在特定范围内的普遍性和局限性,加深对常识定义的理解。其中包括:(1)你觉得吃饭时可以把筷子插在饭碗中吗?(2)你生病的时候最想吃什么?对第一个问题,

---

[1] 中文译文为:一般人普遍拥有的,且被认为应该拥有的知识。包括非专业的一般性知识、理解力、判断力和思考辨别能力——笔者译。
[2] 中文译文为:某一文化、组织内部成员共有的价值观、规范、行为方式——笔者译。小池浩子『異なる文化のとらえ方』、八代京子など『異文化トレーニング—ボーダレス社会を生きる』(改訂版)、三修社2011年、236ページ。

17名学生中的15人的回答为"否",普遍认为这种行为缺少家教、不吉利。另外2名学生对此行为的评价较为中立。对第二个问题的回答出现了明显的差异。其中10名学生表示想喝粥;3名学生没有特定选择;2名学生从味道出发,选择"味道重"或"不腥不苦"的食物;其余2名学生的选择较为独特,分别为"手抓饭、肉稀饭"①和"挂面、龙须面、热汤面"②,表现出较为明显的地区和家庭差异。对上述两个问题的回答体现出中国人和中国文化内部饮食文化上的共性和差异。

广阔的地域、丰厚的历史资源、社会经济发展的不均衡,形成了中国各地千差万别的地域文化。地域社会的生活方式由自然环境、常识规范、历史积淀所决定。比如,"以中国的中原地区民族来说,处于闭关锁国的时间长久,又出于千百年来自给自足的小农经济成为构筑文化的基础,使文化形态呈现出一种封闭的、保守的、喜欢稳定的状态。艺术欣赏上,对叙事艺术,都喜欢有头有尾的故事,喜欢圆满的结局,喜欢有稳定标志的程式。"③中国数千年来的文化发展是不同地域文化相互交流、摩擦、融合的求同存异的过程。通过上述举例和分析,使学生认识到常识认知的差异不仅存在于中日文化之中,也普遍存在于中国文化内部。人们不必因为不同文化之间常识认知上的差异、冲突而谈虎色变,可以想方设法通过多种方式寻求解决的途径。

第三个教学环节主要以饮食为例,引导学生了解中日两国在常识认知上的共性与差异。笔者首先播放以美国棒球选手在日本遭遇的文化冲突和相互理解为主题的美国电影《棒球先生》的一幕——主人公杰克接受邀请到棒球主教练内山家吃饭。席间,内山的父母、内山和内山女儿的话语不多,杰克对这种安静的气氛感到压抑。因为是坐在榻榻米上吃饭,杰克想舒展一下腿脚,就顺手把筷子插到了饭碗中。在那一瞬间,一直保持沉默的内山家族所有人都做出了明显的反应——内山开始训斥杰特,内山的母亲想伸手去拔筷子,内山的父亲发出诧异声,内山的女儿发出惊呼。虽然片中的杰克并不明白大家为什么做出这样的过激反应,而在此方面与日本人有着同样常识的大部分中国学生看到这一幕则发出了会心的笑声。

接下来,笔者播放了一则汇丰银行的广告,其主要内容是中国人宴请英国人吃

---

① 该名学生来自新疆。
② 该名学生来自北京。
③ 汪辉、程妤:《地域文化——尝试中的文化消费新标签》,《统计与决策》2005年第7期。

饭,服务员为每位客人端上一份形态完整的鳝鱼。中国人吃得津津有味,但是英国人却感觉很抗拒。出于礼貌,英国客人勉强吃光了碗中的鳝鱼。此时画外音响起:"英国人认为如果不吃光盘子里的食物就是不礼貌,而中国人认为你是在质疑他们的慷慨大方。"主人看到英国人把鳝鱼吃得一干二净,赶忙让服务员端上一份更大的鳝鱼。这次英国人吃到脸色发白、领带咧开、歪倒在椅中,但还是竭尽全力吃光了盘中的鳝鱼。此时画外音响起:"汇丰银行从来不会在没有了解当地文化的情况下开分行,这就是汇丰当地银行为什么可以比其他银行吸收一多半客户的原因。"广告片的结局是主人又让伙计端上了一条更大的鳝鱼。这则广告说明中国人和英国人在饮食待客习惯上的差异。广告播放之后,笔者让学生设想日本人在同样情况下会怎样做,并讲解了笔者曾多次实际听到的与片中英国人情况相似的案例:日方公司派驻中国的员工同样认为接受别人邀请赴宴时,应该吃光盘子里的食物。而作为宴请方的中国人看到客人的盘中空空无物,便不断为其夹菜,以至于日本人每次赴宴时都吃到撑得难受的程度,与此同时,中国人又会为日本人的大肚量而感觉诧异。通过两则视频资料及案例分析,笔者尝试引导学生认识中日两国在饮食习惯上的共同点和差异。

有关中日两国在常识认知上的共性和个性的例子不胜枚举。同样以吃饭为例,如果中国人向对方主动提出一起吃饭,十之八九是提出邀请者请客;而日本人即使主动提出和对方一起吃饭,并不意味着提出者付费。此外,在人际交往方面,中日两国都很重视与他人的关系,然而大部分中国人认为朋友就是彼此之间距离的缩短——达到"亲密无间"的程度;日本人却认为「親しい間にも礼儀あり」,注重在交往中保持一定的距离。

第四个教学环节是引导学生思考人们面对不同文化之间常识认知差异的普遍反应及其语言外显。笔者向学生提出下述问题:例(1),朋友请你吃饭时,如果朋友用自己的筷子给你夹菜,你会有怎样的感受?例(2),如果你得到了别人的帮助或收到了他人送的礼物,除了当面道谢以外,下次与那人见面时,你会再次表示感谢吗?面对第一个问题,17名学生中有15名学生选择接受。[①] 面对第二个问题,9名

[①] 在本次问卷调查的103班的17名学生中,有14名认为请客时,为客人布菜是在中国普遍存在的常识;1名认为这一行为曾经是在中国普遍存在的常识。

学生表示不会选择这种做法。同时,在上述两种情况下,大部分学生心中虽有自己的想法,但是一般不会把自己的想法用语言表达出来,反应比较平静。

对于常识的认知差异较大时,人们会表现出诧异、不解。东京电视台拍摄的「ニンゲン観察——モニタリング」所做的社会实验节目可以作为很好的例子。该节目显示大部分参与实验的日本人在街头行走时,如果周围的人突然静止不动,自己也会采取同样的姿势,有人甚至可以静止站立3分钟以上。更有甚者,有的实验对象,当周围处于静止状态的人突然卧倒,或开始奔跑时,也会跟随众人一起卧倒或(向着自己行走的相反方向)奔跑。这些与周围人采取同样动作的实验者当被问及原因时,大部分人的回答是"大家都突然间不动了,所以自己也停了下来"、"大家都停下来不动了,感觉自己也应该和大家一样采取同样的行为。这是日本人的社会规范吧"、"从求生的角度来看,对自己更加有利的做法是:优先采用别人的意见,而非自己的意见"。

看过这段视频后,学生们明显表达了对日本人行为的诧异和不同看法。这段视频不仅让学生认识到"从众"对日本人而言在很多场合是常识,而且引导学生意识到当自身面对与己不同的常识时,会使用"不可思议"、"我不会那样做。我会按照自己的判断来采取行动而不是随大流"等方式来表达自己的不同观点。学生的回答显示出中日两国在"是否从众"这一常识认知方面的差异,以及对这种差异所表现出的不解,但并没有表示出明显的反感态度及对其行为的批评。

在人际交往中,由于认知差异和由此产生的行为方式的不同而使自身的利益受损,价值观、信仰受到威胁时,人们会表现出明显的不满、责备、批评、反抗。可以通过以下事例进行思考。例(3),家里的座机铃声响起,你接起电话后说"喂",对方却反问你"你是谁啊?"例(4),你提出请对方吃饭,对方当时很高兴地接受了你的邀请,但却在没有事先通知的情况下爽约,而且事后也没有就此事道歉。面对第一个问题,13名学生感觉不高兴,认为对方没礼貌,采取的反应行为包括:反问对方你找谁或你是谁;如果对方语气不客气,就直接挂断电话。对第二个问题,16名学生感觉生气,认为对方不守信,对对方的印象会变坏,认为对方的行为缺少常识,其中5人会直接质问对方或问明原因。

告诫、不满、否定、责备是人们在与对方之间存在较大常识差异时的普遍反应。「郷に入っては郷に従う」「これがうちのやり方なんです」「それは、ここでは通用

しないんだよ」「常識をわきまえろよ」①等语句表达了对对方的忠告、告诫、否定、责备,其中所包含的不满、否定、批评的程度不断升高。"如果这种差异只是日常生活中的琐事,人们可以将其简单地理解为习惯和思维方式的差异而一带而过,但如果是价值观、信仰方面的差异,往往很难妥协从而引起严重的文化摩擦"②。常识认知直接影响到人们的行为表现,常识认知的差异会引发双方彼此之间的否定、责备、争执,而这种否定、指责会加深双方之间的矛盾。

有关常识教学的第五个环节是引导学生认识如何跨越常识认知的差异。首先让学生设身处地地思考在上述第四个教学环节的例(3)、例(4)中,自己由于与对方之间的常识差异,而被对方告诫、否定、责备时的反应会如何。所有的学生们都表示会感到不快,产生对对方的抵触情绪、气愤。更应该注意的是这些负面情绪恰好也是对方此时所拥有的。当双方都抱着负面情绪时,很难达成共识,从而直接影响到跨文化交际行为的效果。因此正确的做法应该是:在与对方产生常识认知差异时,不马上否定对方,而是首先从对方的立场出发,思考对方拥有该常识的原因,尽可能从中找到双方的共通之处,以此为契机,逐步实现交流、理解、接受、共享。例如,很多中国人感觉日本人虽然表现得彬彬有礼,但是很难缩短彼此之间的距离,成为好朋友。面对这一问题,中国人应该理解日本人尽量不触犯他人的心理空间、与他人保持一定关系的行为习惯,逐步加深双方的关系。而对日本人来讲也应理解中国人交往中的常识,即跨越彼此之间的界限,以达到更亲密的关系。

有关常识教学的第六个环节是课程讲解结束后,笔者组织学生以自己的生活实践为案例,针对中日间存在的常识的共性与差异进行小组报告。学生的报告显示,大部分学生认为中日两国之间在日常生活方面存在很多共性,如基本饮食习惯、重视人与人之间的关系等,③而在价值观方面存在的分歧较大,但是没能具体举出这方面的例子。笔者对学生的小组报告加以适当的拓展,指出中日两国在"逝

---

① 四种表达方式的中文译文为:"入乡随俗""我们是这样做的""你的做法(想法)在这里行不通""你有没有常识呀?"——笔者译。
② 樋口容視子:「異文化コミュニケーションとは」、八代京子など:『異文化コミュニケーションワークブック』、三修社2001年、10ページ。
③ 以103班为对象的问卷调查显示,学生对于中日之间的共性的认识主要集中在礼节、长幼之序上,17名学生中8名学生选择此答案。而对于中日之间差异性的认识则比较分散,相比较而言,学生较为关注的是双方在饮食、服饰、生活习惯上的差异,有8名学生选择这一答案。

者的罪恶是否可以被洗涮"这一价值观上存在明显的认知差异,而这一差异是导致中日历史认识问题的重要原因之一。大部分日本人由于受到神道教的影响,认为可以通过定期举行的神道教的祭礼洗涤人的罪过,而死亡被认为是"人世"生活的结束,对逝者罪恶的追究随着生命的逝去而告终。这种思考方式与中国人黑白分明、对罪恶行为声讨到底的价值观有着很大的差异。

四、有关常识认知教学效果的评估

有关常识认知的教学中主要采用了讲课、师生问答、比较、小组讨论法、案例分析、视频教学、文化渗透法、小组报告等多种教学法。授课结束后,笔者对上述六个教学环节以及教学法的效果进行了问卷调查(见表1)。

表1 常识认知教学中所采用的主要教学内容及教学法

教学环节	主要教学内容	主要教学法
一	有关常识的定义与特性	讲课、比较、小组讨论、师生问答
二	中国文化内部常识认知的共性与差异	讲课、视频教学、比较、案例分析
三	中日间常识认知的共性与差异	讲课、师生问答、视频教学、小组讨论、比较、文化渗透
四	常识认知差异对交际行为产生的影响	讲课、案例分析、视频教学、比较、师生问答
五	如何跨越常识认知的差异	讲课、师生问答、案例分析
六	学生实践报告及教师点评	小组报告、案例分析

调查结果显示,整体来说,学生对"常识的定义与特性""中日常识认知的共性与差异""常识认知差异对交际行为产生的影响"三个教学环节留下的印象最为深刻。[①] 此外,学生认为上述教学环节中较为有效的方法依次为:视频教学法、比较法、案例分析法。[②]

---

① 17名学生中15名选择了这一选项。
② 对这一问题采用了复数回答的方式,因此选择该三种教学法的学生数量依次为10人、6人、6人。

问卷调查结果显示有关常识认知教学的主体组成部分收到了较好效果。此外，此次问卷调查也反映了教学中有待解决的问题。例如，学生实践报告原本设定为基于学生实际体验的案例分析，旨在提高学生在常识认知与交际实践中的主体性。但是由于绝大部分学生没有去过日本，缺乏和日本人较深接触的经验，所以实践报告更多是对他人经验的总结，分析流于表面，很难成为启发其他同学思考的契机。在今后的教学实践中，还需要对实践报告这一教学法的实施效果进行进一步的提升。

本次问卷调查从学生的角度对教学法的有效性进行了定位。实际上，教师还应在此基础上对调查问卷的结果做更深度的解读。例如，虽然选择讲课法的学生并不多，但是有关常识认知的六个教学环节本身就是教师授课思路的呈现，为多种教学法的有效实施、学生认知水平的提高提供了保障。不能因为对多种教学法的尝试而低估了教师精心准备授课内容的重要性。

结　语

笔者在常识认知的教学实践中采用的教学法可以分为两大类：(1)以教师为主体的教学法。包括讲课、比较、师生问答、案例分析、文化渗透。这一部分教学通过逐层分析，以期达到以下两大教学目标：a.引导学生对具有隐性特征的常识的特性进行较为深刻的认识，b.引导学生不仅关注异文化间的差异，还要关注到异文化间的共性，以此奠定跨文化交际的基础。(2)发挥学生主体性的教学法。包括视频教学、小组讨论和学生实践报告。视频教学为小组讨论提供了必要的案例。学生实践报告基于学生日常文化实践，有助于深化学生对课堂所学知识的理解。

跨文化交际课中所使用的教学方法不可能是单一的，需要多种教学法的有机结合，以实现教学目标，达到较好的教学效果。有关常识认知的教学中，综合性的教学方法对学生认识常识的特点、剖析自身对反常识行为的情感倾向、形成更加积极的跨文化交际行为发挥了较好的作用。如何进一步丰富体验性教学的方法，深化文化表演、开拓合作性教学，提高学生的主体性是今后需要不断摸索的课题。

参考文献

1. 中文文献

陈倩：《案例教学法：跨文化交际课程课堂模式的优化》，《湖北经济学院学报》2012 年第 3 期。

陈云、樊葳葳：《基于因特网的跨文化交际教学大纲研究》，《外语教育》2004 年（年刊）。

范捷平：《论"Stereotype"的意蕴及在跨文化交际中的功能》，《外语与外语教学》2003 年第 10 期。

高一虹：《跨文化交际能力的培养："跨越"与"超越"》，《外语教学》2002 年第 10 期。

侯越：《日语专业跨文化交际课程教学体系的构建》，《外语学习与研究》2012 年第 3 期。

胡文仲：《跨文化交际学概论》，外语教学与研究出版社 1999 年版。

胡文仲：《跨文化交际课教学内容与方法之探讨》，《中国外语》2006 年第 6 期。

胡文仲、高一虹：《外语教学与文化》，湖南教育出版社 1997 年版。

黄瑛、寇英：《中国高校英语专业跨文化交际课程教学初探》，《山东外语教学》2010 年第 5 期。

汪辉、程妤：《地域文化——常识中的文化消费新标签》，《统计与决策》2005 年第 7 期。

严明：《跨文化交际理论研究》，黑龙江大学出版社 2009 年版。

杨军红：《高校跨文化交际课程建设及改进措施》，《郑州航空工业管理学院学报》（社会科学版）2011 年第 5 期。

2. 日语文献

樋口容視子：「異文化コミュニケーションとは」、八代京子など：『異文化コミュニケーションワークブック』、三修社 2001 年。

小池浩子：「異なる文化のとらえ方」、八代京子など：『異文化トレーニング―ボーダレス社会を生きる』（改訂版）、三修社 2011 年。

新村出：『広辞苑』（第六版）、岩波書店 2008 年。

第二章 跨文化视野下的商务日语教学研究[①]

詹桂香

导 言

从 20 世纪后期开始显现的世界经济一体化现象,随着信息技术的革命性突破又有了进一步的深化,各国之间的贸易量迅猛增加,跨国投资随处可见,国与国之间的信息来往日益频繁,各国间的经济联系变得空前紧密。中国自 2001 年加入世界贸易组织(WTO)之后,经济规模持续扩大,跨国经济活动增长迅速,特别是与周边国家日本之间的经贸往来突飞猛进。据日本财政部发表的 2006 年度贸易统计数字显示,二战后中国首次超越美国成为日本第一大贸易伙伴。双方密切的经济往来为我国日语专业人才提供了前所未有的就业机遇,不过同时也给长久以来以培养研究型日语人才为目的的日语教学带来了新的挑战。

社会迫切需要集日语语言表达能力、商务常识及商务文化认知能力、跨文化交际运用能力为一体的高素质复合型人才。为了满足急速增长的社会需求,全国一些高校纷纷开设了商务日语、经贸日语等专业,尝试通过外语教学与商务、经贸教学的交叉与融合,创造一种培养复合型日语人才的有效模式。但是,从目前发展现状来看,虽然在帮助学生了解国际经贸知识和相关用语方面有所突破,但在外语与

[①] 本文为北京第二外国语学院 2015 年校级重点课程建设项目——日本概况的阶段性研究成果。

经贸教学之间寻找最佳平衡点、培养学生的综合能力方面,还远未达到社会和市场的期望。

一、商务日语的内涵

1. 商务日语的人才培养现状

周林娟、潘幼芳在其论文《中日商务人才需求与商务日语教学改革》中对我国现阶段的商务日语教学做了较为充分的分析。她们认为目前的商务日语教学存在如下问题:

(1)教学模式:过于单调,而且多以书面教材为主,教学方法仍为教师讲解、学生被动接受的"填鸭式"课堂教学模式。这种情况实际上不利于培养学生对商务日语的兴趣,阻碍了学生与教师的自主性交流和实际应用,往往导致学生毕业后相当一段时期不能马上进入角色。

(2)教学内容:商务日语往往被理解为对外贸易。商务日语教育起步较晚,相关理论研究尚处于初级阶段,商务日语教育或研究工作者对商务日语的定义各执己见,目前尚无定论,所以在商务日语教材方面没有统一和权威的认定。事实情况是,我们不得不承认对外贸易是商务活动中的内容之一。

(3)师资队伍:不健全。由于高校教师自身基本上接受的是纯日语教育或半路"出家",国内又缺乏这方面的师资培训教育机构,到外国大学进修又存在专业不对接等诸多问题,致使国内商务日语教师队伍出现了教师自身商务实践经验匮乏的尴尬局面。[①]

另外,董青也指出一些高校试图通过外语教学与经贸教学的交叉与融合,创造一种培养复合型日语人才的有效模式。但是,从经贸日语专业的发展现状来看,虽然在帮助学生了解国际经贸知识和相关用语方面有所突破,但在外语与经贸教学之间寻找最佳平衡点、培养学生的综合能力方面,还远未达到社会和市场的期望。[②]

---

① 周林娟、潘幼芳:《中日商务人才需求与商务日语教学改革》,《日语学习与研究》2009年第2期。
② 董青:《日企人才培育制度对经贸日语专业教学的启示》,《黄冈职业技术学院学报》2009年第11卷第1期。

其次,石若一等(2009)认为现有商务日语教材对信息社会和世界经济一体化内容没有涉及、教师知识结构不合理、培训机会少、教学方法局限等。①

与此同时,一个新专业的出现不可能、也不应该是孤立的个体,其专业建设需要有其他相关课程承担重要的辅助作用,即专业结构;其次,商务日语教育培养的应该是专业性突出、实用能力强的应用型人才,其能力的认定和评价形式也不应该只是采取单一的"日语能力测试",应该采用更具专业认定能力的"商务日语能力测试(BJT)",以及实习单位开具的"实习成果鉴定"和毕业论文等综合形式。

从以上阐述中我们不难看出,尽管商务日语课程在国内早在20世纪90年代就已经设置,然而就其发展现状来看仍处于初步探索阶段,商务日语教学模式在很大程度上仍受传统日语语言教学影响,拘泥于语言、文法的研究,教学方法仍为教师讲解、学生被动接受的课堂教学模式。因此,商务日语专业的毕业生实际上在最后就职的面试过程中并不占有专业优势,相反往往会遇到纯语言专业毕业生的强有力竞争。而与此同时真正需要商务日语专业毕业生的用人单位却往往处于虚位以待的矛盾境地。可见,目前我们的商务日语教学存在着诸多需要重新思考、抑或进一步改善和补充的地方。

2. 商务日语人才的社会需求

(1)量的需求:从前文中我们知道,全球经济一体化的趋势愈加显著,中日两国之间的贸易往来也达到了前所未有的新高潮,为了更加便于沟通和往来,双方都在迫切需求既精通外语,又有高度文化敏感性的具有跨文化交际能力的人才。据中国社会科学院发布的2009年《社会蓝皮书》显示,月薪最高的10个专业中,日语就位列其中。2005年11月日本贸易振兴机构(以下简称JETRO)在中国首次仅以大连和香港为考点举行的BJT国际商务日语能力测试(ビジネス日本語能力テスト),仅时隔四年至2009年,中国境内就发展到了10个城市实施BJT(商务日语能力考试),这充分说明社会对商务日语人才的渴望,同时也对中国商务日语教育界提出了加强专业化人才培养的希望。

---

① 石若一、石田哲也、石田博明、张晨曦:《当代商务日语教学创新的研究》,《日语学习与研究》2009年第6期。

(2)质的需求:不同的国家和民族由于不同的历史、社会习俗,形成了其特定的文化背景,特定的文化背景又形成了不同的价值取向、思维方式、社会规范、语用原则,这些因素都给贸易双方的交际带来了潜在的障碍、低效率的沟通、相互间的误解以及可能导致的文化冲突。中国和日本尽管一衣带水,同属东洋文化圈,而且又有相同的儒教文化渊源,然而众所周知,双方的沟通却始终不是一帆风顺。更为重要的是,国家近年提出了"走出去"战略,大量有实力的国企和民企纷纷在海外设厂,进行收购、兼并。然而,真正成功的案例并不多,许多案例失败的原因就是跨文化沟通不够,缺乏既通晓对方语言又熟知商务知识并具备跨文化沟通能力的人才。特别是日本,尽管上海企业有诸如收购秋山印刷、池贝机床以及诸多软件企业的案例,并积极从事中日之间的外包业务,但普遍存在"看不懂日本市场"的问题,与日本市场的实际需求相差较大。①

由此可见,尽管商机无限、机会多多,可是同时社会需求也呈现出多样化、专业化和高素质的趋势,所以真正受市场青睐的则是具有较高的外语语言沟通能力、商务常识及商务文化认知能力、跨文化交际运用能力的复合型商务人才。高校应该如何培养出这类高素质人才?可以说现在正是需要我们教育界积极采取应对措施和提供具体培养方案的关键时期。

3. 商务日语的人才培养理念

随着经济大潮的涌动,为了满足急速增长的社会需求,积极培养社会需要的多元化、专业化、高素质的应用型商务人才是对教育界提出的更新、更大的挑战。随之在一些高校应运而产生了商务日语、经贸日语等专业,这些院校尝试通过外语教学与商务、经贸教学的交叉与融合,创造一种培养复合型日语人才的有效模式。

但是从市场上近年来出现的商务类日语教材(见表1)可以看出,形式上商务日语与商贸日语的界限不明,内容上商务日语的定义不清,实际教学过程中更是不能突出重点,常常以为商务日语即商贸日语,这也正是困扰许多院校发展商务日语的瓶颈。事实上,商务日语从语言学的范畴来讲,属于应用语言学的研究对象,但从商务内涵来看又是一门涉及经济、贸易(包括货物贸易和服务贸易)、投资等的综

---

① 周林娟、潘幼芳:《中日商务人才需求与商务日语教学改革》,《日语学习与研究》2009年第2期。

合型、跨学科型课程,所以我们可以给商务日语这样定义:商务日语是建立在语言学基础上的应用型交叉学科,是指在经贸、投资等商务领域中的语言应用,是开展商务活动的重要手段之一,它主要培养三种技能:商务技能、语言交流技能及跨文化沟通技能。①

表 1　近年来出现的商务类日语教材

书　名	编　者	出版社	出版年
国际商务日语	国际商务专业人员职业资格考试用书编委会	中国对外经济贸易出版社	2003
新编商务日语综合教程	〔日〕罗萃萃、阿部诚	东南大学出版社	2004
高级实用经贸日语	胡卫杰	外语教学与研究出版社	2005
新编国际贸易日语实务教程	杨树曾	外语教学与研究出版社	2007
新编国际贸易实务	韩霈媛	国防工业出版社	2009

商务日语是进行任何一种与日语相关的商务活动,如经济贸易、旅游经营、企业管理等具体活动的根本需求,其应该通用于任何一个相互交往的中、日企业和事业单位。商务交流所需要的日语能力是指借助常识、语言或非语言的信息,理解并应用日语,对日常商务活动中出现的问题进行适当处理的能力。在实际的商务现场,有很多需要银行、商社、厂家等员工一起组成工程项目小组,进行合作的场合。来自各个公司的成员尽管职业、工种不同,专业知识也不一样,但是必须有机地组织商务活动及工程项目。这种情况下需要的是以商务活动所需要的常识和语言知识为手段,或将自己知道的信息传给对方,或从对方获取未知的信息,从而达成所定的商务目的。这里起主要作用的并非所具知识的绝对分量,而是如何分析未知的知识,进行适当处理的能力。更具体地讲,就是一个合格的商务日语人才应该具备充分的外语语言沟通能力、商务常识及商务文化认知能力以及跨文化交际运用能力。

---

① 周林娟、潘幼芳:《中日商务人才需求与商务日语教学改革》,《日语学习与研究》2009 年第 2 期。

二、学校教育资源及特点

诸多外语院校正是基于这种大环境,纷纷成立了跨文化交际或商务日语专业,拟通过系统的跨文化交际教学和商务日语课程相结合,使学生在商务日语学习过程中逐渐掌握和理解日本文化以及商务特点,既而加强学生在商务领域与日方的沟通能力,有效提高自我跨文化交际能力。之所以在原来外语专业基础上成立新的专业,是因为外语院校有着得天独厚的教育资源。

1. 教育资源

(1)学科资源:以笔者所在的北京第二外国语学院为例。学校是一所以外国语言文学为主体学科、以旅游管理为特色学科,文学、管理学、经济学、法学等多学科门类协调发展的知名特色大学,是中国外语、翻译、旅游、经贸教学与研究的重要基地。学校设有英语学院、日语学院、旅游管理学院、国际经济贸易学院、跨文化研究院等22个教学科研机构。拥有外国语言文学(一级学科)、旅游管理、企业管理、国际贸易学4个北京市重点建设学科,北京旅游发展研究基地等省部级研究基地。

(2)教师资源:日语学院拥有一支年龄、学历、专业、职称结构合理的师资队伍。

(3)设备资源:学校拥有众多规格不同、性能各异的现代化教学设施,主要有数字语言实验室、同声传译实验室、多媒体教学实验室、新闻学实验室、金融模拟实验室、旅游规划与策划实验室、模拟法庭、法律诊所等,同时还建有校园网、电视台和地面卫星接收系统。图书馆藏书丰富,设有大型期刊阅览室、专业阅览室、电子阅览室以及计算机网络服务系统。

(4)教学资源:学校形成了"学用结合,注重实践"的办学特色。外语专业强调"技能领先,注重实训",狠抓"听、说、读、写、译"基本技能训练;非外语专业依托优势外语教学资源和多元文化环境,坚持"应用导向,强化实践",走产学研一体化道路。学校明确了"国际导向、专业复合"的培养特色,坚持外语复语式、外语+专业、专业+外语的国际性应用型人才培养模式。

2．学校特点

（1）优势：现有的教学资源对建立商务日语专业和进行商务日语教学有着得天独厚的优越条件。

①学校具有绝对的外语语言教学优势，建校近50年来已经形成了系统的、多方位培养外语人才的教育特色。可以为培养外语优势突出、专业基础扎实、知识结构合理、具有创新精神和实践能力以及适应现代化经济社会发展需要的跨文化交际应用型人才提供优质的教育服务。也为商务日语人才所必需的跨文化交际能力培养奠定了充分的理论和实践基础。

②学校具有培养跨文化交际能力的环境和土壤。悠久的外语语言及外国文化教学发展过程中，外语语言教学与外国文化之间的紧密联系在教学中已经成为普遍的认识，教学中在注重培养学生扎实的语言基本功的同时，重点培养学生对外国文化背景知识的理解，从而使学生能够熟练掌握外语语言的听、说、读、写、译等综合技能，并且在潜移默化中熟悉外国文化环境和相关基础知识，同时养成有意识地对中国文化和外国文化进行对比的跨文化思维意识，进而提高跨文化沟通能力。这种跨文化交际能力的培养和提高是未来商务日语人才不可或缺的特点之一，也是商务日语教学中的重要组成部分。

③学校具有足够扩大专业规模的空间和可能性。学校除了有传统的英语、日语等外国语言文学专业之外，还有国际经济与贸易、金融学、旅游管理、市场营销、财务管理、会展经济与管理等共22个本科专业。横向专业丰富，为专业间的共同合作、互通有无、强强联合，提供了足够的基础前提和可实施性，也为商务日语的产生和实施给予了直接的专业建设条件。

（2）不足：

①发展瓶颈：毋庸置疑，学校拥有的教学资源为培养优秀的外语人才提供了良好的教学环境。然而，同时我们也不得不承认由于长年以来形成的相对固定不变的专业、固定的课程设置，实际上从形式上将各个专业相对孤立了起来。外语专业和非外语专业之间的界限明显，整个大学除了英语之外，其他外语类专业与非外语专业的交叉学科尚未建立。随着学校规模的不断扩大、横向专业的不断丰富，这种相对的专业独立恰恰成为学校继续发展的瓶颈。

②资源浪费:由于专业限制,横向交叉或联合没有实现的可能,因此许多教学资源、包括人力资源等无法得到共享共用,教育资源浪费严重,效益无法最大化,客观上制约了学校的进一步发展。

如上所述,整个全国高校的商务日语专业成立的历史并不长,可以参考的实例也不多,建设商务日语专业面临着诸多难题显而易见。然而尝试在跨文化体系下开设的商务日语课程正是本着对学校资源的充分利用,积极寻求各种有利资源的重新整合,以期达到资源共享、效益最大化的一种大胆试验。因为是在尝试,所以一切都是在探索中进行。

三、商务日语人才培养探讨

1. 培养目标

前文中我们已经明确商务日语培养的是具有三种能力的跨文化交际复合型人才,即是具备充分的外语语言沟通能力、商务常识及商务文化认知能力、跨文化交际运用能力的复合型商务人才。

2. 外语语言沟通能力的培养

商务日语专业是以培养复合型日语人才为目标指向。该专业人才的培养既要符合人才复合型的要求,又要突出学科综合性特点,因此在教学的设计中必须注意以日语能力培养为核心,即必须是在语言能力不降低的前提下,增加其他专业知识,必须分清会专业的日语人才与会日语的专业人才的界线。[①] 显然,商务日语人才应该属于前者——会专业的日语人才。因此商务日语人才的外语语言习得要求应该与外语语言人才保持一致,即能熟练掌握听、说、读、写、译等综合语言技能。

另外,随着跨文化交际教育与研究的深入,文化与语言的密不可分关系以及学习外语的同时更要注重其对象国的文化特质和国民性格,这一观点已经得到了普遍的认可。因此,外语习得的过程也是异文化之间交流和融合的阶段。商务日语

---

① 邵红、何晓:《商务日语与基础日语教学之比较》,《青岛职业技术学院学报》2004年第17卷第3期。

的语言学习更应该建构在情景语境和文化语境的基础上。

其次,因为在语言核心的基础词汇、基本语法、基本功能等方面商务日语与普通日语语言具有共同属性,即语言的共核,因此从阶段性教学结构来说,商务日语的基础阶段教学完全可以和普通语言教学保持一致,所谓商务日语的专业分科应该建立在日语语言相对稳固和扎实的基础之上来进行。

为此,在培养商务日语人才的日语语言沟通能力方面,建议:

(1)基础阶段(本科1、2年级):与日语语言专业课程设置保持一致。

(2)专业阶段(本科3、4年级):开设商务日语口译及笔译、商务文书读解及写作等课程。

3. 商务常识及商务文化认知能力的培养

跨文化交际教学中的文化是指在特定的社会、文化群体内成员们共同的生活方式和个人行为方式的规范。具体来说,就是日常生活中的衣食住行、为人处世、价值观以及交流中被认同的各个群体所特有的方式。文化的差异表现在文化的各个层面:宗教信仰、价值观念、思维方式、生活方式、哲学、语言、历史、科技、饮食习惯、时间观念、空间运用、人际关系等。商务常识和商务文化是文化的外延分支,其内核本身仍然脱离不了文化的根本,即在特定的商务交流场合中由商务群体和商务人员产生的共同行为规范、行动方式、处事原则以及评价标准,不同的文化背景产生不同的商务文化。与此同时,不同的商务习惯、商务惯例、商务礼仪等商务文化,也反映了特殊的民族性格,能够认知不同的商务文化及其异同,并且可以斡旋于其间,最大限度地促进商务交际双方的成功交流是一名合格商务人才具备的优秀品质之一。

随着文化的多元化发展,跨文化交际中的商务常识和商务文化不再是孤立的个体,交际双方不仅熟知己方的商务习惯、处事文化,更要了解对方的商务处事方式和习惯。不仅如此,当两种不同特质的文化相遇时,能够敏锐地捕捉到它们之间的共性和不同,在遇到沟通障碍时能够迅速地做出反应,找到促进双方顺利进行沟通的方法。因此,合格的商务日语人才不仅要熟知中国的国内情形和商务文化,同时还要了解日本的国家状况和商务习惯,并且在此基础上积极寻求沟通双方差异、促进双方顺利交流的方法。

为此,在商务常识及商务文化认知能力的培养方面,建议:

(1)基础阶段:保留日语语言专业课程设置中的"日本概况"课程,以期学生对日本文化的初步了解和养成跨文化交际思维意识[①](详情参考笔者论文《跨文化教育中的"日本概况"教学研究》)。

(2)专业阶段:开设"跨文化交际理论"课程和"商务视听"课程;聘请其他院系相关专业老师承担"商务理论"课程;增设国际贸易、经济、经营管理等公共必修或选修课程。

跨文化交际理论研究是近年来我国外语教学研究关注的焦点之一,跨文化交际能力分成交际能力和跨文化能力两部分,其中交际能力包括语言能力、语用能力和策略能力;跨文化能力包括对文化差异的敏感性、对文化差异的宽容性、处理文化差异的宽容性。[②] 所以,一个合格的商务人才具备的商务常识和商务文化应该是在跨文化交际视野下认知,而培养这种认知能力,需要相关的跨文化交际理论作后盾。

其次,"商务视听"课程的设置旨在培养和加强学生日语视听能力的同时有意识地让学生学会自主收听有关国内外经济、贸易、商务等方面的新闻报道,以及有关企业文化、商务礼仪等方面的影片或录像,从而使学生对商务常识和商务文化的敏感度和关注度得到提高,能够对商务双方产生的文化差异最大限度地给予宽容,最终促成双方交际的顺利进行。

另外,由于目前日语学院的老师都是日语语言文学专业出身,均未接受过专业的商务课程培训,很难满足学生要求进一步深入理解商务知识的愿望,因此加强校内学科之间的合作,进一步统一和重新规划教育资源。在制订商务日语专业的培养方案时,以期学科间优势互补和强强联合,在日语学院商务文化领域欠缺处积极寻求专业优势突出的国际贸易、经济、管理等学科领域的优秀教师来承担相关课程的教学,不仅可以拓宽学生的视野,同时还为他们进一步深入学习提供更广的选择空间和多元化的方向指导,也为学生的未来选择提供了多元化的可能。

此外,传授商务知识和语言知识固然重要,但更重要的是要将所传授的知识与

---

① 詹桂香:《跨文化教育中的日本概况教学研究》,《日语学习与研究》2007年第3期。
② 文秋芳:《英语口试测试与教学》,上海外语教育出版社1999年版。

应用能力有机地结合起来,并转化成实际的语言运用能力和商务沟通素养。为此,在理论课与实践课、必修课与选修课之间,需加以更为合理和科学的配置。

4. 跨文化交际运用能力的培养

上文已经简单阐述了跨文化交际在商务文化认知中的重要作用。其实国际上早在20世纪40年代就已进开始关注该领域的研究,而且多以社会学、心理学和交际学的角度进行,不过中国学者更加关注其在外语教学中的运用。尤其是在世界经济日趋一体化的今天,跨文化交际可以说体现在国际交流的方方面面,因此对于我们从事外语教学的教育工作者来说,跨文化交际意识是一种必备而且是必须有意识传授给学生的抽象思维意识。

如果说跨文化交际能力包含语言能力、语用能力和文化沟通能力,那么这种交际能力在实际运用中将贯穿于整个交际过程。只具有高超的外语水平和外国文化知识,但是对对象国文化或习惯并不认同、甚至给予否定时,不但不会使交际双方的沟通顺利地进行,更有可能造成双方的不愉快,继而导致交际的失败。因此,真正合格的商务日语人才应该可以熟练使用中、日文两种语言,准确地把握双方语言的文化内涵,并在适当的场合使用适当的商务用语,巧妙地运用商务沟通技巧,灵活处理商务交际双方之间出现的商务文化间的冲突,从而达到促进双方顺利沟通的良好效果。跨文化交际运用能力的培养体现在商务日语教学的各个环节。因此,建议:

(1)开展课外实践活动:在专业阶段除了上述的商务课程外,还要鼓励学生积极、广泛开展第二课堂和课外实践活动。例如演剧大会、演讲比赛、辩论大赛、商务场景模拟赛等活动。通过组织和参与这类活动,对于塑造学生的思想品德,培养语言应用能力、交际能力和组织管理能力等方面,具有十分重要的作用,同时为其提供了思考自我、规划未来的良好机会。

(2)建设实习基地:校外人才培养基地建设的宗旨是通过实践实习培养高素质商务人才。实习的次数、人数不在多,而在精;并且应该专业对口,应以长期、稳定合作为前提,避免浮躁,注重实效,形成体系。同时建立意见反馈机制,定期调整实习方案,达到实习双方的互利共赢。实习单位可以选择从事国际经济、国际贸易、国际旅游业等的中、日企业以及国际商务会馆、国际饭店等。北京第二外国语学院

(以下简称"二外")2011年5月5日和中国外文出版发行事业局(简称"外文局")正式合作共建了北京市级校外人才培养基地,双方旨在共同培养高层次符合社会需求的人才。外文局下属的相关事业单位为实习基地工作的开展提供方便,同时通过二外的帮助促进外文局翻译研究工作的发展,达到双方的互利共赢。并推行实施方案:①开发实践教学课程:新闻翻译、网络翻译;②组织学生(多语种)参观外文局及所属企业;③双方专家、学生代表进行实践教学调研;④安排学生暑期到外文局及所属企业实习。[①] 这种合作共建的实习基地为商务日语教学提供了检验教学效果的最佳方式,也为培养适合社会需求、高水平、高素质的商务日语人才提供了非常珍贵的实践平台。

(3)专业讲座:定期邀请中、日资企业高层领导以及熟知商务的中日专家来开设专题讲座,让学生可以直观地感受到社会的需求,激发学生的求知欲,使其不断获得思考自我和规划未来的机会,从而明确奋斗目标。

结　语

上文对商务日语人才的基本素质和能力培养两方面进行了基本的概述和分析,今后还将从具体教学模式、教材开发、实习基地建设等诸方面继续进行探索和研究,为将商务日语专业建设成为一个科学的、系统的整体学科提供更为充分的理论依据。

参考文献

1. 中文文献

董青:《日企人才培育制度对经贸日语专业教学的启示》,《黄冈职业技术学院学报》2009年第11卷第1期。

刘秀英、熊丽华:《突出能力培养的商务日语专业课程体系的探索》,《辽宁高职学报》2009年第11卷第8期。

宋金梅、邓烨桦:《对商务日语课程设置的思考》,《高教论坛》2009年第11期。

---

① http://www.bisu.edu.cn/Item/30481.aspx,2011年5月10日。

宋金梅:《论商务日语教学中的日本企业文化导入》,《广西大学学报(哲学社会科学版)》2008年增刊。

邵红、何晓:《商务日语与基础日语教学之比较》,《青岛职业技术学院学报》2004年第17卷第3期。

石若一、石田哲也、石田博明、张晨曦:《当代商务日语教学创新的研究》,《日语学习与研究》2009年第6期。

文秋芳:《英语口试测试与教学》,上海外语教育出版社1999年版。

玄美兰:《商务日语专业日本文学教学中的跨文化渗透》,《航海教育研究》2009年第4期。

詹桂香:《跨文化教育中的日本概况教学研究》,《日语学习与研究》2007年第3期。

张力、王红军:《论高职复合型日语人才的培养和对策》,《剑南文学》2009年第7期。

周林娟、潘幼芳:《中日商务人才需求与商务日语教学改革》,《日语学习与研究》2009年第2期。

2.日语文献

加藤清方:『BJTビジネス日本語能力テスト公式ガイド』、日本貿易振興機構(JETRP)2006年。

加藤清方:『BJTビジネス日本語能力テスト』、日本貿易振興機構(JETRO)2006年。

第三章　国际化复合型外语人才的培养[①]

詹桂香

导　言

随着全球经济一体化的进一步加强，跨文化交际已经广泛开展于经济贸易、商业事务、旅游观光、文化活动等各个领域。不同文化背景间的人际交流也已融入我们的日常生活，然而，不同民族之间、地区之间、国家之间因文化差异而产生的摩擦或纠纷也层出不穷。因此，为了便于沟通，顺利地进行贸易往来，避免因文化差异而产生的纠纷，进一步构建和谐、和平的国际社会已成为我们面临的重要课题。

我们要清楚地认识到自己是国际社会一员这一事实。具备一定的国际理解力、外语语言沟通能力，努力培养自己的跨文化交际能力的复合型人才应该才是当今国际社会急需的高层次、高水平人才。本文的目的是在强化这种问题意识的基础上，探讨外语学习在跨文化交际过程中的重要意义。

一、国际社会视野中的国际理解

1. 国际社会的形成

在实现国际理解教育方面，通常认为教科文组织颁布的《教育建议》中的教育

[①] 本文受北京第二外国语学院 2014 年本科教学团队建设项目资助。项目编号：2014JXTD0202。

普及是最重要的指导性文件。1974年,联合国教科文组织第18届大会通过《关于教育促进国际理解、合作与和平及教育与人权和基本自由相联系的建议》,并以此为指导原则提出下述7项内容。

(1)所有阶段及形态的教育都应具有国际侧面与世界性视点;

(2)对所有民族及其文化、文明、价值观及生活方式的理解与尊重(多文化教育——有关男性和女性、年轻人和老人、残疾人、种族、民族、宗教、社会经济团体等多样性的理解和包容);

(3)认识各民族及各国国民之间世界性相互依存关系正在日益强化;

(4)同他人沟通的能力(特别是信息传递能力);

(5)不仅懂得原理,而且懂得个人、社会集团及国家各自负有的义务;

(6)理解国际协作与合作;

(7)每一个人准备着参与自己所属的社会、国家和全球各种问题的解决。[①]

2. 国际社会需求的国际人

今天,国际社会不仅面临着消费、贸易、产业、资源能源等经济问题,还面临着人权、文化冲突、传染病、环境污染等问题。所以,现在需要各国深化互信,加强合作,协调应对。在此过程中,我们需要认识到自己是国际社会或国际组织的一员,要着重培养国际社会所需的素养,进一步探索彼此包容、共同繁荣的道路,而这些正是今后时代发展所需的重要内容。

基于上文提到的《教育建议》,作为国际社会一员的我们,首先要有尊重和理解不同种族、民族、文化的跨文化意识。其次要积极对比和研究本国与他国以及文化的各自特性,以增进相互理解、加强彼此沟通、达成双向共识。此外,我们还需要扩展视野、培养国际化感觉和国际连带意识。最为关键的是创造和形成重视国际协调与合作,摆脱本国文化本位的束缚,致力于构建包容且能平等看待异国文化的跨文化社会环境。

---

① 联合国教科文组织第18届大会通过《关于教育促进国际理解、合作与和平及教育与人权和基本自由相联系的建议》,《国际理解》8号,国际理解教育研究所,1976、1977年。

3. 国际理解的目标

生活在同一星球家园的我们,有着各自辉煌灿烂的文化。但在生活上,还是需要一个世界性的共通的规范、范式和规则——"国际标准"。因为只有基于统一的标准,方可接纳彼此间的差异,避免纠纷,也才能构建一个和谐的世界。

世界共通的"国际标准"不会自然地产生,"国际标准"即使被创建,也会因地域和文化背景的差别而有不同的模式。换而言之,在模式多样化的背景下,最理想的状态应该是最大限度地尊重彼此间的差异,以彼此包容、共同繁荣的态度来创建,而绝不应是基于某个特定国家的价值观。

总之,真正的国际理解,不仅要了解不同的文化知识,还要不断地提高认识、敢于实践,化为行动。简单地说,就是渗透表面知识、掌握异国文化,可以直接地面对面与对方进行交流。进一步说,就是在感受对方的想法、判断、规范、行动方式、风俗习惯等差异的同时积极地给予认可。只有这样,才能真正理解交际过程中遇到的文化冲突,不仅如此,在接纳对方文化的同时也会重新认识本国文化。在积极地对外界传递本国文化的过程中,积极谋求本国文化和异国文化之间的共通之处,进而能够从更深层面体味"理解"一词的含义。

二、跨文化交际能力

我们可以通过下述四种能力分析跨文化交际中应具备的能力。

1. 国际思考力

人类的行动直接受大脑想法的控制。这里提到的国际思考力是指培养跨文化交际能力所需的最基本的能力。

现代社会无国界化深入发展,各国、各地区之间相互依存的关系也在不断加深。在国际化形势下的今天,一国面临的问题很容易超越国界波及其他国家,如人权、和平、资源的乱开发、环境污染等问题。这些问题仅凭一国的力量无法有效应对,为了解决这些问题,实现世界范围内可持续性和平与发展,需要认真考虑地球的整体利益,也就是人类共通的利益,并且将其转化为实际行动,不能仅从本国自身利益出发。显然，解决这些问题，国际化的视野必不可少。

简而言之，就是将世界其他地方发生的问题当作自己的问题来处理，考虑如何做才能构建起公正的国际社会和实现可持续的发展，这一点尤为重要。为此，我们将能做之事付诸实践，培养地球村村民所应具有的生存力和智慧，并且要具有可影响其他团体或地区的国际思考力。

2. 外语能力

语言是文化的载体，文化是语言所表达的内容。二者密不可分。语言是人类社会文化的产物，要理解不同民族或国家的社会文化，首先要掌握其语言。

伴随国际化进程的加快，国与国之间、地区与地区之间的距离不断缩短，不同文化背景的人可以面对面地直接进行交流。运用外语、加强沟通必将有助于加深国际理解。为此强化外语学习是增进异文化理解的有效途径。

3. 本·异国文化教养力

文化的概念包括生产方式、生活方式、思考方式、语言方式、价值观、道德标准等。文化兼备社会要素的同时，又具有十分显著的民族特征。因此，文化决定交际方式的说法也不为过。不同文化背景的人们在交际过程中，因交流方式上的文化差异而产生误会的现象也就不足为奇。

但是，通过学习异国文化的习惯、行为举止、语言表达、行为方式等，可以缩小交流方面存在的差异，减少误会。这不仅能减少误会，还能在比较研究双方文化的过程中，找出彼此文化中的共同点与差异，在正确看待差异的基础上，自我调节文化差异带来的冲击，甚至包容对方的文化。同时，在比较研究文化的过程中，还能加深对本国文化的理解，重新领悟真正文化所具有的价值。

文化教养程度越高，越是可以透彻地了解本国文化和异国文化的差异，就越容易掌握彼此间的共同点，理解彼此间的差异，也就能进行更深层次的交流。当彼此双方心存文化共同之处时，会提升对异国文化的适应能力，如此便会减少双方的摩擦，消解误会，顺畅交流。

4．文化的张力

关于适应异国文化的研究，Bconchner 根据接触的异国文化给个体带来的影响，总结出以下四种类型。[①]

(1)借用型：最常见的一种类型，尤其是认为接触到的是高层次的异国文化时，会抛弃本国文化，完全借用他国文化。

(2)排外型：仅次于第一种类型，当认定接触到的是低层次的他国文化时，会坚持排外主义，即极力避免异国文化带来的影响，偏执于本国文化。

(3)分解型：虽然彼此属于两种不同的文化，但并没有划定界限来认定哪种文化归属于己方。

(4)媒介型：这种类型属于少数，在不同文化的主体性之间，能很好地把握其间的平衡关系。

另外，研究"文化张力的态度"的 Berry 以移居到国外的外国人为对象，将他们对文化张力的态度分为四种类型。

(1)整合型：坚持自身固有文化自我认同的同时，又保持与异国文化集团的关系。

(2)分离型：坚持自身固有文化自我认同的同时，拒绝保持与异国文化集团的关系。

(3)同化型：否定自身固有文化自我认同的价值，只保持与异国文化集团的关系。

(4)分界型：不认可自身固有文化的自我认同的价值，同时又拒绝保持与异国文化集团的关系。

所谓"文化张力"，是指当两种以上的文化直接接触时，其中一种或多种文化的体系发生变化的现象叫做文化张力。上述分类结果表明，在与异国文化接触过程中，最理想的类型是张力度最强的"分解型"和"整合型"。也就是说这两种类型能切身感受到两种文化的差异，恰当地找到两者的平衡点，且能做到兼备两种文化的

---

① 水越敏行、田中博之編著：『新しい国際理解教育を創造する』、ミネルヴァ書房1995年版、47－48ページ。

各自优点。

人在成长过程中会形成本国或本地区文化特有的习惯。基于这些文化和生活习惯,灵活地向他人传递信息和解读对方反馈的信息,即存在着一个共通的规则或基准——将想要传达的内容转换成信息,同时读取对方反馈的内容。在不同文化背景的人们之间存在着"文化张力"。而"文化张力"存在着两种文化共有的准则和基准。为使跨文化交际更为顺畅地进行,需要敏锐地找出存在于本国文化和异国文化间的规则或标准,而"文化张力"就具备这样的要素。

三、外语学习和跨文化交际能力

国际理解的基础可通过金谷宪氏[①]提出的下述途径形成。

(1)知识的侧面

通过记载着食物、文化遗产、制度、习惯等的资料来了解相关事情。

(2)体验的侧面

体验的侧面是指学习外语这种体验本身所具有的国际理解要素。值得注意的是其重要程度日趋显著。可体验的情形有如下几种:

A. 体验语言的差异:通过使用和母语不同的语言,可以直接体验异文化。

B. 和外国人交流的体验:这种体验最能增进国际理解。在日常的外语学习中,需要重视与外国人的交流,以便让外语学习者在增进国际理解方面得到显著的提升。

(3)道具的侧面

通过学习外语、掌握技能,可自主阅读外国文献、吸收知识、收听国际新闻,了解国际局势。此外还可以借助文章阐述自己的人生观、社会观、国际观等,或是通过直接面对面的交流来增进国际理解,扩大交流范围。为此,活用外语在加深国际理解方面有着不可替代的作用。

正如金谷宪氏的如上阐述,实现不同文化背景的人与人之间的理解和交流,仅通过教材或书本这种间接方式获取文化知识是不够的,最有效的做法是将外语作

---

① 水越敏行、田中博之編著:『新しい国際理解教育を創造する』、ミネルヴァ書房1995年版、34ページ。

为一种工具,着重培养自己重视实践的意识,体检真实的交际过程,跨越文化的障碍,与不同文化背景的人共存,共同构建和谐的国际环境,进行卓有成效的交际活动。

本文就外语学习在跨文化交际能力培养中的作用归纳、整理如下:

1. 有助于培养从国际视野角度分析问题的能力

通过学习外语,能获得直接接触异文化的机会,可以了解对方国的生活、习惯、价值观等文化,还可以清晰地认识与品味本国文化与异国文化的差异,从而正确地对待国家或地区间的文化差异。因此,应着力避免"孰对孰错"的思想,养成积极看待这种差异的态度;要培养将彼此文化中的共通点作为共有文化来培育与推进的态度;要养成能用多元化的价值观来评价与尊重不同国家的历史与传统的态度。如此一来,国际人的理念也会顺势而生。

2. 国际体验实践

交际与个人性格和意识强弱息息相关。为积极有效地开展跨文化交际,不能仅采用国与国、民族与民族、文化与文化这种对比分析的方法,还应注重加深对交流对象的理解。民族、文化、语言、习惯、生活环境各不相同的人们,通过外语技能与不同地域的人沟通,在接触外国人和了解外国文化的同时,彼此认可了差异、加深了了解,而这一过程必将有助于国际理解和跨文化交际的实现。

3. 本国文化的信息传递

学习外语的同时也在学习异国的文化,并且将与本国文化的差异纳入视野,进行比较学习。只有了解不同文化人们的习惯,才有可能以对方国家的文化为基准来解释对方的行动,而不是采用本国的文化来加以解释。这也将有利于人们彼此尊重文化、品位差异,且带有宽容之心,不会执迷于给本国文化或异国文化作出孰优孰劣的评价。为了能跨越本国文化和异国文化的差异,在积极地向对方介绍本国文化和习惯的同时,也应着重关注对方反馈的异文化信息,进而分享高层次的跨文化共鸣。

4．构建和谐的国际社会及环境

国际化进程不断加快，人类历史上从来没有像今天这样紧密相连。现在，需要世界各国的人们相互合作，密切配合，共同努力，致力于解决国际社会面临的多种问题。

正如上文提到，掌握外语是真正了解异文化的必要条件，也是最有效的方法。但跨文化交际活动不会一蹴而就，需在学习外语的同时提高对异文化的兴趣，积极同身边的外国人交流，参加文化交流活动，提升跨文化交际能力，同时还要着力构建小型国际社会，努力创造和谐的环境氛围，这才是题中应有之义。

四、今后的课题

本文从外语学习者的立场出发，分析了培养和提高跨文化交际能力的重要性。作为今后的课题，需要从教育者的视角出发，探讨如何应对在跨文化交际教育过程中出现的诸多问题的对策研究。

参考文献

伊佐雅子監修：『多文化社会と異文化コミュニケーション』、三修社 2007 年。
石井敏、久米昭元編：『異文化コミュニケーション研究法』、有斐閣 2005 年。
岩渕功一：『多文化社会の〈文化〉を問う』、青弓社 2010 年。
久米昭元、長谷川典子：『ケースで学ぶ異文化コミュニケーション—誤解・失敗・すれ違い』、有斐閣 2007 年。
水越敏行、田中博之編著：『新しい国際理解教育を創造する』、ミネルヴァ書房 1995 年。
竹下裕子、石川卓編：『多文化と自文化—国際コミュニケーションの時代』、森話社 2005 年。
田中治郎：『コミュニケーション力がUPするブッダの言葉』、佼成出版社 2006 年。
ウイリアム・B.グディカンスト：『異文化に橋を架ける—効果的なコミュニケーション』、ICC 研究会訳、1993 年。

第四章 汉译日翻译过程中重要细微信息缺失问题初探
——以翻译教学指导为中心

王 怡

导 言

当我们将汉语翻译为日语或将日语翻译成汉语时,普遍存在着一个共同的感觉,即把汉语翻译成日语要比把日语翻译成汉语困难得多,尤其对学生来说,困难更大,误译的几率也会更高。仔细观察学生的译文,不难发现,在译文中除了普遍存在的词汇以及助词、助动词等语法方面的误用外,还存在另外一类常见的错误,即"重要的细微信息缺失"问题。

(1)以前都是在原有的境外旅程报价上加几百元自己公司的利益便推向市场,现在这种做法已经被否定了。

a. かつての海外旅行の見積もり金額の上に何百元か自社の利益をプラスして、市場に売り出すような販売法は<u>否定されるようになりました</u>。[1]

b. かつての海外旅行の見積もり金額の上に何百元か自社の利益をプラ

---

[1] 本文中所使用的日语(a句)和汉语分别选自陆留弟:《日语口译实务2》,外语教学与研究出版社2005年版,第32—33页;邱鸣:《日语口译实务3》,外语教学与研究出版社2005年版。下划线均为笔者添加。

スして、市場に売り出すような販売法は否定されました。①

(2) 去年,开展研修生工作的外部环境并不乐观。受 SARS 的影响,一部分会员接纳研修生的工作被搁置。同时,由于最近外国人犯罪案件数量增加、性质恶劣,入国管理局的入境审查空前严格。

a. 昨年の研修生事業を取り巻く環境は、サーズ発生の影響を受け、一部には研修生の受入れを見送られる組合員様もあり、また、昨今の<u>外国人犯罪件数の増加、凶悪化などにより</u>入国管理局においては入国審査が例年にないほど厳しくなるなど楽観視できる状況ではありませんでした。②

※b. 昨年の研修生事業を取り巻く環境は、サーズ発生の影響を受け、一部には研修生の受入れを見送られる組合員様もあり、また、昨今の<u>外国人犯罪件数の増加、凶悪化により</u>入国管理局においては入国審査が例年にないほど厳しくなる楽観視できる状況ではありませんでした。

在指导学生进行汉译日的翻译训练时,我们发现学生通常不能够将译文翻译得那么符合或接近目标语言的特点。试将 a 译文和 b 译文加以比较,不难发现,(1)a 的译文中使用了「～ようになりました」,而(1)b 的译文中却没有使用上述句式。同样,(2)a 的译文中使用了表示列举同类事物的副助词「など」,而(2)b 的译文中却未使用。如果仅与汉语原文的意思进行对比的话,(1)b 和(2)b 这两个译文在表达原文的主要意思上似乎并无明显不妥,但是,若将(1)a 与(1)b、(2)a 与(2)b 的日语译文进行对比的话,就不难发现,(1)a 与(1)b、(2)a 与(2)b 之间绝不仅仅存在表达形式上的不同,更加需要注意的是 b 译文中缺失了 a 译文所表示的某些难以在汉语原文中反映出来的细腻性隐含信息。而这些信息是否出现在译文当中,对日语来说却是非常重要的。如果被忽略不译,不仅会对正确理解原文产生直

---

① 为便于分析,本文各例句中的 b 句均为与日文原文,即 a 句意思上有错位的例句。此类例句主要希望展示学生误译或有欠缺的译文部分,为了避免造成误导,除了误译的部分外,其他部分选择了与 a 句一致的译文。

② 邱鸣:《日语口译实务 3》,外语教学与研究出版社 2005 年版,第 186 页。

接影响,有时还可能像(2)b那样成为令人费解,甚至容易引起误解的译文。

在以往的翻译教学中,即使教师注意到了这个问题,往往更多地只是以基本意思表达出来即可作为评价标准,有些教师虽然也试图解决这一问题,但更多地还是从一般的语法角度进行分析处理,很少从多层面、多角度进行综合剖析。

那么,在将汉语翻译成日语的过程中到底有哪些信息容易被遗失?它会造成何种影响?我们在翻译教学中又应该如何应对和解决学生出现的各种类似问题?为应对和解决这些问题,我们应该如何制订近期和远期的教学及研究目标?本文将以语言学理论为基本出发点,以对比、认知、语用及文化等分析视角为切入点,通过对包括上述例句在内的不同类型的翻译例句进行观察、分析,指出在将起点语言(汉语)翻译成目标语言(日语)的过程中,译者不能仅注重语言表层意思的转换,还应该同时关注将语法意义、语用意义等多层面信息融入到翻译过程中,尽可能最大限度地保证译文符合目标语言的表达特点与习惯。此外,本文还将根据分析结果提出一些参考性意见和建议,以供翻译教学和研究之用。

一、语言的"意义"及翻译活动目标

如何将起点语言恰当、准确地转换成符合目标语言的表达特点与习惯,关键在于译者如何准确把握起点语言的意思并恰如其分地加以诠释。那么,什么是语言的"意思"呢?所谓"意思",又称为"意义"。杰瑞米·曼迪(Jeremy Mundy)将其分为"语言意义(linguistic meaning 乔姆斯基模型理论中的借用语)""指称意义(referential meaning)"及"感情(或暗示)意义[emotive (or connotative) meaning]"。[①] 陆留弟从翻译的角度出发,指出语言意义包括"辞典意义""语法意义"及"社会、文化意义"。[②] 而翻译活动的最终目标就是在准确把握上述各种意义的基础上,将起点语言转换为目标语言,以期最大限度地满足受众的语言特点和习惯,达到使其获得与起点语言受众同样感受的目的。

然而,学生在翻译过程中往往过于关注目标语言的"语言意义"和"辞典意义",

---

① Jeremy Mundy: *Introducing Translation Studies*、鳥飼玖美子監訳、みすず書房2008年版、60ページ。
② 详见陆留弟:《日语口译实务2》,外语教学与研究出版社2005年版,第47页。

相比之下,缺乏对译文的"语法意义""感情意义"以及"社会、文化意义"的必要重视,从而导致在将起点语言(汉语)转换为目标语言(日语)的过程中发生某些重要的细微信息缺失的问题,并因目标语言的意思产生错位,引起目标语言受众的误解甚至反感。

以下,笔者拟从语言研究的角度,以"语法意义"为主,同时兼顾"感情意义"和"社会、文化"意义,从上述三个方面,对目标语言译文中缺失某些重要的细微信息所导致的意思错位现象,展开探讨与分析。

二、关于"同文双译"训练结果的对比分析

1."同文双译"训练法及其意义

笔者在翻译教学中注意到,中国学生在将中文翻译成日语时,除了因基础知识不扎实造成的语法错误外,最大的问题还是翻译出来的日文仅仅停留在文章的大意上,本来应该运用主观表述的地方,却用了客观表达形式,本来该用客观表述的地方,却又用了主观表达形式。而在某些需要表示语气和心情及逻辑关系的句子中,却未出现任何相关的文字表述。由于译文缺乏日语文章的表达特色,致使整个文章仿佛仅仅是句子的罗列,前后句之间缺乏自然的逻辑关系,更感受不到原文作者情感的细腻表露,有时甚至导致读者对作者的人物性格产生误解。

为了帮助学生解决上述问题,笔者在教学中尝试采用"同文双译训练法"(以下简称为"同文双译法")进行教学。所谓"同文双译法",即指在前一节课上先让学生将一篇日语文章翻译成汉语;其后,在第二次课上再让学生将这篇汉语译文重新翻译成日语。这样做的好处是,既可以让学生清楚地了解前一次课上自己所翻译的汉语译文是否正确,又可以使其在将该汉语译文重新翻译回日语文章时,回忆起日语原文的措辞、表达方式等内容。采用这种方法可以引导学生在实践中检验自己对日语原文的理解和对日语各类表达方式的掌握程度。同时在其后的讲评中,通过老师对原文与译文的分析和讲解,进一步促使学生注意和了解在将汉语翻译为日语时,究竟有哪些信息容易缺失,产生信息缺失的后果是什么,从而引起学生对于翻译过程中容易产生重要的细微信息缺失现象的重视,为今后逐步减少出现类

似问题,不断提高译文的质量和精度打下良好的基础。

那么,学生在将汉语翻译成日语的过程中,有哪些重要的细微信息容易产生缺失呢?这些信息的存在与否会对译文的意思产生什么影响呢?对于这些问题,我们将在下一节中进行分析和探讨。

2. 译文例句的对比分析

部分重要的细微信息缺失以后,会使目标语言的译文产生哪些意思、情感以及交流上的错位呢?本节中主要运用对比的方式,从语义、认知、语用及文化等层面入手,分别以「ことになる」「ようになる」「ようだ」「など」「～にわたる(わたって)」以及形式体言「もの」「わけ」「ところ」为对象,对是否使用上述表达形式会给译文带来什么样的不同效果和影响逐一进行探讨。

「ことになる」和「ようになる」

(3) 今天我就要退居二线了,但是我将一如既往地继续为培养新人尽自己的微薄之力。

a. 本日引退することになりましたが、現役で培った気持ちを忘れず後進の指導に力を注いでいきたい。[1]

b. 本日引退しましたが、現役で培った気持ちを忘れず後進の指導に力を注いでいきたい。

(4) 以前都是在原有的境外旅程报价上加几百元自己公司的利益便推向市场,现在这种做法已经被否定了。

a. かつての海外旅行の見積もり金額の上に何百元か自社の利益をプラスして、市場に売り出すような販売法は否定されるようになりました。[2]

b. かつての海外旅行の見積もり金額の上に何百元か自社の利益をプラスして、市場に売り出すような販売法は否定されました。

---

[1] 陆留弟:《日语口译实务2》,外语教学与研究出版社2005年版,第11页。
[2] 同[1],第32—33页。

在(3)a与(4)a的日语译文中均使用了带有「ことになる」和「ようになる」的惯用句型。而与之相对应的(3)b和(4)b的译文却没有使用上述句式。例(3)的汉语原文是一个即将卸任离职者的表述。关于(3)a与(3)b这两个译文的区别,我们可以分以下三个层面进行分析:首先,从语法角度来看,(3)a与(3)b所表达的意思区别在于,在(3)a当中当事人虽然已经决定退居二线,但还没有办理离退职的相关手续,故其身份尚未发生本质性的变化,而(3)b所表示的则是当事人已经办完离退职的手续,其身份已经发生本质性的变化。然而,通过汉语原文中"就要"一词,我们可以判断出该句中的当事人在讲此番话时尚未办理离退职手续,故(3)b的译文与事实不相符;其次,就语言形式而言,由于(3)a使用了「ことになる」的惯用句型,此时译文便带上了强调"退居二线"并非基于个人意愿,而是由公司制度或工作安排等外部因素(如"已达到该退居二线的年龄"等)决定的含义;相反,(3)b的译文则仅涉及"退居二线"的结果,即二者的区别在于事情是基于客观原因还是主观原因发生的;第三,从语用的角度分析,作为日语的一般语言行为准则,对于客观发生的事实应避免掺入主观因素,尽量从客观的角度进行表述,这是日语表达的一个主要特征。(3)a的表达方式符合日语的语言行为准则,是一种常用、正确的表达方式;而(3)b则是基于说话人主观视角的表达方式,给人一种毫不考虑对方的立场和感受,以自我为中心的感觉。① 这样的表述方式不大符合日语的习惯特征,因此是不恰当的。

(4)a和(4)b虽然也是在使用表示结果意思的「なる」这一表达形式上出现错位,但与例句(3)却有所不同。(4)a表示的是某一营销策略在从未被否定到被否定这一过程中经历过数次被否定的过程,尤其是当「なる」与「ように」一起使用时,表现的是一个情况逐渐变化的过程,含有"逐渐被否定"之意;而没有使用「なる」的(4)b则仅仅表达的是某个营销策略在某个时期遭到了否定,且这种否定是单纯的、一次性的,没有反复过程的。

---

① 以下分析中所涉及的各类信息缺失及译文正确与否等问题,笔者均通过对作为语言学专业研究生的日语母语者进行问卷调查做过确认。

「ようだ」

(5) 咖啡馆的侍者大都彬彬有礼，对顾客非常耐心，顾客想坐多长时间就座多长时间，还没有听说过有人被赶走的。

  a. カフェーで働くウェーターはみな、礼儀正しく、お客様には丁寧に応対してくれるので、好きなだけカフェーにいればよい。<u>追い出されるようなことは</u>聞いたこともありません。①

  ※b. カフェーで働くウェーターはみな、礼儀正しく、お客様には丁寧に応対してくれるので、好きなだけカフェーにいればよい。<u>追い出されることは</u>聞いたこともありません。

  在例(5)的原文中，"还没有听说过有人被赶走的"这句话，可以理解为一个示例。说话人试图通过此例说明这个咖啡馆待客十分热情周到。在(5)a的译文中使用了「ような」的表达形式，这不仅可以准确地将说话人的意图如实地表达出来，它还有另外一个作用，即暗示「追い出される」的行为，不单是通过语言来体现出来，还可能通过行为举止（如侍者过来清扫桌面的卫生、收拾杯碟刀叉等）表现出来；相比之下，如果像(5)b例句这样直接表述为「追い出されること」又会产生什么样的效果呢？仅从语法结构上看，「追い出されること」完全符合日语的语法规则，接续上不存在任何问题，意思上似乎也合乎汉语原文中"被赶出去"的意思。但是，当其与后边表示"经历""体验"的「聞いたこともありません」这个句式同现时，问题就显现出来了。一般来说，当我们强调说明自己不曾听说过发生了某件事情时，实际上这件事情通常已经作为已然的事情进入议论的话题。因此，(5)b的根本问题，是逻辑关系问题。句子中的「追い出されることは聞いたこともありません」应改为「追い出されたことは聞いたこともありません」。② 但是，尽管如此，(5)a和(5)b仍然存在着本质上的差异。即(5)a译文中的「追い出されるようなこと」是一系列直接或间接地"赶走客人"的行为的代表例，而(5)b译文中的「追い出される」则仅涉及直接"赶走客人"的行为，不附带任何其他的隐含信息。

---

① 陆留弟：《日语口译实务2》，外语教学与研究出版社2005年版，第26页。
② 问卷调查的结果表明，即使经过修改，仍有一部分日语母语者对此句抱有疑问，认为不太符合日语的表达习惯。原因何在，尚需深入研究，本文暂不涉及。

「など」

(6) 去年,开展研修生工作的外部环境并不乐观。受 SARS 的影响,一部分会员接纳研修生的工作被搁置。同时,由于最近外国人犯罪案件数量增加、性质恶劣,入国管理局的入境审查空前严格。①

 a. 昨年の研修生事業を取り巻く環境は、サーズ発生の影響を受け、一部には研修生の受入れを見送られる組合員様もあり、また、昨今の<u>外国人犯罪件数の増加、凶悪化</u>などにより入国管理局においては入国審査が例年にないほど<u>厳しくなる</u>など楽観視できる状況ではありませんでした。②

※b. 昨年の研修生事業を取り巻く環境は、サーズ発生の影響を受け一部には研修生の受入水を見送られる組合員様もあり、また、昨今の<u>外国人犯罪件数の増加、凶悪化</u>により入国管理局においては入国審査が例年にないほど<u>厳しくなる</u>楽観視できる状況ではありませんでした。

如下线所示,在(6)a 译文中有两处使用了副助词「など」。从语法层面看,无论「昨今の犯罪件数の増加、凶悪化」后面的「など」,还是「厳しくなる」后面的「など」均表示举例,其功能是表示在列举一两个事例的同时,暗示还有其他性质相同的事物存在。因此,前一个「など」所要说明的是导致「入国審査が厳しくなる」的原因诸多,「昨今の犯罪件数の増加、凶悪化」乃是其中具有代表性的事例,它们与「サーズ発生の影響」一起构成可以支撑做出「楽観視できる状況ではない」这个结论的内容依据。此外,(6)a 译文中的「厳しくなるなど」与后面的「楽観視できる状況ではない」在结构上属于状语修饰关系,表示举例、说明;而在(6)b 译文中,因为在「昨今の外国人犯罪件数の増加、凶悪化」后面未使用副助词「など」,在表意层面上使其成为导致「入国審査が厳しくなる」的唯一原因。不仅如此,从语法结构上看,由于「など」的缺失,「入国審査が例年にないほど厳しくなる」与后续的「楽

---

①② 陆留弟:《日语口译实务 2》,外语教学与研究出版社 2005 年版,第 186 页。

観視できる状況ではない」在结构上变成了定语修饰关系，从而导致全句变为不合格的句子。

「～にわたる（わたって）」

（7）中国"非典"防治工作所取得的成果，体现了我们与WHO国际组织以及有关国家的广泛合作。

a. そして、中国がSARSの予防と治療で収め得た成果も、わが国がWHO等の国際組織及び関係諸国との<u>広範囲にわたる</u>協力を具現するもので、国際協調の強化が、SARS撲滅の勝利を早めたと思います。[1]

b. そして、中国がSARSの予防と治療で収め得た成果も、わが国がWHO等の国際組織及び関係諸国との<u>広範囲での</u>協力を具現するもので、国際協調の強化が、SARS撲滅の勝利を早めたと思います。

（8）人的成长过程从出生或出生前就开始了，直至终老。这种想法是近期才出现的。在我看来，人的成长过程，即获取"分担痛苦的博爱能力""与朋友交流时具有共同背景的能力""共享无法感知的过去、现在和未来的时空想象力""自我客体化的能力"和"尊重他人的共存能力"的过程。

a. 人間の発達は、生まれてから、あるいは生まれる前から<u>生涯にわたって</u>継続して行われるものである、と捉えるのは比較的最近の考え方ですが、この生涯発達の考え方に立って、私自身の見方で見ますと、人間の発達は「痛みを共有できる力（愛着）」「コミュニケーションの背景を共有できる力（友達）」「近くできない過去・現在・未来の時空を共有できる力（想像）」「自己を客体化する力（個人）」「他人を尊重する力（共生）」などの新しい力を生涯にわたって獲得していく過程であると捉えることができる。[2]

---

[1] 陆留弟：《日语口译实务2》，外语教学与研究出版社2005年版，第58页。
[2] 同[1]，第38页。

b. 人間の発達は、生まれてから、あるいは生まれる前から生涯に継続して行われるものである、と捉えるのは比較的最近の考え方ですが、この生涯発達の考え方に立って、私自身の見方で見ますと、人間の発達は「痛みを共有できる力（愛着）」「コミュニケーションの背景を共有できる力（友達）」「近くできない過去・現在・未来の時空を共有できる力（想像）」「自己を客体化する力（個人）」「他人を尊重する力（共生）」などの新しい力を生涯において獲得していく過程であると捉えることができる。

(7)a 和(8)a 译文中的「～にわたる」均表示范围。尽管在汉语原文中使用的是"广泛合作"的表达方式，但是此处的"广泛合作"到底指什么？这需要译者仔细斟酌方可定夺。其实，此处的"广泛合作"是指在不同领域的各个方面进行通力合作，并不限于单纯的物理范围。在(7)a 的译文中，由于使用了「～にわたる」的句型，恰恰将这一层意思表达得淋漓尽致。反观(7)b 的译文，由于选择了表示范围的格助词「で」，则给译文赋予了将合作范围视作一个整体的语感，结果导致了上述语义内涵的缺失。不仅如此，从语用的角度看，(7)a 译文的用法更多见于正式的演讲、发言等场合，语气比较郑重。相比之下，(7)b 译文的表达方式则属于日常用法，不像(7)a 译文那么中规中矩。同样，(8)a 和(8)b 的区别也可用相似的方法进行分析，不同之处表现为，例(8)的汉语原文所表示的是时间，属于抽象化的范围。在(8)a 的译文中，使用「～にわたって」有两个作用：其一是凸显人生是一个漫长的时间范畴；其二则是通过使用「～にわたって」将人类的成长过程具象化，强调人的成长是在每个人一生漫长的岁月中一个阶段一个阶段地逐步完成的。如果使用(8)b 译文的表达方式，则不具备上述的隐含信息。

「もの」「わけ」「ところ」

除以上探讨过的表达形式外，容易导致出现重要的细微信息缺失情况的，还有形式体言的用法。由于篇幅所限，本文仅对「もの」「わけ」「ところ」这三个最具代表性的形式体言给译文造成重要的细微信息缺失的情况进行考察。

「もの」

(9) 世界每天都在不断地变化与发展。我坚信对于我们目前正在进行的各种区域性合作,一定会得到后人的首肯,被誉为"是一次令东亚地区旧貌换新颜、飞速跨入新时期的历史性尝试"。

  a. 世界は日々変化し、成長しています。現在、我々が行っている様々な地域協力は、この東アジア地域を新しい段階に脱皮、飛躍させていく歴史的な試みであったと<u>後世に評価されるもの</u>と確信しています。①

?② b. 世界は日々変化し、成長しています。現在、我々が行っている様々な地域協力は、この東アジア地域を新しい段階に脱皮、飛躍させていく歴史的な試みであったと<u>後世に評価される</u>と確信しています。

  表面上看,(9)a与(9)b的区别仅在于前者的译文中使用了形式体言「もの」,而后者的译文中则未使用这一点上。然而,严格地说,例(9)的译文中是否使用形式体言「もの」,在译文所表达的意思和语用功能上却存在显著的不同。前者通过使用「もの」,可以淡化说话人的主观意志,暗示"得到后人的评价"不属于说话人的主观臆测,而是根据事实分析自然而然得出的客观性结论。换言之,此处的「もの」起着弱化说话人主观意志,强化判断结果的客观性的作用。反之,(9)b的译文由于未使用形式体言「もの」,使整个句子带有说话人将自己的个人意见强势推出的语感,具有强调主观判断之嫌,容易使听话人产生抵触心理,从情感和心理上难以接受。③

「わけ」

(10) 实际上每个人的发展阶段与中小学的教育制度是截然不同的,存在

---

① 陆留弟:《日语口译实务2》,外语教学与研究出版社2005年版,第10页。
② 此处用"?",表示可以商榷。
③ 在接受笔者调查的日语母语者中,有一部分人认为(9)b的表达方式不符合日语母语的表达习惯,属于不够合格的句子。这也是此译文被加注"?"符号的原因所在。

着是否符合发展过程的"语言能力"教育方法问题……

a. 実際には小学校、中学校といった教育制度とはまた違った個々人の<u>発達段階があるわけですが</u>、生涯発達の過程に合わせた「語力」の教育のしかたがありうるか、という問題があります。……①

b. 実際には小学校、中学校といった教育制度とはまた違った個々人の<u>発達段階がありますが</u>、生涯発達の過程に合わせた「語力」の教育のしかたがありうるか、という問題があります。……

(10)a 与(10)b 涉及了形式体言「わけ」的使用问题。形式体言「わけ」在语法层面上具有说明、解释和有根据地归纳总结出某一结论的功能。尤其是在某些学术演讲中，讲演人使用「わけ」的目的，在于强调由其引导的句子是以下论述内容的依据。(10)a 译文中的「わけ」也是如此，通过在句子中使用「わけ」，说话人既表明了自己的说法是有依据的，同时还暗示此处的内容也是支持以下论点的依据所在。与此不同，由于(10)b 的译文中没有使用形式体言「わけ」，结果导致句子仅仅客观地表述了一个已经存在的事实，而不含有上述的各种含义。从文体上看，前者更多用于演讲性的口语体，后者则多用于文章体。

「ところ」

(11) 我们希望今天各位与会的演讲者从各自不同的角度，就札幌市的大学化进程及今后的发展目标和方向毫无保留地向我们提出意见和建议。

a. 本日のフォーラムの講師の先生方には、札幌市の大学化が目指すべき方向性、そういうものを中心に、幅広い視点から忌憚のないご意見を賜りたい、<u>このようにお願いしたところでございます</u>。②

b. 本日のフォーラムの講師の先生方には、札幌市の大学化が目指すべき方向性、そういうものを中心に、幅広い視点から忌憚のないご意

---

① 陆留弟：《日语口译实务 2》，外语教学与研究出版社 2005 年版，第 51 页。
② 同①，第 11 页。

見を賜りたい、このようにお願いしたのでございます。

一般来说，形式体言「ところ」多用于表示动作、行为发生的先后顺序，在(11)a译文中，「ところ」除表示"刚刚完成某个行为"之意外，还具备以下语用意义，即说话人为了减弱由于自己"邀请与会者就某问题发言"的行为可能会给与会者带来心理上的压力，选择使用形式体言「ところ」的手段力求避免直截了当的表达方式，语气上显得更加婉转、客气。与此不同，(11)b的译文选择使用了「のでございます」。该形式的使用凸显了表述者进行说明的语气，表达过于直白，显得不够礼貌，有欠稳妥，同时还会增加与会演讲者的心理负担。

结　语

本文的分析可以证实，在把汉语句子翻译成日语时，某些日语句式所表达的意思虽然在汉语原文中得不到清楚的表达，但是否选择使用这些句式却会对译文的准确性产生直接影响。如2中所述，使用「ことになる」与是否强调动作行为的客观性息息相关；是否选择「～ようになる」的句式直接关系到凸显事物发展的过程还是结果等问题。表示比喻和举例的「ようだ」和「など」的使用可以确保译文的准确性和自然性；使用表示范围的「～にわたる(わたって)」关系到动作行为所涉及的是多种不同的领域还是单纯的场所；准确使用形式体言「わけ」「もの」「ところ」关系到表述方式是否得体恰当等一系列问题。

为了在今后的翻译教学中有效地解决重要细微信息的缺失问题，笔者认为应该分两个步骤进行改进。

首先，从教学角度出发，在平时的翻译教学中通过使用"同文双译"训练法[①]，有计划地引导学生关注在翻译过程中经常出现的重要细微信息缺失问题，并逐步提高学生解决这一问题的能力。这就需要指导学生在将日语翻译成汉语时，首先

---

① 当然，同样一篇文章，译者不同译文也自然会不同，不可能一模一样。但是，我们之所以建议采取这样的教学法进行翻译训练，归根结底还是希望在基础阶段训练和培养学生注重细节的习惯，希望他们经过长期训练逐渐适应和熟悉中日文语码的转换方式，以便得心应手地运用日文的表达方式，早日从翻译的必然王国走向自由王国。

要弄清日语原文的句子在文章中所要表达的确切意思,仔细分析句子结构,在此基础上合理选择汉语译文的相应表达方式,力求将一切可译信息准确无误地再现成汉语译文。同时,对于那些无法在汉语译文中表现出来的日文表达方式,亦应指导学生努力切实理解其中的深刻含义,为进行下一步的汉译日训练打下基础。而在进行中译日的训练时,则应引导学生仔细分析汉语原文,找出隐藏在字里行间的非文字信息,以确保日语译文的准确性和完整性[①]。

其次,为了更好地促进翻译教学工作,对翻译研究也不能放松。从长远的观点看,我们有必要构建一个学习者翻译语料库,将学生的翻译习作收入其中,通过对这些学习者翻译习作语料进行有针对性的检索和研究,发现学生在翻译过程中容易出现的各种问题,以便从中归纳出导致误译的普遍规律,为更好地指导翻译教学提供理论依据。[②]

参考文献

司显柱、刘莉琼:《论译文的信度和效度》,《中国翻译》2009年第3期。

グループ・ジャマシン:『教師と学習者のための日本語文型辞典』、くろしお出版1998年。

平尾義雄:『翻訳の原理』、大修館書店2008年。

小泉保:『日本語教師のための言語学入門』、大修館書店1993年。

ダニエル・ジル:『通訳翻訳訓練』、田辺希久子、中村昌弘、松縄順子訳、みすず書房2012年。

Jeremy Mundy: *Introducing Translation Studies*、鳥飼玖美子監訳、みすず書房2008年。

译文例句出处

陆留弟:《日语口译实务2》,外语教学与研究出版社2005年版。

邱鸣:《日语口译实务3》,外语教学与研究出版社2005年版。

---

① 此处的"完整性"指译文无信息缺失,符合日语的表达习惯,易于被日语母语者所接受。
② 目前,在日语学院与日本关西学院大学合作承担一个国家社科基金项目(项目名称:翻译教学理论、教学体系和教学模式的研究与翻译语料库的建设;项目编号:11BYY013;课题负责人:邱鸣)中,由日本关西学院大学研究开发的『TNR中日・日中翻訳コーパス』及『TNRタグ付与ソフト』已完成,并进入试用阶段。此翻译语料库必将对推动翻译教学与研究起到有效的促进作用。

叁 社会文化与跨文化交际

第一章　审视日本人"求小"的心理中的空间要素

铁　军

导　言

日常生活中,有不少人会对设计小巧玲珑、制作细致入微的各种日本商品投以赞许的目光。受日本商品的这种表象迷惑,不少对粗大习以为常的中国人会沉浸在盲目的欣赏中,而欠缺对日本人的这种意识、气质来自何方的思考。作为日本语言、文化的学习者、教育者,笔者有责任对这种现象予以解读。

现实生活中,我们习惯性地以大小作为衡量标准,并附上褒贬的含义。而实际上,大与小是相对而言的概念,在比较之下,才能显出差异。在实践中,人们信奉凡事不能极端的原则,大并非一定为贬义,小也并非一定为褒义,相反的例子也很多。日本人追求的小不仅仅停滞在物体的体量上,还反映到精神层面,成为一种处世的意识和价值观,折射出日本人的性格和理念。本文中涉及的日本人"求小"心理,主要指生活中的理念,其中多数并不涉及道德层次的问题。

在世界众多的民族中,日本民族以小为美的价值观很著名,这成为他们的审美出发点,而这些又具体表现在行为模式上。在人类的遗传基因中,没有使人求小的基因。一般来说,在作为动物的人变成文化的人的过程中,人类受到既成的文化传统和自身所处自然环境两个方面的影响,逐渐形成价值观,并影响其行为模式。日本人的求小心理当然也不例外。

日本人对大也进行过追求。韩国学者李御宁认为：在平安时代以前，如古坟中出土的陶俑、东大寺的大佛、出云大社和仁德天皇陵寝都是以规模巨大著称。但在平安时代后，就出现缩小化、精简化倾向，建立了与大陆文化不同的日本文化。这就是所谓伐"巨树造小舟"代表的"缩小志向"文化。[①] 由大到小，正是外来文化本土化后出现的日本文化成熟的过程。

求小心理并不为日本人独有，中国人也毫不逊色。在头发丝上刻字，将一篇文章刻在米粒大的象牙上，在橄榄核上雕刻船舫等各种物体等等，比起日本人有过之而无不及。但是，从整个中国文化的立场来看，中国人的求小心理只是追求极致观念的一小部分，不占主流，而更多地表现在对大的追求上。而日本人的追求极致观念，整体倾向表现为对小的追求，占据主流。

事事求小，作为一种态度，在许多的场合下，表现为日本民族的优点。从跨文化交际、相互理解和虚心学习角度出发，我们有必要将其作为他山之石，用来攻我山之玉；从理解不同文化、避免文化冲突的角度出发，有理由探讨一下这种意识的形成轨迹；从研究、解析日本文化的产生、发展的角度出发，应该对这种思考方法、行为模式的形成作一个定位。

在本文中，将分几个视点来思考、考察一下这个问题。

一、来自狭小空间的制约因素

1. 空间的压力和解决的智慧

日本人的意识中，为什么存在很多事事求小的要素？为了解答这个疑问，首先应该考察一下日本民族成长的自然环境。日本国土面积37万多平方公里，人口1.2亿有余，人均面积很少。加上又是一个狭长的岛国，山地的面积占国土百分之七十，只有在沿海的狭窄地带里有一些成片的小平原，赖以生存的水稻栽培和适于人居的平坦空间很少。在狭小的空间里，人们的生产、生活受到局限，加上资源贫乏，自然灾害频发，人们在属于自己的狭小空间中拼命地工作，以获得生存所需的

[①] 参见李御宁：「『縮み』志向の日本人」、学生社1982年、17刷、終章。

一切。一小块土地也需要通过精耕细作,尽可能地收获更多的粮食;一小块房基地,也需要精心设计,以获得尽可能大的居住空间。狭小的空间是日本人一生下来就必须面对的事实。大陆国家那种广种薄收的生产方式在日本是行不通的。

在拥挤不堪的狭小空间里,难以避免产生人碰人、物碰物的物理冲突,这些物理上的冲突,还会上升为心理上的冲突。所以,日本人首先要解决生存空间狭小与生存的矛盾。

"和"这一理念是日本人的座右铭。为了在充满碰撞、冲突因素的空间里达到"和",日本人进行了种种实践。他们想尽办法来解决空间狭小带来的种种不便,归纳出许多在窄小空间里共生的诀窍。

以传统的日式建筑为例。欧美人嫌日本人的房间太小,戏称为"兔子窝",指的就是4叠半的日式房间(和室)。这种传统型的日式房间多为4张半榻榻米的面积,一张榻榻米的面积正好是一个成年人床位大小。躺一个人,还可以留出向左右侧翻身的空间。这个空间,作为一张床没有很大富余,但是考虑到日本人的身高,一张榻榻米已经足够了。根据调查,日本的榻榻米根据地域不同,略有差异。如表1所示。

表1　日本各地区榻榻米的常规尺寸

式　样	宽度×长度
京　间(京都、大阪为首的关西地区)	95.5cm×191cm
中京间(名古屋为首的中部地区)	91cm×182cm
关东间(东京、神奈川县为首的关东地区)	88cm×176cm
团地间(新式小区公寓中的和式房间)	85cm×170cm

将以上各地方的榻榻米平均起来,宽长约为90cm×180cm。

如上所述,一个铺位长度为180cm,适于日本人的身高。现今的日本人身高比起60年前,有了很大的变化,虽然还可以纳入一张榻榻米里,但追求舒适的现代人,把褥垫做得更大了。并且,标准的日本家庭,大都为每个孩子备下独自的房间,一张榻榻米作为一个铺位的意识已经淡泊,体现在榻榻米上的尺寸意识,早已作为旧时代的遗物,在现代日本人的生活中消失。但是,榻榻米作为一种天然素材,具有可呼吸的性质,空气干燥时可释放出水分,潮湿时又可以吸收空气中的潮气,并且软中有硬,手感平滑,日本人至今仍不能放弃。坐在榻榻米上,日本人有一种直接与自然接触的安适感。

在榻榻米的房间里,白天将被褥卷起放入壁橱后,只剩下生活中必需的小桌和有限的矮小家具。因此,人在屋子里面的活动不受床的制约,有充分的活动空间。如有朋友、家人来住,挤上三四人也够用。

榻榻米的房间本身立足于节约空间的意识之上,室内的家具也尽量小型化和折叠化、集约化,这些又要求放置这些家具上的物品尽可能减少占用面积,以满足狭小空间和移动便利的需要。通过这些一环扣一环地朝着小型化、折叠化、集约化的努力,使有限的空间最大限度地得到利用。

对空间的活用,不仅限于以上这些努力,还包括改变使用位置获得新鲜感这一点。除了习惯因素外,可以说每天都是变换使用空间的一个新起点。今天被褥铺在左边,明天可以铺到右边,天热了还可以铺到窗前;小桌今天放在屋子中间,明天可以折叠起来放入柜橱,而后天又可以推至墙角。在狭小的空间中,通过动态地变换使用位置,获得新鲜感,可以说是对窄小空间的活用意识使然。

空间的狭小,不可避免地给人的行动带来制约。在狭小的空间里,每一个细小的疏忽,都可能影响生存质量,轻者带来使用者本人的行动不便,严重者还可能造成与他人的冲突。所以,日本人必须时刻考虑到空间的使用规则,生怕因一点不慎触及对方的利益。当然,对空间的巧妙活用并非日本人与生俱来的素质,而是在长期的社会生活中,受到自然环境的制约而形成。通过对每一寸空间的充分利用,日本人练就了细心观察世界,合理安排每一寸可用空间的本领。

为了适应狭小的生存空间,日本人必须学会把东西做小。做小,其前提是细心。粗糙的工艺和马虎的心态,不能满足这个需求。因为小所以必须细,这一点与座钟与手表的关系相像。二者虽然具有类似的结构和功能,在制作工艺上的要求则大大不同。相比之下,手表体积小得多,许多工序需要用放大镜才行。

日本民族的求小心理产生的要素有许多,来自狭小自然环境的约束是其中重要的一点。

2. 产生于狭小空间的集约意识

如"赖以生存的地理环境→生产生活用地→纳入到这个空间的物品"的公式所示，三者的递进关系直截了当，只需三步，最顶端的"赖以生存的地理环境"就可以与最末端的"纳入到这个空间的物品"联系在一起。换言之，"纳入到这个空间的物品"必须相应地做小，才能与狭小的"赖以生存的地理环境"相匹配。在有限的空间中生存，日本人自然要在如何适应这个空间上动一些脑筋。对策之一，就是尽可能压缩物品的体积和面积，使有限的空间发挥最大的功能。

日本人发明的折扇和折叠伞可以认为是少占空间的集约意识使然。折扇以前的扇子是团扇，作为扇子扇风功能应该不在折扇之下。只是其不可收缩的外观不便于携带和存放。折叠伞改变了以往的雨伞只能拿在手里而不能收入包中的不便之处，适应了日本多雨的气象特点。折扇和折叠伞可收放，将较大体积物品小型化，符合集约原则。

日本的语言表达也存在这种类似起自于自然空间的集约意识。语言表达受空间影响的例子还有内侧外侧观念。这是在日本文化中非常著名的观念，一直被当作日本文化的特色被人们关注。譬如，集居在狭小空间的人们，保持彼此的界限，和平共处，对处于本集团外侧的人使用敬语，对处于集团内侧的人不需客气，使用简略的语言表达。这种称之为"待遇表现"的语言表达，毋宁说是日本人的内侧外侧观念的具体表现之一。如果人与人之间有足够的间隔，不受空间约束，不必时时意识周边人的存在，就难以形成紧张的人际关系。这就是所谓空间影响语言使用习惯的原因。当然，内侧外侧观念并非为日本文化独有，只能说，日本的内侧外侧观念具有明显的日本特色。归纳起来，大致有以下几点：1. 起源于农业社会，最初以共同经济利益体为判断标准；2. 势力范围意识和领属意识浓厚；3. 有一个成体系的语言表达系统。

在日语语言表达上，集约意识表现为长定语、多定语。又长又多的各种定语，最后都集中到一个名词上，颇像集多种功能为一体的榻榻米房间。

下面，从日本NHK广播的新闻中摘出两段较为典型的句子分析一下。

例文1　三重県の木曾山川の河口付近で 特産のシジミが大量に死んだ

問題で、三重県は高い濃度の潮水が上流まで遡ったために被害が引き起こされた可能性が強いとする調査結果をまとめました。

译文：三重县木曾山川河口附近有当地特产河蚬大量死亡，三重县就此问题提出一份调查报告指出：灾害很可能是由于高浓度盐水倒灌而引起。

例文2　新潟県警察本部では昨夜新田容疑者ら二人を一千万円の小切手を振り出して、病院とは関係がない自分の借金の返済に当て、病院の資産に損害を与えた背任などの疑いで逮捕しました。

译文：新潟县警察总部昨晚以渎职的嫌疑逮捕了新田嫌犯等二人。二人涉嫌开出1000万元支票，用于返还与医院无关的个人欠债，给医院的财产造成损失。

中文一般都尽量避免繁多的定语出现，如中文译文所示，在保证准确表达原意的前提下，可以将句子拆分，尽可能减少和缩短定语。而在这一小段新闻的日文原文中，例文1的「問題」前面有四个定语，「調査結果」前面有五个定语，例文2的「疑い」前面有六个定语。若直译，会出现许多表示定语的"的"。可以说，日本人不厌其烦地使用多个「の」和连体形修饰一个名词，可以考虑是一种起自空间的集约意识惯性地流露在语言表达上的一个例子。

二、空间狭小带来的强烈界限意识

如前所述，由于日本列岛可供居住和耕作的土地面积狭小，大到国土，小到个人，彼此间界限意识强烈，人们小心翼翼地维持着自己的一块地盘。家族间、公司间、地域间彼此井水不犯河水。日本人每天必须面对数不清的人际和社会关系，这些关系彼此间在内侧、外侧的定位上交汇、重叠、排斥，呈现出动态性质。在不同家族间，有血缘关系的为内侧，其他不同血缘关系的为外侧。在一个地域的范围里，这些不同血统的家族与另一地域发生联系时,同一地域就成了联系不同血缘关系的纽带,变为内侧,而另一个地域的人成为外侧。同样,即便地域不同,在外国人面前,日本人就会聚在一起,成为内侧关系,外国人被称为位于外侧的"外人"。

这种内外定位意识,不仅仅表现为人际关系的亲疏,还表现为不同的处理方式。在狭小的生存空间中,彼此保持着界限,避免发生物理上、精神上的碰撞。这种意识在长期的社会生活中,成为人际关系的准则。日本人重视语言上的"待遇表现",对不同的对象使用不同的语体。一句简单的"他在不在"中,可以感觉到话者与听者、话者与话中所涉及的人物、听者与话中人物等几个层面的亲疏关系。日语复杂的待遇表现系统就是以这种内侧外侧的定位为根据的。语言上的内侧外侧意识可以说是彼此之间界限意识的延伸。

传统日本料理,放置在"膳盘"——一个与日本人平均肩宽相当的托盘中。在餐桌上,膳盘的后面就是用膳的人,膳盘之间的间隔就是与相邻的用膳人之间的可自由活动空间。同时,一份膳仅供一个人食用,膳盘的边缘就是自己与他人之间"权利"的界限。自己膳盘内的饭菜自己处理,不会有人将筷子伸到别人的盘子里的。膳盘的使用还表现了物与物间的区分意识,饭菜汤羹的界限明显,互不混淆。虽然不同于人际关系那种内外意识,仍可感觉得到区分"己与彼"的意识已经延伸到了区分"此与彼"上。

日本料理的盛放方法,在传统的套餐(定食)上似乎没有体现出效率意识。从量的角度来说,一个碗就可以解决的问题非要用几个不同的餐具,米饭、酱汤、主菜自然不必说,哪怕是一两片咸菜、一小块水果也盛入专用的小碟。一份日式套餐(定食)中常用4—5件以上的餐具,较为繁琐,一份套餐重量的一半以上是不能食用的餐具。

在效率(以"事事求小意识"为例)与"区分意识"冲突时,多数场合"区分意识"占上风。究竟,若没有区分,何谈日本人和日本文化的存在,就连生存方式本身会受到威胁。而效率是相对而言的,达不到理想值,可以下次再努力,即便会感到一些不便,但不会导致生存危机。后来发明的"牛肉盖饭""亲子盖饭""大碗拉面"不是传统型的日本料理。他们将饭菜汤合一,更为简便,一个大碗就解决了所有问题。但是这些快餐式饮食导致膳盘功能的弱化,抹杀了膳盘上体现出的人与人间的区分意识,成为提高效率必须付出的代价,大大淡化了日本传统饮食的气氛。

日本人时时刻刻持有"内侧"意识,以示与"外侧"人的不同。但是所谓"内侧"人并不都是生物学意义的同一血统。家族以外的"内侧",包括同一地域、同一经济共同体、同一职业、同一信仰、同一性别、同一爱好、同一特征等诸多意义。

日本人作为宏观的内侧意识,强调所谓的"单一民族"概念。其实他们所说的"单一民族"并非是纯血统概念的"单一民族",况且,从起源上来说,日本民族不是具有共同遗传基因的人种组成的纯血统民族。日本人自称"单一民族"的心态中,可以考虑有以下因素。

从因果关系上看,多支来源形成了日本民族,而且混血民族必然导致混血文化。外来文化在本土化的过程中,各不同系统文化的精华奠定了现今日本文化的基石。既然如此,所谓"单一民族"也就不可能单一,其文化应是继承多文化信码后的混血文化。由于日本列岛的地理环境的特殊性,这种混血文化在相对封闭的环境中将继续发酵、酿熟,形成了自己的特点。它与周边国家的民族、文化相比,的确具有鲜明特色。那么,日本人所称的"单一",就应该解读为具有特点明显、相对独树一帜的意思,而不是人种、文化系统上的纯血统的概念。

对日本单一民族的解释中,还有的具有狭隘的国粹主义倾向,企图以"单一"来证明日本列岛本身产生的文明的优越性,否认外来文化对日本文化发展的作用,以此来证明日本民族的优秀。实际上,这种论点不值得一驳。

综上所述,在一个相对封闭的狭小环境中共同生活,是形成日本人内侧外侧观念特点的要素之一。

日本文化的特点,还体现在对事物的"细分化"上。在这种性情的形成中,自然和地理环境起到很大作用。古时,日本与外国没有陆路交通,海路也充满危险。日本国内,也由于狭长地形,人们由东至西需要长途跋涉,交通不便,人们对外界所知很少,在言语行为上都颇为谨慎,生怕外来人会给自己带来损害。日语中,表示"明白"用「分かる」这一动词,表明弄懂事物首先要分开不同的种类。就人而言,首先就是"内侧人"与"外侧人"的定位,即分清你我。

虽然界限意识和内侧外侧观念不为日本人独有,在其他国家、民族的价值观中也有体现,但是日本的内侧外侧观念具有显著的日本特色。作为外国人,对这种文化的形成需要给予理解,日本人也应最大限度地解决内侧外侧观念带来的负面影响。因为在"国际化""全球化"的口号下,不同文化背景的人之间的交流、理解、信任是至关重要的。

三、对"小"的不懈开发

来到中国的日本人，即便乘坐丰田凯美瑞轿车也会感叹车之大，因为凯美瑞轿车比在日本常见的家用轿车大出近半米。日本多数家庭使用的是夏利、威姿、铃木北斗星般大小的中小紧凑型轿车，他们乘坐长度在4.8米以上的中大型轿车时会有一点不习惯。日本人擅长制造小的物品或许是出于无奈，众多人一起挤在狭小的空间里，是一个不可改变的事实，只能在受这个空间制约的同时，对小进行不懈开发。

与日本人不同，中国人一直在孜孜不倦地追求着"大"。譬如，北京的景泰蓝，精美，豪华，通过一道道复杂的工艺达到极致，被评为世界遗产。但是，人们仍不满足，近来又在琢磨如何造出世界最大的景泰蓝花瓶。虽然景泰蓝工艺的亮点并不在于体积，但是就中国人的心情而言，似乎不完成世界最大的终极目标，将永远是一个缺憾。其实，中国人也并不是不追求小。如前所述，在头发丝上刻字，在橄榄核上雕刻精美的立体工艺品，是别国人叹为观止的绝技。不过，这是一种追求极致的意识，与日本人以小为美的价值观有所区别。总体来说，在追求极致中，中国人，有大小两个方向，求大意识占主流。反观日本人，受空间约束，他们更愿意在如何将东西做得更小上开动脑筋。

为了达到在有限空间里求得生存的目的，日本人对彼此的空间界定费尽了心机。每个人以及所属于人的物品尺寸都有一个社会公认的尺度。在划定空间上，不奢侈、不浪费，够用即可，有一种小为好、简为上的意识。日本人在面对一个需要空间的事物时，首先是启动简约心理对其审视，能简就简，能小就不求大。

对日本人来说，小，不意味着不方便，不必以减掉必要的功能、失去必要的享受为代价。如前所述，日本人的传统个人居室受整个建筑面积的局限，无法建得很大，一般是四叠半的房间。至现代，稍微有所扩大，成为六叠。九叠以上的房间就算较大的了。白天，被褥收入壁柜，只留一个小桌和不多的矮小家具，可以用来活动的实际空间占房间总面积的一半以上，作为一个人的起居空间，在功能上已经可以满足。今天，日本成为世界有数的经济大国，但是国土面积没有改变，日本人依然需要继续在小上做文章。俗话说："麻雀虽小,五脏俱全。"日本人努力将小运用到极致,在不到两平方米的空间里,可以把浴缸、坐便器、洗脸台纳入,并且还留出一小块用来搓澡的空地。

日本满街可见的是自动售货机,其实就是一个小小的专门店。以销售香烟、啤酒、饮料、零食的为多。一个自动售货机在日本并不贵,相当于一个微型汽车的价格,只需半年就可以收回投资。在路边、走廊都可以摆放,一般占不到一平方米的空间,它可以代替一个摊点和一个雇员,消耗的只是一点电。而再小的商店,也需要解决售货员、冰柜、陈列柜台的所占面积,至少在2—3平方米以上,这自然也是日本人追求效率、集约意识的结果。因为,日本人认为,为了零售几瓶饮料而开一个店,雇佣一个专人,是效率极低的事情,自动售货机解决了这个问题。换个方位审视,从店铺到一个双门衣柜大小的自动售货机也是求小意识使然。自动售货机具有语言提示、招呼功能,替代了日本习惯的商业用语。在同一台自动售货机上同时有为饮料加热、制冷、保温的功能,与在店内购买没有差异,不少还具有抽奖功能。总之,把店铺缩小为自动售货机,带来了无数便利。在日本,无论马路上还是公司、学校走廊里,一伸手按动按键就可以得到所需的饮料。

观察日本人的生活,可以发现,日本人追求小、以小为美的意识起于自然环境,止于手上的名片。古典中就有"什么都是小的好"的表述,说明日本人并非在实现工业化、技术成熟后才具有求小意识。东西做得小,与原材料的消耗成正比,对缺乏资源的日本人来说,也是一种效率。当然,这种效率意识,在最初没有被置于首位,日本人对小的追求目的首先是便携、轻巧,目的是适应狭小空间带来的一系列对体积的限制。

"赖以生存的地理环境→生产生活用地→纳入到这些空间的物品"这一个关系链上的三个环节,还表明了它们之间的相关关系。所谓"赖以生存的地理环境"指日本的自然、地理环境;"生产生活用地"指生存最起码的生产活动和建房用地;"纳入到这些空间的物品"则指在前述用地上的建筑和生产性建筑,这些设施内的家具、机器以及这些家具和机器的附属物等。

追求小但不是无限小,以适于手持、最大限度地节约材料、能源为目标。生活用品中常见的小东西有"名片尺寸"之说。小型计算器、照相机等较为典型,都沿用了"名片尺寸"的理念。其他还有手掌尺寸(掌サイズ)、护照尺寸(パスポートサイズ)、记事本尺寸(手帐サイズ)、文库本尺寸(文库判サイズ)等，各有不同，但都是出于同一理念。这些大小不同的尺寸以及支撑这些尺寸的意识来自哪里？也许会有诸多种说法，也许每一个说法都会有一些道理。不过，无论如何，自然环境、地理环境在形成日本人性格、行为模式上的作用不可小视。或许从这里可以找到最根源的解释。

四、小中的效率意识

1. 轻薄短小的梦想

日本人追求的小还可以具体化为"轻薄短小"意识。这是在长期的生产生活中形成的价值观。日本人特别善于利用窄小空间，目的在于从有限空间中产生出最大的利用价值。这就是效率。

提炼、归纳，最后实现集约化并不是在今天刚刚开始，也不仅仅限于制造物品，在古代就已经有相应的理念产生了。

龙安寺石庭是京都著名景点，没有复杂的构景，甚至没有日本人喜爱的绿色植被景观，一切都被简约成白砂和岩石。观者眼中的实景——铺满庭院的白砂和几块象征陆地的岩石与想象中的意象相重合，勾勒出一个跨越现实的世界。古代日本人崇尚简洁、质朴的表现，看重个人主观感觉。龙安寺石庭意在表现日本的国土。设计者将日本国土的表现要素逐一削减，只剩下象征岛屿的岩石和象征大海的白砂。高度抽象化的石庭还和海涛声组合在一起，形成简洁、多维的表现。据说在临庭长廊坐下静思，进入状态的人会听见大海的涛声。实际上，并不是人人都可以进入状态，听到远在百里之外的海涛声。但是人们普遍认可这一"事实"的存在。或许已经不是距离的问题，也不是进入状态与否的问题。解读这种简洁到极点的画面需要想象力，白砂和岩石只是一个引子，给予任何人以极大的想象空间。无疑，这种做法不需复杂图景便达到目的，也是一种效率意识所致。就像是日本的绘画，留给观者想象的空间，观者在想象中填补空白，在脑子里构图，最后拼出一幅完整的画面来。

一般情况下，文字量与表达的信息量是相关联的。日本诗歌的典型代表短歌

(31字)、俳句(17字)通过许多双关、省略、含蓄的手法,使短短几十字的诗歌中饱含丰富的内涵。解读松尾芭蕉的著名俳句「古池やかわず飛び込む水の音」的文章常会有几百字到几千字。但是,读者往往从中获得大量的解释后却更加迷茫,失去对俳句本来意图的把握。回归原作,缩回到17字的表现,反而让人觉得意境真切地浮现出来。俳句的朴实、无华才是真髓,大概这种短诗本身就是应极力追求简短的要求而生,在简短中才能体会意境吧。当然,俳句与龙安寺石庭不同,不属于存在于空间的景物和物体。之所以追求短小,在日本人的潜意识中,有以短小为上、短小与效率挂钩的理念。最初来自于空间处理的做法,升华为审美观时,就会处处显现出来。

到了现代,日本人的生活、生产方式发生了巨大变化。但是这个巨大的变化似乎并没有导致日本人世界观整体变化。赖以生存的国土没有增加,对小还必须得不懈追求。

尤其是在现代工业制造领域有明显的体现。日本的汽车小巧玲珑,世界闻名。除了其精致的做工、俊美的外形,还有一点就是能耗较低。日本丰田汽车在中国推出的第一款小轿车"夏利2000",据说在日本获得过设计奖,是日本人公认的好车。厂家认为,轻量、薄钢板、短车身、小巧的外观符合省油、节约原材料、停车场地少、收入低的国情。这的确有一定道理,低能耗在石油价格上涨的时代里,应该是厂家的一个卖点,本应该受到欢迎才是。然而中国人并不买账,嫌其太小气。最受欢迎的反而是在日本作为中大型车的几个车型。

日本人所认同的"小→轻量→节能"的理由在中国并没有受到广泛理解,丰田汽车在中国的处女作"夏利2000"的销售并不理想。在推出每一个车型前,都要做周密的可行性研究的日本厂家,却忽视了中国人的文化、消费习惯,直接搬用日本人的消费习惯来衡量中国客户,以至于犯了经验主义的错误。日本厂家最初没有将中国客户的"大→舒适→有派"的意识纳入视野。然而,公平地说,日本厂家的初衷并没有问题,而是错在他们拘泥于以小为好的日本传统价值观以及小带来的一系列后续效果上。日本人没有料到中国人不太青睐他们小巧玲珑的汽车,正是由于他们没有意识到辽阔的大陆国家和狭小岛国的自然地理因素对人们的性格、观念的影响。

从道理上说,体现在汽车上的轻薄短小,的确与节能有关。日本人的设计理念符合当前节能环保的世界潮流。1升汽油行驶的距离越远,效率就越高,符合社会发展规律。从我们生活中的各种工业产品来看,在效率意识下,大都有一个由重厚长大向轻薄短小改善的过程。若想在小空间里尽可能地纳入更多的内容,轻薄短小化几乎是普遍采用的方法。

轻薄短小化带来的效率意识,还体现在饮食上。在中国人的眼里,日本人在饮食上颇为吝啬。两个食客,以两个土豆饼配圆白菜丝外加两扎啤酒,就可以聊上两个小时。一大群朋友、同事在餐馆小聚,说话的时间远多于吃饭的时间,因为没有点几个菜,聚餐不如说是聚会。日本的许多车站月台上,有"立食"面条馆,没有凳子,只有一个长条柜台,乘客利用等车的短暂时间,几分钟就可以喝上一碗汤面。日式大排档实际上就是一辆手推车,围着车搭上棚子,摆上几个凳子就是一个小店。上班族下班后,不少是在这种推车店吃晚饭。客观地评价日本人的饮食环境,可以说,小但不缺功能,简但不失气氛。结果是,节约了空间、减少了费用支出。可以说,这种因陋就简带来的效率,推动了日本的发展。

2. 迎合使用目的的尺寸

如上所述,日本人物品中有几个常用的传统固定尺寸。这些尺寸以及支撑使用这些尺寸的意识,表现了以"轻薄短小"为上的价值观。这些尺寸的着眼点并没有放在外形感官美上,而是以迎合日本人的使用为目的。

(1)名片尺寸

名片是日本社会交际常用的小道具。在使用中,形成了固定的尺寸。后来的银行信用卡以及电话磁卡类的物品基本都采用这一尺寸。名片尺寸的广泛使用,是由于名片尺寸的物品拿在手上最为小巧、适中。再小一些,就可能导致功能上的缺失;再大一点,可能会丧失便利性。所谓功能上的缺失,就是承载的信息量、字体、格式满足不了功能的要求,便于手持、观看的目的将受到影响;所谓丧失便利性,就是超出了需要,手持、携带的便利性受到影响。

名片尺寸的许多物品可以放入钱包的夹卡片的地方,这些物品在设计过程中就已经考虑到放在何处。以照相机为例,小型照相机比大型照相机易于携带这一点是人们的共识。而小到何种程度为适中,需要设计者根据技术所达程度和消费者的需求来综合考虑。在数码相机被发明出来之前,曾有过一款盒式照相机问世。传统照相机受到胶卷盒尺寸的制约,小型傻瓜相机的尺寸就已经达到极限。而盒式胶卷照相机使用的胶卷比135胶卷小一圈。胶卷小了,照相机的体积自然也就小了。然而,还是没有达到理想的名片尺寸。在数码相机问世后,不需要使用胶卷了,取而代之的是一枚指甲盖大小的储存卡,日本人终于实现了名片尺寸照相机的梦想。实际上,照相机实现数字化,体积减小到名片尺寸后还有继续缩小体积的空间。只是便于手持的最佳尺寸已经达到,再小下去,技术上有可能,但是体积超出了人体工程学认可的程度,反而造成不便。

名片尺寸是可拿在手中的物品尺寸中最小的一种,也是日本人在设计求小理念的产品时追求的极致。电话磁卡、各种卡片属于难度不大者,较早的机电产品中有卡片型计算器等。日本人将名片尺寸还活用到携带食品、便携工具的领域,充分表现了他们的求小意识和追求空间最大使用效率的理念。

(2)记事本尺寸

日本上班族大都有一本小巧的记事本,日本人称为"手帐",中国人称其为"效率手册",记录本年度、本季度、本月本周的工作日程。设计者最初的设想是放在西服内兜里。

笔者对几个日本著名公司的记事本尺寸进行了测量,结果如下。

日本生命　　　8.5cm×16.5cm

损害保险日本　9cm×15.5cm

丰田汽车　　　8.5cm×17.5cm

东京电力　　　8.7cm×17cm

这四家公司的记事本,平均宽度为8.67cm,长度为16.6cm。通常的西装上衣内兜的深度为18—20cm,正好可以放进兜内且有一定富余空间。这种常用的工作记事本的尺寸成为一个固定样板。"记事本尺寸"的东西还有钱夹(8cm×16cm)、小型便携辞典『三省堂デイリーコンサイス国語辞典』(8.5cm×15.5cm)等。日本人的记事本尺寸在世界范围内有不小的影响。许多欧美公司也采用这一尺寸来制作公司专用的记事本。今天人们广泛使用的5.6英寸屏的手机也属于这一尺寸。

(3)文库版尺寸

日本人常读的书籍中有一种称为"A6判"的文库版,相当于我国的口袋版图书(64/1开本,787mm×1092mm),与明信片的尺寸相近。在日本拥挤的上班电车上,上班族们常利用乘车时间,从口袋里掏出一本文库版的小说来读。便携、轻便、价廉是其主要优点。在讲究环境友好的今天,又可以增加一项有利于环保的含义。一本普通尺寸的书籍内容收入到文库版中,可节约一半以上的纸张,价格仅为三分之一以下。且字体相当于6号字,不影响阅读。这种文库版的图书在明治时期就已问世,而在此之前,日本曾使用同中国一样的线装书。开始使用文库版图书时,日本人还没有今天这样强烈的环境意识,求小、便携应是主要动机。这种尺寸,考虑到了日本人的手掌大小,在使用实践中,作为一个习惯性的尺寸被固定下来。这样一个习惯还涉及其他物品。曾被称作"掌中宝"的索尼摄像机、现在已经普及的电子辞典都采用了这一尺寸。电子辞典在技术上还可以再小,实际上,也有相当于文库版一半尺寸的小型电子辞典。只是小的外观会导致液晶屏的缩小,不利于阅读。这样,主流电子词典就固定在文库版尺寸上了。

日本自然资源匮乏,不允许极度的奢华和浪费。对物质的珍惜,非常自然地表现在对原材料的使用上。从现代社会的环保意义上来看,文库版图书节约了一半以上的印刷用纸,制作成本、物流成本低廉,其意义就更不可小看了。

今天,全世界都在提倡环保,爱护自然,传自古代的爱护自然意识在今天又焕发了活力。日本神道教的崇拜对象是自然,对山林的采伐在日本是破坏自然、亵渎神灵的罪过。所以,我们除了效率意识、节俭意识之外,还不能忽视将山、树等自然物视为神灵的神道教在日本人潜意识中起到的作用。

五、事事求细带来的文化冲突

1. 小与细

小是体积、面积,而细是一种态度。由于客观环境条件的限制,必须需要体积小时,自然要在细上用心。久而久之,细这种意识内化为日本民族的价值观。日本人的细,表现为感情细腻、工作态度认真、做事一丝不苟,还以具体的形式体现在内侧外侧意识、颜面意识、节俭意识上。

日本人经济账算得很细,在饭馆和几个朋友进餐后实行AA制,各自付款。这是一种生活文化的形态,主要理由是不欠人情。这样做,的确有其合理的地方。日本经济的发展与这种精打细算的精神不无关系。但是,在不欠人情的背后,实际上还是有内侧外侧的意识在起作用。如同中国人讲究面子,日本人也讲究"颜"。欠人情在社会交往中是一件不体面的事情。中国人对外人是先给人面子,让其自尊心得到满足,以后再慢慢找机会报答。而日本人对外人则是不欠人情,马上回报,时间久了会有一种歉疚感,处于不安之中。站在各自的角度来看,都有一定的道理,而在掌握不好时,则会发生矛盾。中国人会觉得不够朋友,太小家子气;日本人会觉得接受人家的好意却没有相应的反应,过于麻木不仁。

  日本人的观念中,时时有一个内外侧区分意识,在社会交往的诸领域中体现得更为明显。日本人出生后就置身于这样一个社会中,成为他们的处世哲学,已经习以为常。他们在种种社会交往中,不断转换内侧和外侧的角色。在日本社会,甚至在谈话的话题稍有改变的一瞬间,都可能进行一次到几次的内外侧角色过渡。外国人,尤其是来自异文化圈的外国人,在日本受到彬彬有礼的接待,短时间内一般不会有太多的异样感觉。多数人在作为客人受到礼遇时,自尊心得到满足,有一种愉悦感。但是,时间长了,想进一步融入日本社会、获得像日本人一样的国民待遇就成为一种奢望。日本古代曾引进大量外国文化,大大充实了日本文化的内容,有的还成为某个领域的主角。具有这样历史的日本为何会拒绝想融入日本社会的外国人呢?的确是一个饶有兴味的问题。

  实际上,日本人对文化的载体——人采取了与文化本身不一样的处理方法。

  从文化的角度来说,汉字、中华料理的文字表述上,还带有中国的标记,但却不表示他们独立于日本文化,而是融入日本社会程度最深的中国文化。古代日本人接受了大量外来文化,在吸收、消化的过程中逐渐实现本土化,使其变成了日本文化。汉字的传入,改变了日本没有文字的历史,为日本人记述自己的历史文献找到了一个关键性的工具。然而,日本人并不把汉字和汉字词汇当作外来语,而是不忘其本源,仍称作汉字。同时,虽然是来自中国的汉字,但不作为汉语处理,而是将汉字作为日语基本构造的一个重要部分来看待。换言之,经历过本土化的改造,汉语词汇已经变成了日语,不再是汉语。日本的中餐作为"中华料理"已经成为日本人的主要饮食之一,日本人不再继续满足于缺油少肉的传统日本料理,中华料理的五花八门的材料、多种多样的烹饪法是传统日本料理所不可及的。这些中华料理为了在日本扎根、生存,也必须迎合日本人的口味,做一番改造,有的改变甚大,甚至到了只留其名,不留其味的地步。以至于号称喜欢吃四川料理的日本人来中国时,不知端上来的麻婆豆腐是何菜。

以上举出的汉字、中华料理两个例子,是仍挂着中国名的日本文化。汉字传自中国的历史不可改变,但是,汉字的运用水平、书写技巧自古以来都是日本人文化素养的标志,"汉"这一象征符号自然不可丢弃。日本的中华料理虽然已经变成日本口味,在现今商业社会里,"中华"正好成为区别于另外两种饮食——日餐、西餐的标志,本身就具有广告性质,不能摒弃。

来自以欧美语言为主的外来词汇——外来语,在现代日语中所处地位重要,外来语的工具书甚至厚于日本国语工具书,日本人的社会交往中,已经到了无外来语词汇就不能沟通的地步。少数直接由原文罗马字表现的词汇尚可以称作英语、法语等,而以假名书写的外来语已经的的确确成了日语词汇。即便这样,"外来"的帽子还是摘不掉。是日本人不想让其融入日语体系,还是另有其因?其实,在日本人的潜意识中,外来语是除汉字、假名以外的词汇,来自近现代的外国语言,因此还是要区别对待。但是在实际运用中,已经到了缺它不可的程度,认为必须认可其使用价值。何况外来语还附带洋气、时髦、特殊场景等意义。所以,在外来语的处理上,日本人使其区别于传统意义的日语,又不弃不舍,给予了相应的"国民待遇"。

从实践角度看,这些可以任由日本人改造并带来利益的文化,是可以充分融入日本社会的。日本人在强势面前,经常会采取这种现实的态度。上述日本人对汉字、中华料理、外来语的处理,即可得利[①]又规避了危机[②]。

[①] 利,就汉字的引进而言,主要指的是不需再经历一个本土产生文字的漫长过程,迅速进入文字记载的时代,使这个民族的后世受惠无穷。就中华料理而言,改变了日本人的食性,从海岛国家的饮食结构进入营养多样化时代,对日本人的体质提升有着不可磨灭的贡献。日本人的平均身高和体质的良性变化可以证明这一点。就外来语而言,方便了日本近现代与西方的接触和交流,给日语的表现带来了大量最直接的新信息,增强了日语的表现力。

[②] 危机,是指在没有获得上述"利"的情况下所面对的生存危机。"倭"是古代中国对日本这个东海中的国家的歧视性称呼,由于古代日本没有文字,民族历史需要到中国史书中查找,而中国史书中只有这样一个字。如果日本有自己的文字记述,是不会用这种词表现的。因此即便有可能脱离客观事实,由于是别国文献中的唯一记载,只能以此为据。这个危机一直伴随着日本。日本人的传统饮食以稻米、蔬菜、海产品为主,缺乏面食、脂肪和肉类,这对整个民族的体格、体质有很大影响。国民体质、体格与民族强弱关系密切,日本人在20世纪才逐渐摆脱这个危机。日语在引进汉字后,将其作为正统文字传承了下来。在汉字基础上发明的片假名曾是女性的专用字(性别上的内外侧观念使然),后来专门用来表述特殊词汇,外来语就是其主要表现对象。从结果上看,如果没有大量的外来语,片假名的使用会很少,甚至会丧失存在的意义。而如果没有用于表现外来语词汇的片假名,日本人就必须意译外来词汇,使其成为汉字词汇或平假名词汇,这会造成词汇表现方法的危机,进而影响日语整体的表现力。

2. 彷徨在内侧外侧之间的外国人

狭小的国土造就了日本人以小为美的价值观。对小的不懈追求又带来事事求细的性格。运用得当,对日本的发展有利,日本的现代化成就已经证明了这一点。但是,事物的两面性使人不得不警惕这把双刃剑。

如前所述,日本的内侧外侧观念的产生与日本狭小的国土有一定关系,日本人的社会,是一个讲究内侧外侧观念的社会,具有显著的日本文化的特色。倘若现今的内侧外侧观念只是表现在日本人之间的"待遇表现"层面,事情还不那么严重,外国人只是当作日本文化一笑了之。或许在"入乡随俗"的口号下,外国人会积极地学习这一文化,在日本社会中,时时意识自己处于内侧还是外侧。但是,在今天,仍把这个观念用于细细区分日本人、外国人,就显得有些过时。

从历史上看,日本人不惧怕文化的传入,他们有着充分的消化、改造外来文化的能力。至于外来的人,与文化的本土化不同,不能按照主观意愿随意控制、改造,是日本人最为惧怕的。人的思想、乡土意识、根意识、文化背景中,隐在的部分居多,只靠表面形式的改变不意味着全面的归化。即便是外国人加入日本籍,也难以完成真正意义上的去边缘化,进入日本人的内侧社会。

历史上的迫害基督教事件,利用踩踏基督雕像来证明教徒改宗[①]。改变信仰,对教徒来说,只有背叛所爱的基督,完成相当于人格、心灵的全面改变后,才能回归日本人的社会即内侧。在现代社会里,对外国人做到这一点是不可能的。或许因为这一点,心灵上的彻底改变做不到,在形式上也要维持一个表面的内侧外侧界线,使外国人不能随意"去边缘化"而进入日本人的内侧。

外国人在进入日本时,就已经开始被"外侧化"即被边缘化了。多年来引起争论的"指纹留档"制度,就是针对外国人强制性地留取指纹,当然用日本人的话说,也不是强迫,不顺从者,拒绝进入日本。如果说,日本人中有内侧外侧观念,不少可以视为个人性行为。而作为国家这样做,就不能否认这种作为民族意识的内侧外侧观念以及所带来的后果了。加入日本国籍的外国人必须改名改姓,在形式上抛弃人格和家族意识,遭受一次心灵上的蹂躏,可以说是现代版的"改宗"。对不愿顺

---

① 改变信仰,主要是抛弃基督教,改信佛教、神道教。

从者,就拒绝你加入日本人的"内侧"。

为了防止犯罪之目的,日本建立了所有外国人的指纹档案,这是一种带来负面影响的下策。在日本犯罪的多数是日本人,日本至今发生的有规模的恐怖袭击案件都是日本人所为。即便如此,对日本人并没有实行指纹留档制度。日本人连身份证制度都反对,至今仍以驾驶证和健康保险证作身份证明用,更不要说意味着被外侧化的指纹留档了。在只需粗分"良民"和"非良民"的两个选择上,采用了针对所有外国人的指纹留档,实在是太过于"细心"了。不知每年留档的成千上万份指纹究竟有多少被活用在破案上?为指纹留档所付出的代价与效果是否成正比?这件事的深层中,有着针对"外侧人"的传统恐惧心理。如果不是这样,为何要对还没进门的客人要求留下指纹以备查阅?这样对待客人,在日本人的价值观中恐怕也是失礼的。笔者也亲自经历过在日本向警察问路,被检查护照的"待遇"。对于一个只是问问路的外国人,首先进行身份验证,怀疑是否非法滞留或与犯罪有关,大概是日本官方要求的例行公事,但对被怀疑者来说,是一件不愉快的事情。让人不由得产生一种感觉,与那些和睦相处的日本朋友间建立起的友情忽然被冲淡,因为你在国家层面上一开始就是一个"疑似非良民",只是因为你不是日本人。

实际上,日本的部分有识之士已经觉察到这个问题。2014年10月9日在独协大学召开的题为"从缅甸难民的遭遇思考日本社会"的研讨会上,一些有识之士呼吁日本社会重新审视日本民族自身文化劣根性带来的负面影响。他们说:"日本在越南战争结束后,开始接受印支难民,并在1981年加入《难民条约》,向国际社会作出保证,对难民进行保护。但是,实际接受难民数量、认定难民的程序、定居等方面仍有诸多未解决课题,被人们称为'对难民锁国的日本'。其背景中,存在着'内侧人'疏远'外侧人'的问题。这就是所谓'厌恶外国人'。接收难民问题,不要全甩给政府,是我们自身应该思考的问题。"

在国际化潮流中,一个国家对待难民问题的态度,折射出其文明程度和有无人道主义精神。如上所述,日本文化中的内侧外侧问题,已经不再是日本人之间的问题,直接影响到了日本的国际形象。好在日本人中终于有人意识到其严重性了,可以算是一件值得庆幸的事情。

结 语

大与小是表示物体体积、面积的词汇,追求大与小的行为本身并不直接与道德意义上的善恶挂钩,也不一定是一般意义上的正负观念,可以理解为是一种对待事物的态度。同时,还可以说,这是一把双刃剑,根据场合与使用的如何,会产生出好坏两种结果。在日本文化语境下,求小已经脱离了最初单纯表示体积的含义,不仅体现在求小心理上,在生活、处世上也深受其影响,成为这个狭长列岛的居民们的价值观。作为日本文化的一个显著特点,事事求小以及小带来的事事求细意识,有不少值得我们学习和借鉴。

参考文献

上田篤:『日本人と住まい』、岩波新書 1974 年。

李御寧:「『縮み』志向の日本人」、学生社 1982 年。

第二章 浅析日本"杰尼斯"偶像文化的特点及在中国的传播[①]

滑美琴

日本流行文化在中国的传播是中日跨文化交流中的重要组成部分。日本的偶像文化在中国拥有大批的忠实粉丝。笔者把"杰尼斯文化"作为研究对象,试析杰尼斯文化的特点、经营模式,及其在中国拥有大批粉丝的原因。

一、先行研究

稻增龙夫对20世纪60年代到80年代的日本偶像文化进行了分析与总结。稻增指出,60年代是偶像形成的最初期,以吉永小百合为代表的偶像为了接近人们所期待的"清纯"而努力做到"表面=虚像"与"本色=实像"的一致。他称这一时期的偶像为与绯闻完全无关的"建设性"偶像。70年代最有名的偶像是山口百惠。不仅仅是因为她的歌声,她真实的人生也引起了许多女性的共鸣,打破了"女性偶像=换衣偶人"的传统观念。在价值观多样化的70年代,山口百惠展现了其"本色=实像的百惠"的形象特征。80年代最具代表性的偶像歌手是松田圣子。其所表现的"演技性=虚构性"形象特征是与山口百惠的"本色"志向完全相反的"表面"志向。80年代后期电视上开始播放选秀节目,将制造偶像的过程呈现给观众成为

[①] 本文为北京第二外国语学院科技创新平台项目"十八大后全球涉党涉华舆情与受众研究"(项目代码PXM2013_014221_000030)阶段性成果。本文在导师周洁教授的指导下完成。

这一时期的趋势。①

筱原沙里从文化的"政治性"角度分析了偶像组合——SMAP 的人气原因。筱原沙里引用了理查德·戴尔（Richard Dyer）对明星的定义，认为明星的特点是：他们与现实的政治权利无关，而他们的行为和生活方式会引起公众极大的兴趣。明星的行为体现着特定的意识形态的意义，而其真正的政治性的力量隐藏在表象之下。所谓的政治性力量并不是指明星发表任何有关政治的言论，而是他们在电影、电视、舞台上所演绎的价值观。当这种演绎得到了观众或粉丝在心理层面上的支持时，该意识形态也随之被人们所接受。SMAP 五人成员之间如家人般的密切关系、平民化、脱离阶级意识的经济观念、勤勉而积极的"劳动观"，SMAP 的五人成员之间形成的新型共同体，这些都间接地体现了战后日本的意识形态，是他们赢得人气的主要原因。②

辻泉以杰尼斯旗下偶像团体 SMAP 和岚的女性粉丝为例，指出随着社会的流动化，粉丝文化开始"观察者化"。所谓"观察者化"，是指一直以来以"当事人"的身份喜欢某一物或人的粉丝开始退一步变成了"观察者"身份。粉丝从 2.5 次元③的虚拟恋爱关系的"当事人"变成了观察偶像们之间关系的"观察者"，同时粉丝之间更注重彼此的交流、努力保持良好的关系。而这一变化与 SNS、Twitter 等社会媒体的发展有着密切的关系。④

以上研究者或将日本的偶像文化与各个时期的社会现象结合，或对由偶像文化而产生的粉丝文化进行了研究与分析。本文则在此基础上，侧重从跨文化交流的角度分析日本偶像文化在中国的接受程度。

二、"偶像帝国"——杰尼斯

杰尼斯事务所（ジャニーズ事務所），简称杰尼斯，是一家专门打造男性艺人的

---

① 稲増龍夫：『アイドル工学』、薩摩書房 1989 年。
② 篠原沙里：『スマップ ウォッチング アイドルで平成日本社会を読み解く』、日経 BP 社 2003 年。
③ 2.5 次元，介于漫画角色等 2 次元和实际存在的人物等 3 次元之间。这里用来形容粉丝与偶像之间若近若远的距离，偶像虽然是实际存在的人物，但对于粉丝来说又是无法轻易接触到的存在。
④ 参考辻泉：『「観察者化」するファン—流動化社会への適応形態として』、AD STUDIES 2012 年 Vol.40。

经纪公司,成立于1962年,旗下以偶像组合居多。杰尼斯事务所每年营业收入数百亿日元,遥遥领先于业内其他娱乐公司。其事务所规模和功能也相当完善,下属公司涉及领域广泛,包括唱片与影像制作、音乐著作权管理、演唱会制作、电影制作、FAN CLUB运营、书籍、销售规划、宣传企划与制作、演唱会周边商品销售、艺人周边商品销售等。社长Johnny喜多川(本名:喜多川扩)更是三项吉尼斯世界纪录的保持者("世界上制作了最多演唱会的人""世界上制作了最多冠军单曲的人""世界上培养了最多音乐榜单冠军艺人的人")。[1] 杰尼斯事务所几乎垄断了日本当红偶像男艺人,让其他经纪公司望尘莫及。现在杰尼斯旗下拥有SMAP、TOKIO、V6、Kinki Kids、泷与翼(タッキー&翼)、岚、关8(関ジャニ∞)、KAT-TUN、NEWS、Hey!Say!JUMP、Kis－My－Ft2等人气偶像组合,以及众多Johnny's Junior(ジャニーズJr,以下简写为Jr.,即未来偶像的候选人)。以前则有田野近三重唱(たのきんトリオ)[2]、光GENJI等风靡一世的偶像团体辈出。2013年是日本电视机生产60周年,也是杰尼斯事务所成立51周年。50多年来,杰尼斯可谓是持续占据日本男性偶像界的顶峰。现如今在日本,"杰尼斯"已不再单单是一家经纪公司的名字,也成了旗下艺人的代名词,一群男明星的代名词。

在日本,杰尼斯事务所和以培养搞笑艺人(お笑い芸人)而著称的吉本兴业株式会社齐名,称霸日本娱乐界。从音乐节目到谈话节目、新闻资讯节目,从广告到电视剧再到电影,每天在电视上可以说没有看不到杰尼斯艺人的日子;电视收视率榜、唱片销量榜的榜首总有杰尼斯艺人的名字(见表1)。杰尼斯艺人主持广播节目、出演舞台剧,并定期出现在日本几大娱乐杂志上。而每到年末,杰尼斯艺人则轮番出演日本各大音乐节目,还经常会有杰尼斯艺人歌曲串烧等特殊环节,被粉丝们笑称"完全就是杰尼斯的跨年演唱会[3]"。除了这些平台,不得不提的还有杰尼

---

[1] 「ジャニー喜多川氏 3つ目ギネス世界記録」,『朝日新聞 DIGITAL』2012年11月20日、http://www.asahi.com/showbiz/nikkan/NIK201211200007.html。
[2] 「たのきんトリオ」是对田原俊彦、野村义男、近藤真彦三人的爱称,非正式组合名称。三人因出演日剧《三年B组金八老师》第一季而走红。当时三人均是杰尼斯旗下艺人,后田原俊彦、野村义男退出事务所。
[3] 杰尼斯跨年演唱会,日文:ジャニーズカウントダウンライブ。每年12月31日,杰尼斯旗下艺人会举办新年倒计时演唱会。最早一届是1996年由旗下组合V6在神户世界纪念堂举办的。自1998年起,在东京DOME举办跨年演唱会成为杰尼斯的惯例,并且全程电视直播。演唱会上,杰尼斯旗下艺人大集合,对粉丝来说可谓极其奢华的演唱会。

斯艺人的演唱会,可谓杰尼斯的一大亮点。杰尼斯艺人的演唱会门票采取抽签的方式,没有抽到的粉丝无法看到偶像的演唱会。其中偶像组合岚的演唱会门票因粉丝过多而很难抽到成为社会性话题。例如2012年9月岚在国立竞技场举行演唱会,由于会场是露天式,演唱会当天上万名没有抽到门票的粉丝聚集在场外"听演唱会",引起了媒体的报道。① 在CD等销量并不景气的年代,岚的名字总会出现在年度销量排行榜的榜首。此外,岚自2010年起连续4年担任红白歌会(紅白歌合戦)的主持,②创造了史上首次以组合的形式主持这一日本最高水准的歌唱晚会,首次连续5年在国立竞技场举办演唱会等纪录。岚在各个年龄层都有着强大的人气,近年来常被媒体称为日本的国民偶像组合。

表1 ORICON2013年度上半年 艺人总销量排行 TOP5③

(单曲＋专辑＋音乐DVD＋音乐BD的总销售金额)

排名	艺 人	上半年总销售金额(亿日元)	总销售张数(万张)
1	岚	109.5	302.2
2	AKB48	68.6	358.2
3	桃色幸运草Z(ももいろクローバーZ)	39.2	86.8
4	Kis—My—Ft2	26.1	112.9
5	关8	25.5	66.5

日语中有otaku(オタク、ヲタク)一词,产生于70年代,用来形容亚文化的粉丝群体,中文一般译为"宅男/宅女"。随着杰尼斯影响力的不断扩大,出现了「ジャニヲタ」(此处译为"杰尼斯宅")一词,用来形容杰尼斯艺人的粉丝群体。与此同时,杰尼斯粉丝群里还形成了特殊的粉丝用语,「ジャニヲタ用語」(此处译为"杰尼斯宅用语")。例如杰尼斯粉丝用"担当"一词来说明自己是哪位艺人的粉丝(见表2)。

---

① NEWSポストセブン:「国立競技場の嵐ライブ チケット持たぬファンVS近隣住民」、2012年9月30日、http://www.news-postseven.com/archives/20120930_146630.html。
② 在此之前,同为杰尼斯旗下组合的SMAP的成员之一中居正广曾6次担任红白歌会主持。
③ 岚、Kis-My-Ft2、关8都是杰尼斯旗下的偶像组合。AKB48、桃色幸运草Z是其他演艺公司旗下的少女偶像组合。资料来自ORICON官网:http://www.oricon.co.jp/news/2025847/full/。

表2 与"担当"①相关的杰尼斯宅用语

日文版	日文意思	中文意思	中国杰尼斯粉丝常用语
自担	自分の一番好きなアイドル	自己最喜欢的偶像	本命
同担	同じアイドルが好きなファン同士	喜欢同一偶像的粉丝	自家（粉丝）
他担	自分とは担当が異なるファン	和自己喜欢的偶像不同的粉丝	他家的/别家的（粉丝）
副担	2番目に好きなアイドル	在自己喜欢的偶像中排在第二位的偶像	副命
カケモ	担当が複数いるファン	同时喜欢几个偶像、且喜欢的程度都相同的粉丝	多担
ユニ担	特定の担当がいるわけではなく、そのグループのファンである	是某一组合的粉丝，而不是只限定于喜欢某个成员	团饭
事務所担	特定の担当がおらず、ジャニーズアイドルであれば誰でも好きな人	没有特定喜欢的偶像，只要是杰尼斯艺人都喜欢	杰尼斯饭
担降り	元の担当よりもほかのタレントの担当になる	最喜欢的偶像从A换到B	爬墙

不仅仅在日本，在周边的东亚国家乃至西方国家，杰尼斯都拥有大量粉丝和拥护者。例如，由岚主持的综艺节目《秘密岚》（日文：『ひみつの嵐ちゃん』），其中有过五位成员在商场分别挑选、搭配一套衣服的环节，然后通过大众投票决定哪套衣服最时尚、最受好评。投票环节分现场投票和网上投票，国外粉丝可通过网上投票。在2012年4月12日播放的节目中，这一环节竟收到了来自全世界88个国家的投票，投票总人数达42万之多，②足可见其粉丝分布之广。

在中国，虽然看似杰尼斯的影响力很少被媒体大规模报道，但其实杰尼斯粉丝已形成一个不小的群体。2011年5月，前总理温家宝访问日本时曾亲自会见SMAP，表示欢迎他们到北京演出，把歌声和友情传递给中国粉丝。③ 同年9月

---

① "担当"一词在日文中指"接受、承担、担任某项事物的人"。在杰尼斯粉丝之间，它用来表示"是某位艺人的粉丝""自己最喜欢的偶像"。例如，岚的成员之一大野智的粉丝经常说，"我是大野担（当）"，或者"智担（当）"。
② Livedoor News:『男性投票を解禁! ネット投票42万票! マネキンファイブ春の特別編 in 有楽町』、2012年4月11日，http://news.livedoor.com/article/detail/6455402/。
③ 新浪：《温家宝会见日本人气演唱组合SMAP成员》，2011年5月22日，http://news.sina.com.cn/c/p/2011-05-22/042022507577.shtml。

SMAP在北京工人体育场举办了演唱会。时任日本驻华大使丹羽宇一郎同年1月1日在北京府邸举行的新年会上发表"改革大使馆"宣言，表示有意邀请杰尼斯的人气组合SMAP和岚到北京鸟巢开演唱会，希望他们成为中日友好关系的桥梁。由此可看出杰尼斯艺人在中日民间文化交流中的影响力。

随着互联网平台的发展，信息资源已实现了跨越国境的传播与共享。正是这种突破时空的概念使得大量隐匿在现实生活中的粉丝在网络的虚拟世界里十分活跃。国内的杰尼斯粉丝之间的交流就主要以网络平台为主，网络世界里的杰尼斯粉丝远比现实中可以见到的三五成群的粉丝聚会庞大。在网络上，有大量以杰尼斯旗下某一组合或某一艺人的粉丝为集合的贴吧、论坛、聊天群、字幕组等。① 每个平台都及时更新有关偶像的各种信息，字幕组更是无偿翻译与偶像相关的电视剧、电影、娱乐节目、书籍杂志等。以人气组合岚为例，仅百度贴吧中名字为"岚吧"的会员人数就达到43,000多人，累计发帖量263万之多，每个帖子下面的跟帖量更是无法计数；有关岚的字幕组论坛达15个，其中还不包括以单个成员的粉丝为集合的小型论坛。② 随着2009年微博正式进入中文上网人群主流视野，在这一平台上形成了一个更加庞大而集中的杰尼斯粉丝群体。在微博上，有人气的"杰尼斯饭"一个人可拥有上万个粉丝，而这些粉丝同时又有自己的粉丝，这样一环接一环，就形成了一张链锁式的信息共享网。同时，随着赴日留学或工作的人越来越多，微博上有关杰尼斯的信息已经达到和日本同步的速度。每年到了杰尼斯几大人气组合举办巡回演唱会时，国内一些旅行社还会专门根据演唱会时间推出旅游路线，认识或不认识的粉丝结伴去日本看偶像的演唱会。例如，上海东湖国际旅行社近几年都会根据日本人气艺人的演唱会日程推出粉丝旅行团。2013年7月根据岚的活动日程推出了暑假"岚学"③大阪团和东京团；9月又推出了岚的国立演唱会团。

不仅仅在日本国内，在中国也拥有众多粉丝的杰尼斯可谓是日本偶像文化的典范。杰尼斯为什么可以取得如此巨大的成功？以下将从偶像塑造方式、回归效

---

① 例如，百度贴吧的smap吧、arashi吧、大野智吧等；制作岚团体或成员相关视频的字幕组有AY字幕组、AB字幕组、DYZ字幕组、RS字幕组等。
② 所用数据为截止到2013年11月的数据。
③ "岚学"，被粉丝用来代指「嵐のワクワク学校」。2011年东日本大地震之后，为了响应节约用电的号召，岚将演唱会取消，并代之以通过成员五人授课方式进行的活动。

应、偶像与电视媒体的关系几个方面试析其经营模式的独特之处。

三、杰尼斯的经营模式分析

1."杰尼斯式"男性偶像塑造

由集英社发行的娱乐杂志《明星》(*Myojo*)是日本著名的娱乐杂志之一,其报道内容主要以杰尼斯艺人为中心。该杂志创刊60多年,理念之一是"制造梦想"。编辑者认为偶像带给粉丝更多的应该是梦想,因此该杂志从未报道过有关任何偶像的任何负面新闻。[①]

和其他经纪公司相比,杰尼斯可谓将偶像为粉丝制造梦想这一点做到了极致。首先是其严格的艺人管理。杰尼斯长期注重维护艺人的正面形象,在娱乐八卦媒体上很少出现有关杰尼斯艺人的绯闻。对于有损形象的丑闻等,事务所向来以态度坚决、处罚严厉而著称。例如杰尼斯一般有以下不成文的规矩:

◇现役艺人不结婚(实际也有个别例外)。

◇严格管理艺人的肖像权、著作权。在唱片公司、出演电影、电视剧、广告、音乐节目的官方网站、电子版报纸上限制性地使用旗下艺人的照片、动画。

◇全面禁止文身(因角色需要时,仅限于涂画、CG合成)。

◇不出绯闻。禁止在公众面前吸烟、喝酒(1998年因未成年饮酒抽烟,当时已有人气的三名Johnny's Junior被公司开除)。

正是得益于事务所的严格管理,杰尼斯艺人树立了健康时尚、待人处事上礼貌得体、热心公益事业的公众形象。例如日本大地震后杰尼斯持续举办募捐义演活动。

除了打造艺人的正面形象以外,打造多样性艺人也是杰尼斯的一大特点。和杰尼斯偶像相比,中国偶像的活跃领域非常明确,小虎队、周杰伦等偶像中,"音乐偶像"只专注于音乐,"演技派偶像"只专注于演戏。虽然近来也开始出现演员唱

---

① 江戸川夏樹:「『明星』夢売り続けて60年」,2012年9月12日、http://book.asahi.com/booknews/update/2012091300001.html。

歌、歌手演戏的现象，但他们依然把重点放在自己的"老本行"上。与之相比，杰尼斯偶像则完全不同。现如今，在音乐节目不断减少的日本，偶像组合要想被世人广泛认识、赚取人气，电视剧的热播似乎成为不可缺少的跳板。90年代通过杰尼斯旗下的SMAP而成形的这种成功方式至今仍未被动摇。[①] 现在人气当红的岚也不例外，成员经常轮流在各大电视台主演电视剧。不仅如此，杰尼斯偶像还以活跃于多个领域而出名。例如，岚成员之一的樱井翔，毕业于日本著名的私立大学庆应义塾大学经济系，自2006年至今一直担任日本电视台新闻节目 ZERO 的新闻解说员。他在新闻节目上展现出和娱乐节目中完全不同的知性的一面，令粉丝眼前一亮。岚的队长大野智因个人兴趣而经常画画、制作模型等，并于2008年开办个人的全国巡回作品展览会，引来10万观众，继而出版个人作品集。其后，大野智又先后与世界知名艺术家奈良美智、草间弥生合作，可谓是向正统艺术界迈出了一步。NEWS成员之一的加藤成亮于2011年11月23日以小说家身份亮相，发行了自己的首部小说。

在全面发展的基础上，杰尼斯事务所会根据每个艺人的喜好和天赋来重点发掘各自的强项，从舞蹈到音乐、从电影电视剧到娱乐节目、从台前表演到幕后制作，每个艺人可谓是术业有专攻。杰尼斯偶像就是这样活用他们的多才多艺，通过多个领域赢取人气。

2. 回归效应

在今天的日本，很少有人不知道木村拓哉。他创造了日剧史上一个又一个收视传奇，早期代表作《爱情白皮书》(『あすなろ白書』)、《悠长假日》(『ロングバケーション』)、《恋爱世纪》(『ラブ ジェネレーション』)、《美丽人生》(『ビューティフルライフ～ふたりでいた日々～』)等一度带起社会潮流，从发型到着装，甚至到兴趣爱好，木村饰演的角色对当时的年轻人产生了巨大的影响。[②]《悠长假日》《恋爱世纪》更是和90年代的《东京爱情故事》(『東京ラブストーリー』)并称为90年代日

---

① ウレぴあ総研：『＜嵐リサーチ＞を徹底分析！デビューから13年、止まることなく輝き続ける嵐の軌跡』，2012年11月1日，http://ure.pia.co.jp/articles/-/10286。
② 大谷能生、速水健郎、矢野利裕：「ジャニ研！ジャニーズ文化論」，『キムタクは団塊ジュニアのロールモデル』，2012年、200-203ページ。

剧三大爱情经典。1993年木村的《爱情白皮书》在日本掀起"木拓现象"（キムタク现象），木村也被选为日本"最受欢迎男艺人"，一跃从SMAP成员之一的木村变成日本超级明星"KIMUTAKU"（キムタク）。不容忽视的是，木村拓哉个人的成功给刚出道没几年的SMAP带来了更多的知名度。木村拓哉带来的这一效应使事务所意识到，要维持组合的人气，首先有必要拓宽成员个人的活动范围，提高个人知名度。如果每个成员都越来越受注目，当他们再返回到组合中时，其效应将增加几倍。这就是成员"归巢"带来的"回归效应"。以SMAP为原点的这种新型打造方式可谓奠定了后起组合的发展路线。

笔者于2013年11月对250名杰尼斯的中国粉丝[①]进行了在线问卷调查。问卷针对粉丝最初了解到杰尼斯偶像的方式进行了调查，结果如图1所示，59.2%（149人）的粉丝表示最开始是通过日剧了解到杰尼斯艺人。同时，对于"先认识某个成员后知道其所在组合，还是先认识某个组合后成为该组合中其一个或几个成

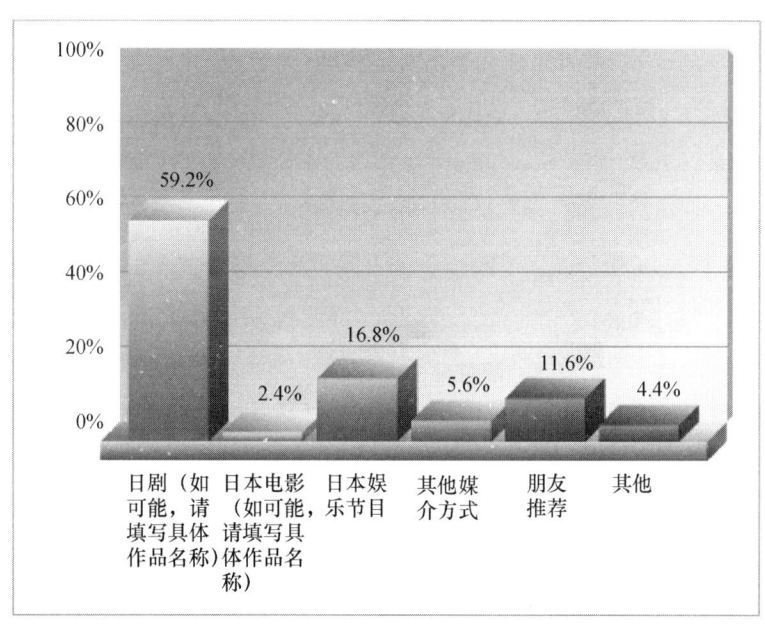

图1 最初通过哪种方式了解杰尼斯

---

① 250名调查对象均为杰尼斯旗下某一位艺人或几位艺人、某一个组合或几个组合的粉丝。

员的粉丝"的问题,上述149人中有122人是"起初先了解到一个成员,后知道其所在组合"。

以日版《花样男子》(『花より男子』)为例,岚的成员松本润在剧中饰演主人公道明寺。该剧从2005年的《花样男子1》到2007年的《花样男子2》再到2008年的电影版《花样男子 最终章》(『花より男子F(ファイナル)』),一路收视好评,松本润也因此剧而被众多中国粉丝所熟识。如表3所示,在问卷调查中有16位粉丝是通过日剧《花样男子》的主演松本润了解到杰尼斯,进而再了解到其所在组合岚。

表3 粉丝了解杰尼斯的方式①

您最初通过什么方式了解杰尼斯	您最初了解的是杰尼斯的某一位艺人还是某一个组合	以下情况您属于哪一种
《花样男子》	艺人松本润	起初先了解到一个成员,后知道其所在组合
《花样男子》	艺人松本润	起初先了解到一个成员,后知道其所在组合
《花样男子》	组合 arashi②	起初先了解到一个成员,后知道其所在组合
《花样男子》	艺人松本润	起初先了解到一个成员,后知道其所在组合
《花样男子》	艺人松本润	起初先了解到一个成员,后知道其所在组合
《花样男子》	艺人松本润	起初先了解到一个成员,后知道其所在组合
《花样男子》	艺人松本润	起初先了解到一个成员,后知道其所在组合
《花样男子》	组合 arashi	起初先了解到一个成员,后知道其所在组合
《花样男子》	艺人松本润	起初先了解到一个成员,后知道其所在组合
《花样男子》	组合岚	起初先了解到一个成员,后知道其所在组合
《花样男子》	组合 arashi	起初先了解到一个成员,后知道其所在组合
《花样男子》	艺人松本润	起初先了解到一个成员,后知道其所在组合
Anego、《有闲俱乐部》、《花样男子》	艺人松本润	其他[了解到一个人再纵观杰尼斯之后喜欢上HSJ③,再喜欢上A团]
《花样男子》	组合 arashi	起初先了解到一个成员,后知道其所在组合
《花样男子》	艺人松本润	起初先了解到一个成员,后知道其所在组合
《花样男子》	艺人松本润	起初先了解到一个成员,后知道其所在组合

① 表3由笔者根据调查问卷的结果制作而成。
② arashi,即岚,是日文的罗马音拼写,也经常使用。"A团"也指岚。
③ HSJ,指杰尼斯旗下组合 Hey! Say! JUMP。

叁 社会文化与跨文化交际

由此可看出,杰尼斯所打造的艺人的回归效应对组合的发展十分重要,特别是电视剧带来的回归效应更是不容忽视。此外,捆绑式宣传也是杰尼斯的一大经营特色,例如某一组合的成员出演的电视剧的主题曲通常都由该组合演唱。这样一来在电视剧赢取收视率和知名度的同时,又能带动音乐 CD/DVD 的销售。杰尼斯艺人每次出演新剧都会"轰炸"式出演大量综艺节目,既宣传了电视剧又宣传了音乐作品,可谓一举两得。

3. 以电视媒体为主——杰尼斯与娱乐节目

20 世纪 90 年代之前的日本偶像主要以音乐活动为中心,进入 90 年代,随着电视音乐节目在黄金档中的衰退,偶像只唱歌的时代结束了。[①] 偶像歌手不断减少的 90 年代却是以 SMAP 为原点的杰尼斯黄金一代新型偶像的起点。分析其成功原因时,除了日剧还有一个不容忽视的因素便是综艺节目。

90 年代之后出道的杰尼斯组合大都带有很强的娱乐性。SMAP 出道时正是音乐节目不断减少的时期,而另一方面在笑星界却掀起了一股热潮(日文:お笑いブーム)。当时除了有被称为"Big3"的三大谐星北野武(ビートたけし)、森田一义(タモリ)、明石家秋刀鱼(明石家さんま),还有至今依然活跃在很多节目中的搞笑艺人组合 TUNNELS(とんねるず)、DOWN TOWN(ダウンタウン)等,他们都纷纷主持黄金档节目,综艺节目可谓是进入了搞笑泡沫期。就是在这样的环境下,SMAP 也开始进军综艺节目。在那个年代,原本该专注于唱歌、跳舞的偶像却要转身进军综艺节目,其挑战性不言而喻。但结果却意外地很成功,其中 1996 年开播的由 SMAP 主持的"SMAP×SMAP"至今依然人气不减,可谓杰尼斯众多综艺节目中的一棵常青树。自 SMAP 起,杰尼斯的每个组合几乎都有一档甚至几档自己主持的综艺节目(见表 4),黄金一代的杰尼斯偶像开始了全方位的发展。

[①] 稻增龍夫:『アイドル工学』、薩摩書房 1989 年、136ページ。

表4 杰尼斯旗下部分组合每周固定参演的电视节目①

演出节目时间 \ 组合	SMAP 成员：中居正广 木村拓哉 稻垣吾郎 草剪刚 香取慎吾	岚 成员：大野智 樱井翔 相叶雅纪 二宫和也 松本润	关8 成员：横山裕 涩谷昴（渋谷すばる） 村上信五 锦户亮 安田章大 丸山隆平 大仓忠义
周一	笑っていいとも (Fuji TV)香取慎吾 SMAP×SMAP (Fuji TV)SMAP Sound Room (TBS)中居正广	NEWS ZERO (NTV)樱井翔	月曜から夜ふかし (NTV) 村上信五
周二	笑っていいとも (Fuji TV)中居正广 中居正広のミになる図書館 (朝日TV)中居正广		ありえへん∞世界 (TV TOKYO) 村上信五 安田章大 丸山隆平 応援ドキュメント 明日はどっちだ (NHK综合) 横山裕 涩谷昴 村上信五
周三	ザ！世界仰天ニュース (NTV)中居正广 ナカイの窓 (NTV)中居正广		関ジャニ∞のジャニ勉 (KTV) 关8
周四	ゴロウ・デラックス (TBS)稲垣吾郎	VS嵐(Fuji TV) 嵐 今、この顔がスゴい！ (TBS) 櫻井翔	ヒルナンデス！ (NTV)横山裕 村上信五

---

① 笔者根据杰尼斯事务所2013年11月官网信息制作而成，官网：http://www.johnnys−net.jp/page?id=index。

续表

演出节目\时间	组合 SMAP 成员：中居正广　木村拓哉　稻垣吾郎　草剪刚　香取慎吾	岚 成员：大野智　樱井翔　相叶雅纪　二宫和也　松本润	关8 成员：横山裕　涩谷昂（渋谷すばる）　村上信五　锦户亮　安田章大　丸山隆平　大仓忠义
周五	笑っていいとも （Fuji TV）草剪刚 中居正広の金曜日のスマたちへ （TBS）中居正广 僕らの音楽10 （Fuji TV）草剪刚（解说） 「ぶっ」すま （朝日 TV）草剪刚		
周六	裏Sma! （朝日 TV）香取慎吾 SmaSTATION!! （朝日 TV）香取慎吾	天才！志村どうぶつ園 （NTV）相叶雅纪 嵐にしやがれ（NTV）岚	関ジャニの仕分け∞ （朝日 TV）关8
周日	笑っていいとも！増刊号 （Fuji TV） 中居正广　草剪刚　香取慎吾 ベビスマ （Fuji TV）SMAP	ニノさん（NTV） 二宫和也 相葉マナブ（朝日） 相叶雅纪	教訓のスス （Fuji TV）安田章大 （不定期出演） 村上マヨネーズのツッコませて頂きます！ （KTV）　村上信五

四、杰尼斯偶像文化在中国的受容

日本的人气偶像在中国同样有着大批忠实粉丝，那么是什么地方吸引了中国粉丝，中国粉丝从中得到了哪些收获？在下文中，笔者将从杰尼斯偶像文化的普世性和独特性、中国粉丝通过杰尼斯偶像构建阐释性社区两个方面[1]来分析杰尼斯

---

[1] 蔡骐：《网络与粉丝文化的发展》，《国际新闻界》2009年第7期。

偶像文化在中国赢得粉丝的原因。

1. 杰尼斯偶像文化的普世性和独特性

深刻的吸引力来自文化本身的内涵。日本流行文化能够在世界上广泛流行，其主要原因可以归为两方面：一是普世的理念和主题，它能让受众产生认同与共鸣；另一方面则是独特的民族文化，对于其他国家的受众具有新鲜感。这种双重作用力使得日本的偶像文化在世界范围内赢得大量粉丝。

说到日本，几乎所有人首先想到的就是日本的动漫。目前，全世界有一半以上的动漫产品出自日本。其中最有名的代表之一当属宫崎骏。宫崎骏的动漫电影之所以能够走出日本、风靡全球，原因之一就在于他的作品有着深远的寓意，它跨越了国境，展现了人类共通的梦想、精神和情感。但同时他的作品又有着日本独特的民族特色。例如在他的代表作《千与千寻》中，引用了大量日本民间神话，向世人展示了日本独有的传统文化。[①]

杰尼斯偶像文化同样有着以上两个方面的吸引力。首先是其所表达的普世的理念和主题。比起外表、音乐和舞蹈，杰尼斯偶像带给粉丝更多的是成长过程中的挫折、感动、友情、努力等人性深处共通的东西。在笔者进行的调查问卷中，对于"杰尼斯偶像最吸引你的地方是什么"的问题，在多个选项中粉丝选择最多的是"组合成员之间的互动性和关系性"（见图2）。对粉丝来说，每个组合的成员之间的关系已远远超出了工作的关系，他们既是朋友又像家人，一起经历挫折、克服困难，一起欢笑、流泪。借筱原沙里的话来说，每个组合都形成了一个"新型的共同体"[②]。这些共同体所传达的青春与成长、积极向上的精神与人性的美好都是不分国界的。他们在给粉丝带来休闲娱乐的同时，也引发了粉丝的共鸣与认同。

杰尼斯艺人基本上都是从中学时代就进入公司，一边上学一边接受公司培训，此时他们的身份是Jr.。几乎所有的Jr.刚开始的工作都是在前辈的演唱会上伴舞。经过几年Jr.阶段后才有机会出道，而最后真正能出道的人数更是有限。从刚开始还不习惯在镜头前说话到长大后自己主持节目，从青涩的演技到现在的人气

---

① 李涛：《美日百年动画研究》，四川大学博士学位论文，2007年，第184页。
② 筱原沙里：『スマップ ウォッチング アイドルで平成日本社会を読み解く』、日経BP社2003年、238ページ。

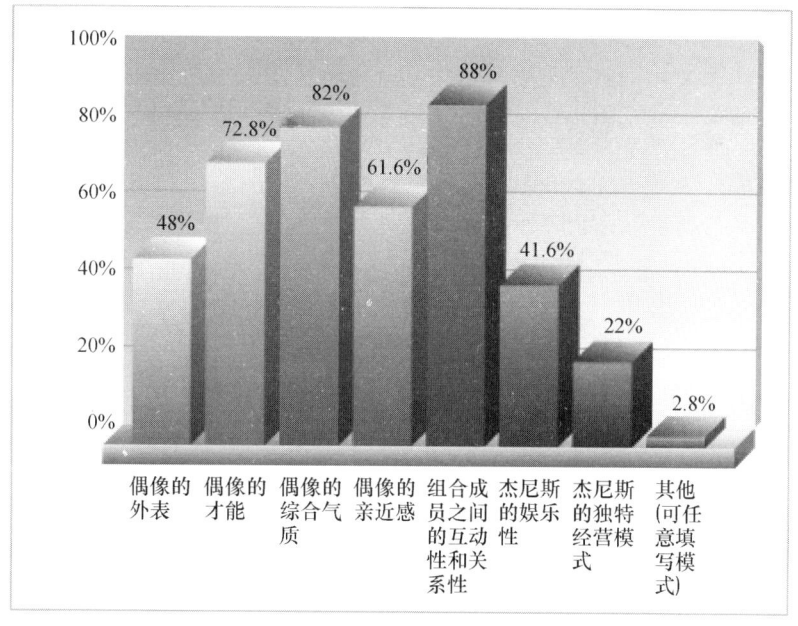

图 2　您觉得杰尼斯偶像吸引你的地方是什么　[多选题]

演员,粉丝们见证了他们的成长。在调查问卷中,一位"饭龄"长达 9 年的粉丝说,自己之所以喜欢是因为和他们属于同时代的人,从他们的成长中感受到自己的成长。日本知名音乐节目 MUSIC STATION 在 2013 年 11 月 29 日播出的节目中,为了庆祝朝日电视台 55 周年制作了一期特别节目。因杰尼斯旗下组合岚出演这一节目以来刚好第 99 次,因此节目组专门回放了自 1999 年岚第 1 次出演该节目到第 98 次的镜头。不论是在中国还是在日本的网络上,这一环节顿时引来粉丝们的热烈讨论和回应。看着数字从 1 一直变到 98,不少粉丝表示不由得流下眼泪,因为这些数字见证了一个成长过程。而这一成长不单纯是偶像本身的成长,同时也让粉丝找到了自己成长的影子。可以说,杰尼斯偶像传递的是一种普世的生活态度,一段能够引起共鸣的成长历程。原本彼此陌生也毫无联系的一群人仅仅通过网络等媒介象征性地集合在一起。乌尔夫·汉内兹称这些人为"同代人",他们的结合是因为共同的热情和相同的观点。① 粉丝可谓是同代人的化身,他们打破时

---

① 詹姆斯·罗尔:《媒介、传播、文化——一个全球性的途径》,商务印书馆 2005 年版,第 268、282 页。

空、穿越文化,在共同的偶像的牵引下聚集在一起,共同成长。

杰尼斯偶像文化同时又具有独特性。首先从上述杰尼斯的经营模式上就足以证明其独特之处。对于偶像产业尚未成熟的中国地区的粉丝来说,这绝对是杰尼斯的一大亮点。在调查中,将近60%的粉丝认为杰尼斯偶像带给了自己一种从未有过的文化体验(见图3)。此外杰尼斯公司内部上下等级、前辈后辈关系分明,展示了日本独有的"纵向"集团特征。杰尼斯偶像一向重视礼仪,尤其是对自己的前辈。例如在杰尼斯跨年演唱会上,不管人气有多大,所有的艺人都会站在大前辈的身后为其伴舞。

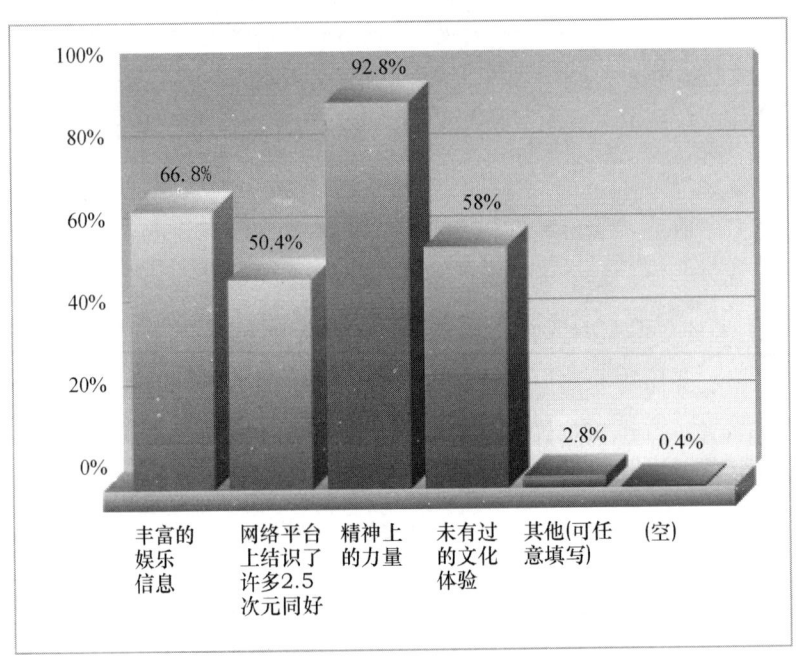

图3　您觉得杰尼斯偶像给自己带来了什么①

2. 网络粉丝——阐释性社区的形成

粉丝文化生长于互联网时代。如果说20世纪90年代VCD的出现推动了日

---

①　图中的"同好"一词来自日语,通常被粉丝用来指和自己喜欢同一个偶像的人。

剧热,使得杰尼斯偶像有机会进入中国观众的视野,那么进入21世纪,网络宽带在中国的不断普及使得杰尼斯偶像拥有了越来越多的粉丝。一个粉丝足不出户便可以掌握外国偶像的最新动态、观看偶像的最新节目;不同城市的两个人会因为对同一个偶像的喜爱而成为朋友;偶像生日的当天,原本互不相识的粉丝相约聚在一起,以自己的方式为偶像庆祝;三五成群的粉丝从各个地方相约一起去国外参加偶像演唱会等等,在全球化的今天,这些都已不足为奇。麦克卢汉所预言的地球村已经实现,粉丝通过网络跨越时空,在全球范围内构建了一个专属于偶像和粉丝的阐释性社区。

蔡骐提出,在当今全球化社会里,技术重构了文化的时空距离,四通八达的媒介把世界各地的文化和生活联系到一起,分离的世界通过信息高速公路凝聚为彼此紧密联系的"村庄"。而媒介形象也将那些互不认识的人集合到一起,形成颇具时代特征的"阐释性社区",这个社区突破了地域和行政上的限制,它的成员原本彼此陌生,也毫无联系,仅仅通过网络等媒介象征性地集合在一起。[①] 杰尼斯偶像之所以在中国拥有大批粉丝,除了杰尼斯偶像本身拥有吸引粉丝的魅力以外,网络平台的发展从侧面推动了杰尼斯粉丝群的扩大和延续。在偶像产业远不如日韩成熟的中国,杰尼斯偶像正好为中国粉丝提供了体验网络粉丝文化、享受全球化成果的机会。

试想,如果没有互联网,日本的亚文化在中国的传播绝不可能像现在这样盛行。互联网可谓是为粉丝量身打造了论坛、社区、博客、贴吧、专业网站等众多个性化服务平台,供粉丝分享、交流信息。2009年微博正式成为中文上网主流人群活动之一。截至2013年6月底,中国微博网民规模为3.31亿,网民中微博使用率达到了56.0%。[②] 目前微博已经成为网民获取信息的重要途径之一,微博从满足人们弱关系的社交需求逐渐演变成为大众化的舆论平台。笔者此次进行的调查问卷结果显示,41.2%的调查对象是在注册了微博账号之后才了解到杰尼斯。其余将近60%的人之前则主要通过贴吧、论坛、QQ群等社交平台分享和获得有关偶像的信息。90年代末杰尼斯偶像进入中国人的视野,其后的十几年里正是中国的网

[①] 蔡骐:《网络与粉丝文化的发展》,《国际新闻界》2009年第7期。
[②] 中国互联网络信息中心:《第32次中国互联网络发展状况统计报告》,2013年7月,第36页。

络社交平台发生巨大变化的十几年（见表5），由此可看出网络平台在其中所起的推动作用。

表5　中国知名社交平台创立时间一览[①]

名　称	创立时间
腾讯QQ	1999年2月
天涯社区	1999年3月
新浪BBS	2001年8月
百度贴吧	2003年12月
微博	2009年8月

正是通过这些网络平台，粉丝们构建了一个专属于粉丝和偶像的阐释性社区。在这个社区里，粉丝们打破时空、穿越文化，以共同的偶像为中心，通过网络结成一个规模庞大的想象性共同体。[②] 他们不需要住在同一个城市、同一个国家，甚至可以素未谋面、永不相见，粉丝之间也几乎没有任何利益关系，在共同偶像的牵引下凝聚在一起。问卷调查显示，将近75%的杰尼斯粉丝在微博上有一个经常性的、和杰尼斯相关的信息互动圈。60%以上的调查对象表示自己的微博账号绝大部分用来分享杰尼斯偶像的信息，还有将近20%的人表示不太愿意接受不了解杰尼斯的人关注自己的微博。由此可见，对粉丝来说，有能够和自己共享信息、产生共鸣的人是非常重要的。

调查中有50%的杰尼斯粉丝表示，杰尼斯偶像文化带给自己的除了精神上的力量、娱乐、不一样的文化体验之外，还有很重要的一点是在网络上"认识"了许多"同好"。偶像和粉丝、粉丝和粉丝，再加上网络平台，这些因素共同推动了杰尼斯偶像文化在中国得到认可。

结　语

本文在分析杰尼斯文化的特点、经营模式的基础上，又分析了其在中国拥有大

[①] 笔者参照表格中列举的各大网站主页信息汇总制作而成。
[②] 蔡骐：《网络与粉丝文化的发展》，《国际新闻界》2009年第7期。

批粉丝的原因,得出了杰尼斯文化本身的普世性与独特性以及全球化的发展推动了杰尼斯偶像在中国得到认可这一结论。而不仅仅是日本的偶像文化,自上个世纪 80 年代以来开始冲击中国市场的日本流行亚文化在中国的传播与接受是否也受这些因素与时代背景的影响,在今后的研究中值得进一步深入探讨。

参考文献

1. 中文文献

蔡骐:《网络与粉丝文化的发展》,《国际新闻界》2009 年第 7 期。

侯越:《论日本电视剧在中国的传播》,《日语学习与研究》2007 年第 3 期。

李涛:《美日百年动画研究》,四川大学博士论文,2007 年。

2. 日语文献

稲増龍夫:『アイドル工学』、薩摩書房 1989 年版。

宮台真司、鈴木弘輝編著:『21 世紀の現実 社会学の挑戦』、音楽之友社 1993 年。

小川博司:『メディア時代の音楽と社会』、音楽之友社 1993 年。

篠原沙里:『スマップ ウォッチング アイドルで平成日本社会を読み解く』、日経 BP 社 2003 年。

大谷能生、速水健郎、矢野利裕:『ジャニ研! ジャニーズ文化論』、株式会社原書房 2012 年。

徳田真帆:「ジャニーズファンの思考」、『くにたち人類学研究』2010 年 Vol.5。

辻泉:「『観察者化』するファン―流動化社会への適応形態として―」、AD STUDIES 2012 年 Vol.40。

第三章 用跨文化理论解读日本影片《入殓师》[①]

吕文辉

导 言

电影作为人类社会生活的综合艺术,反映了人类生活,同时高于人类生活。而如今,这种特殊的艺术形式又在跨文化交流方面起了至关重要的作用。因为文化是文艺创作的源泉,而电影作为文学艺术的一种样式,有意识或无意识地承载着滋养它的文化。作为一种特殊的语言符号和文化载体,电影不仅是艺术作品,同时更是一种大众传播媒介。观众通过电影接触、熟悉并了解异国的生活方式、社会习俗、价值体系、道德标准等表层和深层的文化。与其他传播形式相比,电影更加直观、具体、生动、引人入胜,这使它更容易跨越文化和国界的壁垒,于是电影作为跨文化传播的重要媒介,在全球化的文化生活中发挥着重要的作用。[②]

近年来涌现出了一批对电影进行跨文化分析的文章。例如,《电影的跨文化传播叙事策略与效果分析——以李安电影〈喜宴〉为例》、《解析影响跨文化解读美国电影的因素——以美国电影〈阿甘正传〉为例》、《从语言的角度论电影〈推手〉中的跨文化适应过程》、《浅谈跨文化交际中英语和汉语聊天话题的差异——以电影〈喜

---

① 本文受北京第二外国语学院 2014 年本科教学团队建设项目资助。项目编号:2014JXTD0202。
② 杨颖:《浅析电影的跨文化传播——以〈卧虎藏龙〉和〈赤壁〉为例》,《电影评介》2009 年第 18 期。

福会〉为例》《浅析电影的跨文化传播——以〈卧虎藏龙〉和〈赤壁〉为例》《全球化语境下的中国电影跨文化传播》等。但不难发现,目前研究得更多的是电影反映出来的中国和美国,或者说是东方和西方之间的文化交流问题,而鲜少有关于东方国家之间的跨文化交流的研究。中国的学者也多把注意力放在西方电影的分析以及我国本土电影的中国元素解读上。普遍认为,东西方之间的文化差异更大一些,东方国家之间的文化区别往往没有引起人们足够的重视。但事实并非如此,比如中国和日本虽然一衣带水,也有共同的儒家思想,但是在思考问题的方式以及行为模式上还是存在很大不同,因此在交往过程中我们往往会觉得日本人难以捉摸。

笔者试图通过用跨文化理论分析日本奥斯卡得奖影片《入殓师》,以探究日本特有的文化,帮助读者进一步走近日本。

一、相关概念

1. 关于文化

在进入分析之前,首先必须要弄清楚什么是文化。

《辞海》中对"文化"的定义是:(1)广义指人类在社会历史实践中所创造的物质财富和精神财富的总和。狭义指社会的意识形态以及与之相适应的制度和组织机构。作为意识形态的文化,是一定社会的政治和经济的反映,又作用于一定社会的政治和经济。随着民族的产生和发展,文化具有民族性。每一种社会形态都有与其相适应的文化,每一种文化都随着社会物质生产的发展而发展。社会物质生产发展的连续性,决定文化的发展也具有连续性和历史继承性。(2)泛指文字能力和一般知识:学习文化、文化水平。

而众多学者对文化的定义自1871年以来更多达近300个,其中比较有影响的有以下几个。最为经典的当属人类学家爱德华·B. 泰勒(E. B. Tylor)对文化的阐述:"文化是一种复合体,它包括知识、信仰、艺术、道德、法律、风俗,以及其余从社会上学得的能力与习惯。"[①]弗朗兹·博厄斯(Franz Boas)指出:"文化是人类习得

---

① 转引自司马云杰:《文化社会学》,中国社会科学出版社2001年版,第7页。

的一整套的习惯。"①虽然简洁,但影响甚广。美国学者罗伯特·F. 墨菲(R. F. Murphy)则从各文化之间的差异性出发,将文化总结为"不同社会独具一格的生活风尚的特征"②。而我国学者梁漱溟指出,文化乃人类生活的样法。③ 从以上种种定义和概念可以看出,文化的内涵包罗万象,因此在把握他国文化时就必须运用跨文化理论。

2. 跨文化理论

有关跨文化的理论有很多,本文主要使用克拉克洪和斯乔贝克的六大价值取向理论、郝夫斯特的文化维度理论以及强皮纳斯的文化架构理论来分析这部影片。

(1)克拉克洪和斯乔贝克的六大价值取向理论

较早提出跨文化理论的是两位美国人类学家——克拉克洪与斯乔贝克。④

六大价值取向理论发表在1961年出版的《价值取向的变奏》一书中。他们认为,人类共同面对六大问题,而不同文化中的人群对这六大问题的观念、价值取向和解决方法都不尽相同。正是这种不同体现出这些群体的文化特征,从而可以描绘出各个文化群体的文化轮廓图,而将不同的文化区分开来。⑤

他们提出的这六大问题是:①对人性的看法;②人们对自身与外部自然环境关系的看法;③人们对自身与他人关系的看法;④人的活动导向;⑤人的空间观念;⑥人的时间观念。

克拉克洪与斯乔贝克从自己的研究出发,指出不同民族和国家的人在这六大问题上有相当不同的观念,而在这六大问题上的不同观念则显著地影响了他们生活和工作的态度和行为。⑥

(2)郝夫斯特的文化维度理论

文化维度理论是跨文化理论中至今最具影响力的理论之一,由荷兰管理学者、荷兰文化协会研究所所长郝夫斯特[Hofstede(1980,1991)]提出。

---

① H. Lander, *Language and Culture*, New York: Oxford University Press, 1965, p. 16.
② 〔美〕罗伯特·F. 墨菲:《文化与社会人类学引论》,王卓君等译,商务印书馆2004年版,第37页。
③ 梁漱溟:《东西方文化及其哲学》,上海商务印书馆2003年版,第53页。
④ Kluckhohn F, Strodtbeck F., *Variations in Value Orientations*, Evanston, IL: Row, Peterson, 1961.
⑤ 陈晓萍:《跨文化管理》(第二版),清华大学出版社2009年版,第28页。
⑥ 同⑤,第26页。

通过对各国 IBM 员工对于大量问题的答案进行统计学上的因素分析，郝夫斯特总结出了对不同国家文化进行比较的四大文化纬度，1980 年，他将相关研究成果发表于《文化的影响力：价值、行为、体制和组织的跨国比较》(Culture's Consequences: Comparing Values, Behaviors, Institutions and Organisations across Nations)。

这四个跨文化维度是：①权力距离(Power Distance)；②不确定性规避(Uncertainty Avoidance)；③个体主义与集体主义(Individualism Collectivism)；④男性化/女性化(或刚性/柔性)社会(Masculinity/Femininity)。20 世纪 80 年代后期，郝夫斯特又重复了 10 年前的研究，但这次包括了更多的国家和地区，总数超过 60。这次的研究不仅再次证实了这四个跨文化维度的存在，同时他采纳了其他学者对其理论的补充，发现了一个新的维度：⑤长远导向与短期导向(Long-Term/Short-Term Orientation)。在实证研究的基础上，郝夫斯特"计算"出了 74 个国家和地区在这五个维度上的量值。该研究的结果发表在他 1991 年出版的第二本书《文化与组织》中。

(3) 强皮纳斯的文化架构理论

与郝夫斯特相似，强皮纳斯(Trompenaars)也用文化维度来表达他的理论。在他的理论里，国家与民族文化差异主要体现在七大维度上：①普遍主义—特殊主义；②个体主义—集体主义；③中性—情绪化；④关系特定—关系散漫；⑤注重个人成就—注重社会等级；⑥长期—短期导向；⑦人与自然的关系。[①]

以上三大跨文化理论存在着很多共性，如都涉及个体主义—集体主义的价值取向，而且对文化的概念定义相似，因此又互为补充，当用一个理论无法解释的时候可借助其他理论帮助理解异文化。

二、影片简介

日本影片《入殓师》由日本著名导演泷田洋二郎执导，该片通过从事葬礼时安置遗体工作的入殓师的视角，重新审视人的尊严以及家人间的亲情。片名听起来

[①] 陈晓萍：《跨文化管理》(第二版)，清华大学出版社 2009 年版，第 63 页。

不祥,但故事却具有浓浓的家庭气息。导演用温馨、细腻而不失幽默的笔触描绘了人生的冷暖、家庭的悲欢,使影片在生活气息之中透视出人性的光辉。该片曾获第32届加拿大蒙特利尔国际电影节最高大奖、第81届奥斯卡金像奖最佳外语片奖等奖项。奥斯卡金像奖的获奖理由是:人性的光辉符合东西价值观,主要是指对于生死问题的思想符合东西方的共同价值观,被誉为"最具东方气质奖"。

入殓师又称葬仪师,是专门为死去的人化妆整仪、纳入棺中的职业,主要出现在日本。在中国尸体美容类似该职业。这部影片讲述了日本入殓师的生活,影片以一名入殓师新手的视角,去观察各种各样的死亡,凝视围绕在逝者周围的充满爱意的人们。

男主人公小林大悟原本是位管弦乐团的大提琴演奏家,然而因为乐团的解散他不得不放弃了演奏家之路,返回到了故乡。这时他发现了一则征人广告"年龄不拘,保证高薪。实际劳动时间很短。旅行的家务助理。NK代理商。"看着这个门槛要求很低的工作,大悟欣然前往应聘,他来到了一间不知为何摆着棺材的旧事务所里,社长佐佐木连看也没有看他的履历表,光是看看他的脸便决定录取他了。然而当吃惊的大悟问他关于工作的职务内容的时候,没想到并不是"旅行的家务助理"而是"安乐出发的家务助理"。NK便是日语"纳棺"的缩写。看着这份并不是自己想象中的工作,惊慌失措的大悟一边犹豫着,一边也只好和妻子美香说是找到了一份在婚丧单位的工作,美香便以为大悟从事着浪漫的婚庆服务。

大悟的新人入殓师的生活就此开始了,在见习的这段时间,他看到了尸体腐烂不堪的孤寡老奶奶、早时喜欢打扮成美女的帅小伙、留下年幼的女儿去世的母亲、脸上留下后辈尊敬爱戴的唇印的寿终正寝的爷爷、穿着长筒袜离世的老奶奶……在这里有着各式各样遭遇的离别。不知不觉中,大悟也开始能够理解入殓师的工作了。但是因为美香的误解,在事情败露之后,很不能理解他,丢下一句"肮脏"便跑回了娘家。对大悟来说,美香是他唯一的亲人,因为母亲早已在几年前过世,而父亲则在他年幼的时候便和自家咖啡店的服务员私奔离家出走了。所以美香的离开让大悟非常难过。不过为了做好自己的分内事,大悟还是拿出自己最真挚的态度来出席仪式,另一方面他也在等待着美香回来。就这样,日子一天天地过去了,大悟已经很熟悉入殓师的工作了,而且在各式各样的仪式中他都可以感到很充实很骄傲。然而面对美香的怀孕、童年好友母亲的过世以及30年来不知去向的父亲的死亡,到底身为入殓师的大悟要怎样去面对自己作为丈夫的角色,而对身边重要人物的去世又应该怎样去面对呢?

当然,主角先是阴差阳错被逼无奈选择这份工作,后来竟爱上了这份工作。面对朋友、妻子的威逼,他选择了坚持。澡堂的老婆婆的去世,也终于让妻子理解了丈夫。影片的最后,主角给自己恨了 30 年的离家出走的父亲入殓,故事也由此推上了高潮。父亲手中的石头默默地告诉了儿子他很快乐,观众一时间又被泪水遮住了眼睛。

这是一部难得一见的日本式哲理电影,透过陆离的世事,看到亲人逝去的不同的悲哀。

三、影片所表现出来的日本文化主要特征

在观看这部影片时总能感觉到浓浓的日本风情,下面就用克拉克洪和斯乔贝克的六大价值取向理论、郝夫斯特的文化维度理论以及强皮纳斯的文化架构理论来分析这部影片中所折射出来的日本特有的文化特征。

1. 集体主义倾向

日本文化十分注重集体,人们愿意让自己隶属于某一群体,如公司、社区或家庭,而耻于被抛出群体之外,或者因做了与社会规范不符的事情而带给家庭或团队耻辱。郝夫斯特以个体主义指数值来衡量文化的价值取向。在他所列的数值表中,美国、澳大利亚、荷兰等国个体主义指数值较高,属个体主义文化的国家。而日本的个体主义指数较低,属集体主义文化的国家。文化上的个体主义和集体主义取向有其相应的社会后果。集体主义的社会成员以集体为重处理人际关系,注重集体认同和社会和睦,他们崇尚传统、尊重权威,把集体利益置于个人利益之上,较少考虑个人的私隐和权利。个体主义的成员则以个人为重进行社会交往,推崇个人自由和社会竞争,尊重个性和私隐,强调人的平等、自由和自制。① 哈里·特里安德斯(Harry Triandis)等学者清晰地概括出两种文化的价值定位:集体主义文化

---

① 戴晓东:《跨文化交际理论》,上海外语教育出版社 2011 年版,第 105 页。

最看重的价值包括和谐、面子、孝顺、谦虚、节俭、财富的均等以及对他人需求的满足;个体主义文化最珍视的价值包括自由、诚实、社会承认、舒适、享乐和平等。①

影片中,男主人公大悟无奈地接受了入殓师的工作后,回家不敢跟妻子明说,搪塞了过去。而他的妻子事后知道了自己丈夫所从事的工作,力劝其换一份工作,并说"做这种工作难道不觉得丢脸吗"。大悟的好朋友知道后,在街上遇到大悟后甚至阻止自己的家人和他打招呼。可见,在日本入殓师的工作是不为大众所接受的。而大悟在刚开始工作时,也对工作十分不适应,虽然自己非常痛苦,但也不敢与妻子讲,只是一个人默默地拉着大提琴。

2. 情绪中性化

中性—情绪化维度是强皮纳斯文化架构理论中的一个,主要指人际交往中情绪外露的程度。情绪表露含蓄微弱的文化被称为中性文化,而情绪表露鲜明夸张的文化被称为情绪文化。

影片开头,大悟所在的乐团最后一次演出结束后,负责人和老板来到了大家的面前,其实是来宣布解散的,但从他们的表情完全看不出来。甚至,先说话的负责人还表扬了大家的演奏发挥了应有的水平。当老板出来宣布大悟所在的乐团解散时,除了大悟脸上有些许吃惊的表情外,其他同事没有任何反应,大家只是拿好自己的东西就走了。即使失去工作也没有表露出伤心、绝望、愤怒等情绪。

另外,该片的故事情节围绕入殓师的生活展开,其中出现了很多家人送别死者的镜头,这应该是悲痛欲绝的,然而在影片中很少出现死者家属痛苦的镜头,在入殓师为死者整理遗物妆容时,现场一片安静。家属都坐在距离死者很近的地方,默默地看着,即使是孩子也一样。整个过程细致、舒缓、温柔而完美,完全感受不到死亡带给大家的痛苦。甚至,有些家属还微笑着送别死者。这在我们中国人看来是不可想象的。在我国,亲人逝去后,活着的人一定要表现得十分悲伤,而这种悲伤就集中表现在哭声上,哭声越大说明感情越深,甚至由此还产生了专门替哭的行业。当然,日本人表现得如此冷静的深层原因可能与日本人的生死观有关,日本人

---

① 参见 M. C. McLaren, *Interpreting Cultural Differences: The Challenge of Intercultural Communication*, Dereham: Peter Francis Publishers, 1998, p. 67。

相信人有来世(日本人的生死观不在本文所要探讨的范畴之列)。

3. 关系散漫——G类方式

关系特定—关系弥散这个维度可以用来很好地描述和解释在不同文化中生活的个体在人际交往上的巨大差别。特定关系文化(U类方式)倾向于把生活的不同领域做严格定义和区分，特定领域、特定人群，不加混淆，"对事不对人"，美国文化即属于典型的U类方式。而散漫关系文化(G类方式)倾向于把不同的生活领域联系起来，强调各领域之间的联系，"事与人不可分"，德国文化即属于G类方式。

影片中，有几处体现出了日本文化关系散漫的特点。

> 场景一：大悟第一天上班，与女同事聊着天就说起了自己的身世，包括母亲的去世与父亲的抛妻弃子。之后又向该同事打听其工作经历(为何选择现在的工作等)，而那位女同事也毫无保留地告诉了大悟。
>
> 场景二：大悟的客户中有一个身为男儿身却十分想成为女孩的死者，在看到大悟与社长将其化妆得非常漂亮后，死者的父亲前来表示感谢，并向他俩说起了儿子的私事。
>
> 场景三：久未联系的大悟父亲去世，大悟恰好没带手机，就用公司电话给妻子打电话，并当着社长与同事的面，大声表明自己不愿多管的态度。而在得知大悟不肯前去看望死去的父亲时，大悟的女同事恳求大悟去，并讲述自己当年也为了自己的爱人抛下了6岁的儿子这一隐私，最后大悟受到触动，送了父亲最后一程。

这些都充分说明，一旦熟识或将对方视为朋友后，日本人就会毫无保留地将对方带入自己的私人生活空间，并与其分享自己的隐私以及想法。

4. 男性气质

男性气质和女性气质倾向是郝夫斯特考察的第四个维度。在男性气质显著的国家，男女的社会差异十分清晰，性别歧视现象较为普遍。而在女性气质明显的国家鼓励男女平等，尊重女性的社会权利。

影片中,在大悟决定离开大都市回老家时,妻子没有提出任何异议,立即就同意了。

另外,在夫妻俩吵架,妻子回娘家后,大悟就没有吃过一顿像样的饭,因为家里做饭、打扫卫生好像就是妻子的工作,丈夫就负责养家糊口。由此可见,日本是个男性气质显著的国家。

5. 较低的不确定性规避

不确定性规避主要指人们在社会交际中避免暧昧或模棱两可的一般倾向。有些文化接受较高的暧昧性,不把较为模糊的事物看作威胁,则其不确定性规避指数低;反之,若宁愿看到清晰、有条理并且可预测的事物,采取各种方法消除暧昧因素,则其不确定性规避指数高。不确定性指数值较低的社会成员比较理性地看待人际关系,不寻求绝对的价值,宽容差异,不排外,接受非传统的思维和不确定性,不强调高度的集体认同,赞同个人的独立和自治。不确定性规避指数较高的社会成员容易情绪化地处理人际交往,注重传统和绝对的价值,不易接受偏差,强调集体忠诚、法制的完备,对个人的力量缺乏信心。①

影片中,大悟丢了工作以后,决定回老家,妻子美香也欣然同意,两个人完全没表现出对不确定未来的担忧,即使还身背 1500 万日元的债务(一把高级大提琴的价钱)。

另外,影片最后大悟下定决心要去送父亲一程时,只对社长说了一声"社长",社长就把车钥匙给了大悟,并指着办公室里的棺材说,"你可以随便选一个"(此处也体现出日本的高语境文化),说明日本人的不确定性规避较低。

6. 人与外部自然环境和谐

克拉克洪和斯乔贝克认为在人们对自身与外部自然环境关系的看法上,不同文化之间也有很大的差异。具体地说,人主导环境是美国文化的特色,与之相对的则是人与环境和睦相处的观点。

电影中有两个片段很值得深思,其中一个是美香带回一条邻居送的章鱼,但是

---

① 戴晓东:《跨文化交际理论》,上海外语教育出版社 2011 年版,第 101—102 页。

章鱼是活的，她让小林大悟扔回河里。但当章鱼回到河里时死了，大悟看到那样的情景，触景生情，发现自己的命运是自己所不能掌握的。

第二个场景是大悟伏在桥边看逆流而上的鲑鱼。为什么那些鱼总是要拼命游回去，途中有大量的鱼死亡，但仍然孜孜不倦。洗澡堂的大叔经过他身旁时，也看到这样的情景，随口说了一句："它们大概就是那样的吧！"死亡是谁都会经历的，但是死亡的原因不同，入殓师只是人生通向死亡道路上的一个过客，他做的只是让活着的人记住死去的人。所以在大悟和妻子争吵入殓师的工作的时候，大悟说"你会死，我会死，大家都会死，死是一件很正常的事情"，所以入殓师也没有什么丢脸的。

以上场景无不说明日本人顺应自然、接受自然的特点。

四、几点思考

1. 关于"权力距离"

日本社会普遍被认为权力距离很大。例如，团体中的论资排辈现象（根据进入公司的先后有"前辈"和"后辈"之称，在前辈面前后辈永远是恭恭敬敬的。而下属与上司之间更是如此）。而本片中则体现得不太典型。在大悟工作的公司，上下级关系更趋于平等，没有明显的尊卑之分，公司结构也趋于扁平化，而且在大悟第一天上班没有办公桌可用的情况下，公司同事竟说"你先用社长的桌子吧"。这在一些组织结构缜密的大公司是无法想象的。笔者认为，这可能是由于公司规模小，人员少，所以才会出现这种现象。

2. 关于"较低不确定性规避"

从片中分析可感知日本人的"不确定性规避"指数较低，这也与我们的常识相违背。由于日本四面环海、资源匮乏、自然灾害频发，因此日本人普遍被认为很有危机意识，居安思危，应具有较高的"不确定性规避"指数；并且在郝夫斯特所总结的各个国家与地区的不确定性规避指数值列表中也可以看到，日本的得分为92（得分最高为希腊，112），甚至高于美国的46，属于典型的不确定性规避指数较高的国家，但从影片中反映出来的却是相反的事实。而且日本人说话总是很暧昧，对模糊的指导语没有怨言也同样显示了不确定性规避指数低的事实。关于这一点，陈晓萍(2009)在《跨文化管理》中写道："在讨论不确定性规避这个概念时，一定得区分具体的领域，以及其他的边界条件，而不能笼统地一概而论"。

结　语

鉴于电影在跨文化交流方面显示出来的越来越突出的作用，本文借用克拉克洪和斯乔贝克的六大价值取向理论、郝夫斯特的文化维度理论以及强皮纳斯的文化架构理论分析了曾获得奥斯卡最佳外语片奖的《入殓师》中所体现的日本特有的文化特征。结果发现，日本的文化具有集体主义倾向、情绪中性化、关系弥散、男性气质突出、不确定性规避指数低、人与自然讲究和谐相处、权力距离小等特点，这些对日本文化的认识可以帮助我们更好地与日本人交往，理解他们的举动。本文也发现，郝夫斯特的不确定性规避维度存在着不严谨的地方，不能将日本文化直接定性为不确定性规避指数高的文化，而应该具体问题具体分析。另外，在考察"权力距离"时，也需进一步分析大公司和小作坊的差别。今后笔者将就这两个维度继续深入分析，希望能得出正确的分类法，更好地解读日本文化。

参考文献

1. 中文文献

陈晓萍：《跨文化管理》(第二版)，清华大学出版社2009年版。

戴晓东：《跨文化交际理论》，上海外语教育出版社2011年版。

梁漱溟：《东西方文化及其哲学》，上海商务印书馆2003年版。

〔美〕罗伯特·F.墨菲：《文化与社会人类学引论》，王卓君等译，商务印书馆2004年版。

马勒茨克：《跨文化交流》，潘亚玲译，北京大学出版社2004年版。

司马云杰：《文化社会学》，中国社会科学出版社2001年版。

严明：《跨文化交际理论研究》，黑龙江大学出版社2009年版。

杨颖：《浅析电影的跨文化传播——以〈卧虎藏龙〉和〈赤壁〉为例》，《电影评介》2009年第18期。

2. 英文文献

M. C. McLaren, *Interpreting Cultural Differences: The Challenge of Intercultural Commu-*

nication,Dereham:Peter Francis Publishers,1998.

Hofstede,Geert.,*Culture's Consequences：Comparing Values，Behaviors，Institutions and Organizations Across Nations*，上海外语教育出版社 2008 年版。

H. Lander,*Language and Culture*,New York:Oxford University Press,1965.

Kluckhohn F,Strodtbeck F.,*Variations in Value Orientations*,Evanston,IL:Row,Peterson,1961.

第四章 试论城市化中文化指向的缺失[①]
——中日现代化进程中的文化定位

侯 越

导 言

纵观世界各国的发展,城市化与现代化、工业化密切相关。现代化是"经济领域的工业化、政治领域的民主化、社会领域的城市化以及价值观领域的理性化的互动过程"[②]。欧美的资本主义国家以及日本都在工业革命之后迎来了城市化的飞速发展。[③]

城市化,亦称城镇化、都市化。英文文献对城市化和城镇化都使用 urbanization。中国设置了市和镇两个行政单元,部分中文文献中出现两个词的混用现象。对于城市化和城镇化的关系,可以理解为"城镇化是城市化的初级阶段,城市化涵盖了城镇化"[④]。本文中有关日本的分析以及论述中较多使用城市化这一涵盖范围广的表述方式。

本文以中日两国的城市化为例,探讨文化在城市化进程中的定位。现代化、工

[①] 本文为2014年度教育部人文社会科学研究《日本城市化进程中文化建构的调查研究》项目(项目编号:420015。批准号:14YJA850004)阶段性研究成果。
[②] 武斌:《我们离现代化还有多远》,中国经济出版社1998年版,第38页。
[③] 参考高橋勇悦:『都市社会論の展開』、学文社1993年、164ページ。
[④] 张国军:《中日韩城镇化的国内外研究综述》,《中国市场》2013年第40期。

业化带动的城市化蕴含着推动经济增长的巨大动力。基于这一原因，当前国内"学术界主要以经济增长为目标来探讨城市化道路或城市化模式"①。但是，通过日本的城市化及其第二次世界大战后的社会经济发展历程可以看出，为了保证社会的活力和经济的持续发展，让民众从城市化中受益，保证城市化的质量，规避城市化引发的负面影响，仅仅关注城市化引发的经济增长远远不够，必须重视城市化进程中文化指向的重要性。

一、中国城市化与现代化的关系

改革开放以来的三十多年中，在经济发展和现代化的推动下，大量农村劳动力转移就业，中国的城市化进程逐步提速。1978年中国城镇常住人口1.7亿，城镇化率仅为17.9%。而到了2012年，中国城镇常住人口增加到7.1亿，城镇化率达到52.57%，基本达到世界平均水平。2014年中国城镇常住人口为7.49亿，比上年末增加1805万人，城镇化率提升到54.77%。② 中国的城镇化率以每年平均增加1%的速度快速推进，其中京津冀、长江三角洲、珠江三角洲的城镇化程度较高。上述地区形成大规模的城市群，使土地面积占国土面积2.8%的上述地区所创造的经济产值达到国内生产总值的36%。

伴随城市化的发展，中国整体的经济实力快速提升。1978年至2014年中国GDP年均增长率9.5%，远远高于同期2.8%的世界平均增长速度，人均收入水平也从1978年的182美元增加到2014年的7476美元，成功实现了从低收入国家向中等收入国家的跨越。中国经济实力的快速提升期同时也是城市化的高速发展期，二者相辅相成。

近年来，围绕城市化发展，中国政府公布了一系列的宏观规划和行政导向。2002年中国共产党十六大提出"全面建设小康社会"，使"城镇人口的比重较大幅

---

① 李晓梅：《中国城镇化道路研究综述》，《人·社会·法制研究》2011年第1期。
② 中国社会科学院2013年发布的《城市蓝皮书》认为，中国真实的完全城镇化率仅为42.2%。这一数据比国家统计局公布的2012年常住人口城镇化率52.6%，低了10.4个百分点。国家统计局公布的城镇化率是常住人口的城镇化率，而中国社会科学院《城市蓝皮书》中提到的42.2%，是享受市民待遇人口的完全城镇化率。如果按照市民化的标准，目前中国城镇化率大约被高估了10个百分点左右。

度提高","加快城镇化建设","坚持大中小城市和小城镇协调发展"①的指导方针。2012年12月中央经济工作会议明确将城镇化列为今后着力推进的工作。会议指出,"城镇化是我国现代化建设的历史任务,也是扩大内需的最大潜力所在。如果说工业化在某种意义上主要是创造供给,那么城镇化则主要是创造需求。有研究表明,城镇化每提高1%,可以替代出口10万亿元。按照现有城镇化速度,社会消费的总水平可以从现在的10万亿级上升到20万亿级,年均20万亿元以上的投资规模会维持20年"②。中央经济工作会议明确了城市化与现代化、工业化的关系,着重强调了城市化中蕴藏的巨大经济价值。城市化成为国家建设的重要目标。

表1 中国城市(镇)数量和规模变化情况③(单位:个)

		1978年	2010年
城市	1000万以上人口	0	6
	500万至1000万人口城市	2	10
	300万至500万人口城市	2	21
	100万至300万人口城市	25	103
	50万至100万人口城市	35	138
	50万以下人口城市	129	380
建制镇		2173	19410

　　城市化在中国经济发展中所占的地位日益凸显。2013年12月中央城镇化工作会议召开,这是新中国成立以来首个以城镇化为核心议题的中央工作会议。会议指出,"城镇化是现代化的必由之路。推进城镇化是解决农业、农村、农民问题的重要途径,是推动区域协调发展的有力支撑,是扩大内需和促进产业升级的重要抓手","有利于破解城乡二元结构,有利于促进社会公平和共同富裕","对加快推进社会主义现代化具有重大现实意义和深远历史意义"。④ 中央城镇化工作会议不仅重视城镇化蕴藏的巨大经济价值,更将城镇化视为解决城乡二元结构、区域协调

---

① 新华网:《江泽民同志在党的十六大上所作报告全文》,http://news.xinhuanet.com/ziliao/2002-11/17/content_693542.htm。
② 人民网记者李晓明:《辛胜阳:从五方面把握经济工作会议"城镇化新政"》,2012年12月17日,http://theory.people.com.cn/n/2012/1217/c40531-19924297.html。
③ 引自中央政府门户网站:《国家新型城镇化规划(2014-2020年)》,http://www.gov.cn/zhengce/2014-03/16/content_2640075.htm。
④ 本段内容引自:《中央城镇化工作会议在北京举行》,《新华日报》2013年12月15日第1版。

发展等重大社会问题的途径。从中央对城镇化的上述定位可以看出,城镇化的目的不仅在于实现其经济指向,更重要的是依托其综合作用力,实现城乡、区域均衡发展和社会生活优化。

2014年3月中国政府发布《国家新型城镇化规划》(2014—2020年,以下简称《规划》)。《规划》明确提出中国城镇化的发展目标:到2020年常住人口城镇化率达到60%,户籍人口城镇化率45%,努力实现1亿左右农业转移人口和其他常住人口在城镇落户。《规划》指出在城镇化快速发展过程中出现的六大"必须高度重视并着力解决的突出矛盾和问题",如:"自然历史文化遗产保护不力,城乡建设缺乏特色","一些农村地区大拆大建,照搬城市小区模式建设新农村,简单用城市元素与风格取代传统民居和田园风光,导致乡土特色和民俗文化流失"。[①]《规划》通过厘清城市化过程中出现的问题,进一步凸显文化在城市化中所起的重要作用,提出建设"新型城镇化"。《规划》的出台表明,中国的城市化不是现代化进程中自然产生、顺势发展的现象,而是被明确定位为国家发展赖以为依托的重要国策。国家为城市化发展作出了具体规划,今后中国城镇化的发展势头还会进一步加强,其迈向新一阶段的序幕已经拉开。

中国的城市化战略不仅影响着亿万中国民众,也对世界经济的发展具有举足轻重的影响。按购买力平价(ppp)测算,2014年中国的经济总量超过美国,成为世界第一大经济体。因此,美国著名经济学家、诺贝尔奖获得者斯蒂格利茨断言从2015年起,世界进入中国世纪。斯蒂格利茨对中国城镇化的影响给予高度重视,他认为21世纪影响人类发展和改变世界面貌的两件事情是:美国高科技产业的发展和中国的城市化。[②] 城市化不仅是未来中国经济发展的巨大推动力,也是世界发展的重要引擎之一。

鉴于中国的城市化与现代化、经济发展之间的密切关系,国内"学术界主要以'经济增长'为目标来探讨城市化道路或城市化模式,关注于城市规模效应和城市体系建设"[③]。但是,"城镇化不仅仅是城市和城市人口的数量增加,还是城乡质量

[①] 中共中央国务院:《国家新型城镇化规划(2014—2020年)》。
[②] 中国行业网:《斯蒂格利茨:中国的城镇化影响世界经济》,2014年4月19日,http://www.chinairn.com/print/3563004.html。
[③] 李晓梅:《中国城镇化道路研究综述》,《人口·社会·法制研究》2011年第1期。

品位的提高,包括城市结构的调整、各种功能的增强和效率的提高、环境的改善、传统文化的继承与发扬、资源的保护和集约合理使用等"①。除了上述因素,从文化的角度来看,为了避免大规模城市化所引发的"千城一面"问题,还应该重视城市化进程中地域文化的独特性和凝聚力的构建。虽然城市化与现代化、经济发展密切相关,但是现代化与经济发展提升的主要是城市的硬件设施,而"城乡质量品位的提高"、地域文化独特性和凝聚力的确保,才是城市化发展目标的核心。《国家新型城镇化规划》提出的"新型城镇化"就是为了矫正原有城市化中文化指向的缺失。

二、日本城市化与现代化的关系

城市化在日本被称为都市化。1920年日本首次举行人口普查(国势调查)时,都市人口仅占18%,1970年超过70%。仅仅半个世纪,日本城镇化率提高了3倍。

日本现代城市化进程大致分为五个阶段:(1)城市化的初始阶段(1868年至20世纪20年代)。明治维新后资本主义体制的导入促使日本工业化、产业化发展,成为城市化的牵动力;(2)城市化的发展阶段(20世纪20年代至1945年)。1923年的关东大地震加速了东京的城市化进程;(3)城市化的快速发展阶段(1945年至20世纪70年代前期,见图1)。工业化引发农村人口向城市大规模移动,形成首都、大阪、名古屋三大都市圈。(4)城市化缓慢增长期(20世纪70年代前期至90年代中期)。出现"郊外化"、"逆城市化"②现象。(5)城市化成熟期(20世纪90年代末至今)。都市化率达到较高水准,进入城市社会时代。2005年日本城市化率达到90%以上。③ 如何提升各城市的特色和活力成为主要课题。"平成大合并"④使日本市町村的行政单位数量从1999年的3232个减少到2010年的1727个,大量村

---

① 赵舰:《中日城市化发展进程的对比与反思》,《科技情报开发与经济》2005年第22期。
② 逆都市化:都市社会时代,城市发展进入成熟期,不再出现大规模的农村人口向城市转移。加之国家整体人口数量减少等原因,城市人口和城市面积缩小。特别是日本的地方城市逆都市化趋势明显。
③ 世界各国对城市人口的定义和统计方法不同。日本国势调查依据DID对人口密集地区进行统计,DID意为人口密度高于4000人/平方公里的地区相毗邻,且该地区人口超过5000人。而美国认定人口高于2500人的地区即为城市,该数值仅为日本的一半。城市化率90%的数值是按照欧美主要国家的标准对日本城市化率进行重新计算后得出的数值。参考土屋宰贵:「わが国の『都市化率』に関する事実整理と考察―地域経済の視点から」、日本銀行ワーキングペーパー、2009年7月。
④ 平成大合并:根据1999年重新修订的合并特例法所进行的市町村合并。

镇的行政部门、医疗和社会福利机构被移至大城市或"地方据点都市"。东京、大阪出现"再都市化"①现象。

第二次世界大战后,日本城市化与现代化、工业化同步展开、相互推动。"(1)以工业化和国际化为支柱的日本高速经济增长促使地域社会构造发生变化;(2)为了获得高收入的就业机会,人口从各地农村向城市快速集聚;(3)大量消费、大量销售、大量生产的大规模经济促使人口向城市集聚"②,日本城市化快速发展。

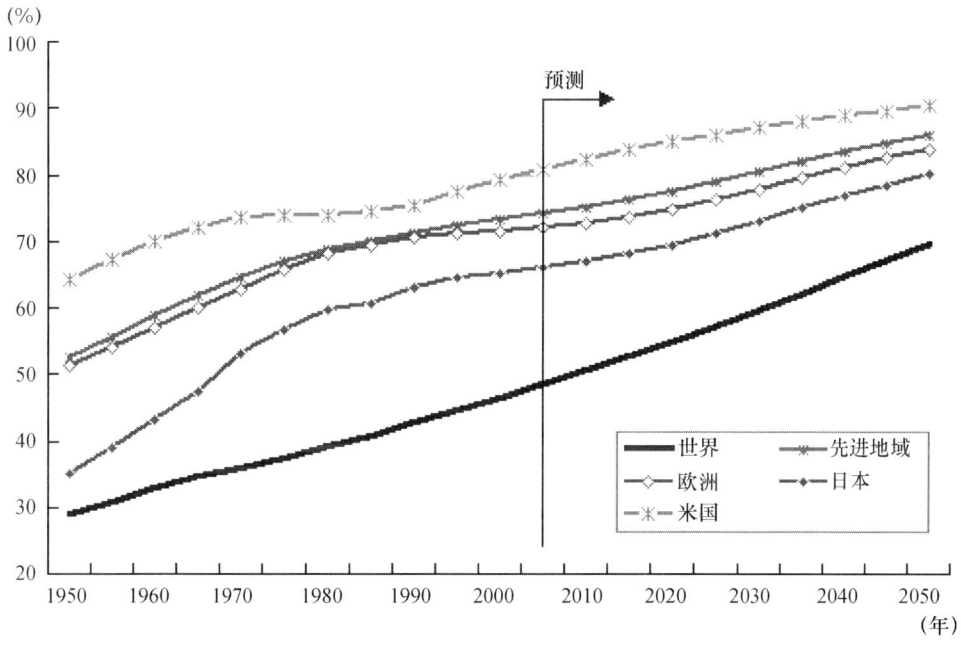

图1　日本城市化率的变化③

日本的城市化采用政府宏观调控下的市场主导型模式。日本城市化"以经济发展为动力,通过规模经济和聚集经济的传导,促使农村人口、农业生产要素和非农业经济活动不断地进行空间聚集而逐步转化为城市的经济要素,进而使城市成

---

① 再都市化:也称"再城镇化",是相对于逆城市化而言的城市发展阶段,指因逆城市化而衰退的城市中心区再度城市化的过程。
② 日本経済企画庁:『昭和46年年次経済報告』、http://www5.cao.go.jp/keizai3/keizaiwp/wp-je71/wp-je71-02402.html。
③ 中島厚志:『都市化率上昇策が経済を活性化させる』、みずほ総合研究所オピニオン、2010年10月3日、https://www.mizuho-ri.co.jp/publication/opinion/eyes/20100803.html。

为经济发展的主要推动力。在城市化进程中,经济发展主要依赖于第二产业即工业的发展"①。

现代化、工业化是日本城市化的主要推动力。第一次世界大战后,日本进入以重化工业为主的工业现代化时代,形成了川崎、川口、尼崎、日立、丰田等一批新兴城市,推动了日本的城市化进程。第二次世界大战后的经济复苏使大量人口从日本各地,特别是从农村流入首都、中京、近畿三大都市圈。以处于高速经济增长期的1961年为例,当年有65万人从日本各地流入三大都市圈。其中首都圈增加36万人,近畿圈增加22万人,名古屋圈增加7万人。三大都市圈的面积仅占日本国土面积的14.4%,但人口和国内生产总值占全国的50%以上。以东京为中心的首都圈的人口聚集②和产业聚集现象尤为显著。东京是日本政治、经济、情报信息中心。很多大公司、报业、出版业、电视台等媒体机构把总部设在东京。东京的大学等教育资源丰富,文化设施林立。

在日本现代化、工业化推动城市化发展的进程中,爱知县丰田市可谓代表事例。丰田市原本是一个以养蚕业、纺织业为主的町。从1920年到1930年的10年间,人口只增加了2000人左右。昭和初期,纺织业的市场需求下降,当时的町长中村寿一为了给当地发展打开局面,积极邀请丰田自动织机制造所新设的丰田汽车制造所在当地办厂。1935年丰田汽车制造所进入该地后,先后在该地建设了7个工厂,其周边又建成了许多为丰田公司提供汽车配件的合作厂。飞速发展的汽车制造业带动当地商业、服务业的发展,人口急剧增加。1959年当地改名为丰田市,现有人口达到41万人,其中丰田汽车公司的员工7万人,丰田公司合作企业的从业人员24万人。

依托丰田公司的汽车制造业,丰田市跃升为"日本第一制造业城市"。但是即使是现今世界汽车销售量第一的丰田公司凭借一己之力也无法使丰田市的城市发展高枕无忧。汽车制造业既是丰田市的核心产业,同时也给这一地区的发展带来了困惑。"提起丰田(市),给人的印象只有TOYOTA(丰田汽车商标)。丰田给人

---

① 付恒杰:《日本城市化规模及其对中国的启示》,《日本问题研究》2003年第4期。
② 根据日本总务省统计局2014年10月1日公布的数据,东京人口为1339万人,占日本全国总人口(1.25431亿人)的10.7%。首都圈人口占全国比为28.7%。

的感觉与其说是城市不如说是工业产地。"① 被称为"丰田的城市"、"汽车城市"的丰田市面临着困扰日本地方城市的共同问题——城市中心空洞化引发的逆城市化。汽车制造业发达的丰田市,汽车是居民出行的主要交通工具,相比于其他同等规模的城市,公共交通设施建设滞后。市内商业街由于无法提供郊外购物中心必备的大型停车场,无法满足汽车社会的出行需求,其商店数量、从业员人数、年销售额减少。加之丰田市周边高速公路设施完善,距离爱知县厅所在地名古屋市仅半小时车程,地理位置的因素使得丰田市内商业街必须同时面对激烈的外部竞争。

为了振兴城市活力,由丰田市、丰田商工会议所、丰田汽车公司、大丸松阪屋百货店、丰田市商业街联盟等机构、团体、个人集资成立了丰田城市建设株式会社(豊田まちづくり株式会社)②,集资额达到 12.96 亿日元。该机构的城市建设目标在于提升城市中心地区服务行业的经济效益,提升城市的活力、魅力、凝聚力。丰田市面对的发展瓶颈问题是处于"城市社会时代"日本全国各地城镇所共同面对的重要课题。进入城市社会时代的日本今天面对的主要城市发展问题是社会资源、人口的东京"一极集中"和东京以外地区日益严重的衰退。

曾任岩手县知事、日本总务省大臣的增田宽也③指出:在日本整体人口数量减少的大环境下,日本近半数的市区町村,"未来有可能由于无法维持人口而面临消亡"。④ 在经济高速增长期,日本的人口主要从各地流向三大都市圈。经济高速增长期结束后,三大都市圈中只有首都圈的人口仍在不断增加。2014 年,从日本各地流出人口 10 万人,首都圈流入人口达到 11 万人。⑤ 通过住民票登记可以看出,流入首都圈的人口集中在 18 岁至 24 岁,2014 年流入东京都的人口中 95% 是青

---

① 引自 2014 年 5 月 14 日日本雅虎问答栏最佳读者回答,http://detail.chiebukuro.yahoo.co.jp/qa/question_detail/q10129042970。
② 丰田市政府为最大股东,出资比例达到 63.93%,丰田商工会议所和丰田汽车公司各占股 10.15% 和 4.09%。参考:『豊田まちづくり株式会社社会概要』,http://www.tm-toyota.co.jp/company02.html。
③ 增田宽也:1995—2007 年任岩手县知事。2007—2008 年任日本总务省大臣。东京大学公共政策大学院客座教授、野村综合研究所顾问、东京电力公司董事。
④ 增田宽也认为日本全国有 896 个行政自治体面临消亡的危险。益田宽也:『地方消滅—東京一極集中が招く人口急減』,中公新书 2014 年。
⑤ 日本総務省統計局:『住民基本台帳人口移動報告』,2014 年。

年。根据日本厚生劳动省的统计,2014年日本全国的总和出生率(合計特殊出生率)[①]为1.42,首都圈、近畿圈、东北地区和北海道的总和出生率低于全国的平均值,[②]其中东京最低,仅为1.15。总和出生率居于前三位的分别是冲绳(1.86)、宫崎县(1.69)、长崎县和岛根县(均为1.66)。

出生率的降低和年轻人不断从各地流向东京,使日本社会的整体发展陷入不良循环。对东京以外地区而言,低于2.07的出生率以及年轻人口的外流,削弱了当地的经济实力和活力。日本地方行政机构的收入主要依靠公共事业费、农林商工业的税收、养老金。日本现在是世界上老年人口比例最高的国家,预计2040年以后,日本各地的老年人口减少,各地养老金的预算收入也会因此减少。此外,近年来日本的公共事业费也在不断减少。如果各地不能保持或提高农林商工业的收入,各地政府会面临更大的困境。

面对日本各地普遍存在的衰退问题,东京也无法独善其身。作为日本"一极集中"的核心地区,东京依赖人口聚集、经济聚集效应,仍然可在一定时期内保持其发展态势,但是为其输送人口、支撑其经济基础的日本其他地区的衰退,会威胁东京今后的发展。而对日本全国而言,处于生育期的年轻人口流向生育率低的东京等大城市圈,会进一步降低生育率。

步入城市社会阶段的日本所面临的最大问题是如何激发首都以外地区的活力,促进地域社会的全面发展。昔日,处于现代化和城市化发展快车道的日本,依靠经济优势来带动城市建设;但是长期处于经济微弱复苏状态的今天的日本,无法依赖外来投资促进各地区的发展,而必须采取内发型发展模式,发挥各地的特色和优势以应对问题。日本的城市化以经济发展作为主要目标,构建了以大都市为核心的现代文化传播模式。但是这种现代化发展观却造成了城市化中地域文化特色的缺失。

[①] 总和生育率(total fertility rate):也称总生育率,是指该国家或地区的妇女在育龄期间,每个妇女平均生育的子女数。医疗条件和营养条件较好的地区,总和生育率如果小于2.07,人口总数下降。如果是贫困地区,则总和生育率需要高于2.07才能维持人口数量不减少。
[②] 厚生労働省:『平成26年人口動態統計月報年計(概数)』。

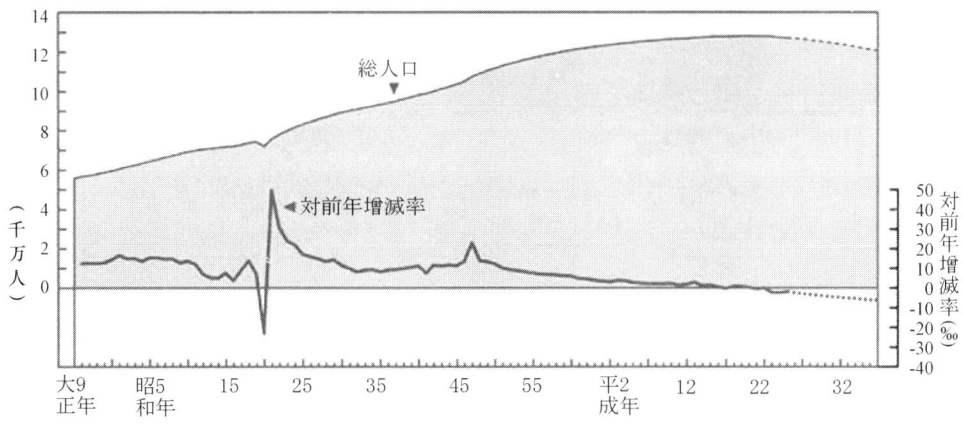

图2 日本人口的变化及预测①

三、城市化中地域文化构建

城市化是人类社会现代化进程中共同面对的课题。根据世界银行的统计数据：截至2011年底，全球城市化水平最高的国家是阿根廷，城市化率达到92.5%；其次是日本，城市化率水平为91.3%。同年中国的城市化为50.6%。如果单纯从城市化率来看，2011年中国的城市化率还未达到日本20世纪50年代初期的水准。② 中国和日本同样从农业国家走向工业化，两国在传统文化等方面存在很多共性，日本的城市化可以为中国提供借鉴。

荷兰都市人口学家克拉森（Leo Klaassen）把城市化分为城市化、郊区城市化、逆城市化和再城市化四个阶段。日本各地经历了不同程度的城市化、郊区城市化和逆城市化，再城市化现象只出现在首都圈、近畿圈等少数大城市。对于城市化率超过90%，已经进入成熟的城市社会时代的当今日本，其在城市建设中面临的最大问题是东京以外地区普遍存在的不同程度的逆城市化。如何在人口减少、城市规模缩小的前提下，保证地方收入，保持公共服务体系的有效运用，增强地域社会

---

① 総務省統計局：『総合統計書』第2章「人口・世帯」、2015年、http://www.stat.go.jp/data/nihon/g0302.htm。
② 中国产业信息网：《全球主要国家城市化水平分析》，2013年，http://www.chyxx.com/industry/201310/222284.html。

的活力、魅力、凝聚力,是摆在日本各地地方政府面前的重要课题。

表2 全球主要国家城市化水平[①]

	1950(%)	1955(%)	1960(%)	1965(%)	1970(%)	1975(%)	1980(%)	1985(%)	1990(%)	1995(%)	2000(%)	2005(%)	2011(%)
阿根廷	65.3	69.6	73.6	76.4	78.9	81.0	82.9	85.0	87.0	88.7	90.1	91.4	92.5
日本	53.4	58.4	63.3	67.9	71.9	75.7	76.2	76.7	77.3	78.0	78.7	86.0	91.3
澳大利亚	77.0	79.4	81.5	83.5	85.3	85.8	85.8	85.7	85.7	86.1	87.2	88.2	89.2
中国	11.8	13.9	16.2	18.1	17.4	17.4	19.4	22.9	26.4	31.0	35.9	42.5	50.6

在城市化和现代化进程中,日本地方政府往往通过吸引外来投资来获得经济收益。同时,在经济快速发展阶段,日本各地纷纷效仿东京等大城市的发展模式,地域社会自身的文化特色和内部凝聚力没有得到充分重视,缺少因地制宜的发展规划和将其付诸实施的魄力与决心。在经济持续微弱复苏、消费缓慢增长的社会背景下,地区社会自身的活力、魅力、凝聚力日益成为其生存的重要依托。而实现这一目标需要以"内发型发展"作为主要支撑。

瑞典的达格·哈马舍尔德基金会在1975年的联大经济特别会议上提出"内发型发展"模式。"内发型发展"观强调人与地域生态资源之间的和谐,重视基于地域文化传统的人的创造性活动。其发展目标不仅局限于物质生活,还重视地域社会的文化传统和文化遗产继承,地域社会内部居民自身的变革和主体性。世界经济合作与发展组织(OECD)指出:吸引外来企业与地方自主发展相比较,应该采取着重促进地方自主发展的战略,并于20世纪80年代开始推行"地域社会自主发展计划"。"内发型发展"观可以避免各地区之间的资源争夺与过度竞争,促使更多当地民众参与地域社会发展。与"内发型发展"观相对的是现代化发展观。在现代化发展观中,政府官员和当地有影响力的机构、组织往往成为地域社会发展的决策者和执行者,当地民众的主体性难以得到发挥。

"内发型发展"观体现了后现代社会中对地方性知识重要性的重新认识。"随着后工业社会的发达,西方文化传播的强势在摧毁着世界文明不同的形态。现代

---

① 参考高橋勇悦:『都市社会論の展開』、学文社1993年、164ページ。

意识的题旨在于统一,在于'全球化'(globalize)。统一固然带来了文明的进步,但从另一角度也毁灭了文明的多样性。意识形态的全球化更给世界文化带来了灾难性的后果。因此,矫枉现代化及全球化进程中的弊端,后现代的特征之一就是'地方性'(localized)——求异。"[1]"内发型发展"观有助于形成各地的特色,创造活力、魅力以及基于对自我文化认同的凝聚力。而这些因素才是城市社会时代地域社会发展的关键。

早在20世纪70年代末,时任神奈川县知事的长洲一二就曾提出"地方的时代"发展构想,强调地域社会以及地域文化的重要性。"地方的时代"所追求的就是具有地区特色的内发型发展模式。但是这种思想在当时的日本并未得到普遍重视,追求经济效益的现代化发展观依然占据主流地位。2011年发生的"3·11东日本大地震"使更多的日本人认识到日本第二次世界大战后一直奉行集权式能源供应体制和过度重视效率的现代化发展观的弊端,开始关注地域社会发展和地域文化的构建。日趋尖锐的高龄少子问题也促使社会重视基于"内发型发展"观的地域文化构建。

2014年日本政府提出"地方振兴"(「地方創生」),拨出1兆日元的专项经费,制定《城镇·居民·就业提振法》(『まち·ひと·しごと創生法』),并要求各地按照自己的实际情况制定各自的地域振兴综合战略,其目的在于使日本各个地区构建充分发挥具有自身特色、自立的可持续发展的地域社会。"地方振兴"已经成为目前日本国内建设最主要的任务。长期以来,支撑日本现代化、城市化发展的现代化发展观终于逐步向基于地域文化的内发型发展观过渡。

结　语

日本在城市化阶段虽然获取了巨大的经济收益,但是也给进入成熟的城市社会时代的社会发展造成了很多不利影响。在高龄少子问题不断凸显、人口减少的大背景下,东京的"一极集中"和地区社会的衰退成为日本国内发展的难题。而对

---

[1] 王海龙:《导读一:对阐释人类学的阐释》,《地方性知识——阐释人类学论文集》,中央编译出版社2000年版,第41页。

于在今天已经受到高龄化问题困扰、地区发展不均衡的中国来说,日本现在面对的问题也正是我们亟须考虑的问题。

城市化是现代化、工业化的产物,它意味着城市规模、城市人口、经济集聚效应不断扩大的发展阶段。在实现城市化后,城市仍然需要谋求新的发展。因此城市化不是城市发展的长远目标,而是特定的历史阶段。为了城市的持续性发展,应该把成熟的城市社会时代的城市发展目标作为长远目标,进而定位当今城市化发展的阶段性目标。

从经济效益的角度来看,工业化主要创造供给,城市化主要创造需求。但是长远目标指引下的城市化的定位并不仅仅是经济利益,而是实现社会生活和区域均衡发展的结构性优化。上述终极发展目标仅仅依靠投资、商品制造、高效率的经济运营无法实现,必须立足于地域社会,对其社会生活进行多维度的改善和提升。改善和提升的目标是形成富有地方特色和活力,使当地民众产生归属感的地域文化。

重经济、轻文化可以说是基于现代化发展观的城市化进程中的必经阶段。文化指向的缺失会对社会未来的可持续发展产生极大的不利影响。尽早意识到城市化中文化缺失的严重性,才能更大程度地降低其不利影响。日本城市化的例子给中国提供了很好的借鉴。城市化进程中的文化指向,并不是依赖于特定核心地区的文化辐射力,而是植根于地域社会的文化构建。地域社会文化的良性发展是全社会发展的根基,是城市化发展的重要指向。

参考文献

1. 中文文献

冯武勇、郭朝飞:《日本城镇化的得失》,《决策》2013年第5期。

付恒杰:《日本城市化规模及其对中国的启示》,《日本问题研究》2003年第4期。

李晓梅:《中国城镇化道路研究综述》,《人·社会·法制研究》2011年第1期。

王海龙:《导读一:对阐释人类学的阐释》,《地方性知识——阐释人类学论文集》,中央编译出版社2000年版。

武斌:《我们离现代化还有多远》,中国经济出版社1998年版。

张国军:《中日城镇化的国内外研究综述》,《中国市场》2013年第40期。

赵舰:《中日城市化发展进程的对比与反思》,《科技情报开发与经济》2005年第22期。

2. 日语文献

益田寛也:『地方消滅―東京一極集中が招く人口急減』、中公新書、2014年。

中島厚志:「都市化率上昇策が経済を活性化させる」、みずほ総合研究所オピニオン、2010年10月3日。

高橋勇悦:「都市社会論の展開」、学文社、1993年。

土屋宰貴:「わが国の『都市化率』に関する事実整理と考察―地域経済の視点から」、日本銀行ワーキングペーパー、2009年7月。

第五章 关于现代日本老年人生存现状的问题研究[①]
——以《读卖新闻》的报道为例

杜晓静 李胜男

一、研究背景

20世纪70年代以来,随着人口平均寿命的延长以及生育率的持续下降,日本以超过其他发达国家数倍的速度步入老龄社会,并于2000年一跃成为世界上老龄化程度最高的国家。据日本总务省统计局调查结果显示,截止到2012年9月15日,日本65岁以上的老人人口已高达3074万人,首次突破3000万,占总人口数的24.1%[②]。这就意味着几乎每4个日本人中就有1个为老年人。另外,随着"团块世代"(出生于1947年至1949年生育高峰期)的人们今后也将陆续步入老年,日本所面临的老龄化问题将更加严峻。

在老龄问题日益突出的情况下,日本国内外针对该问题的研究也层出不穷。日本著名的家庭社会学者望月嵩曾在其著作中指出,经济上的困难、身体上的衰弱和精神上的不安是困扰老年人的三大课题。[③] 而在老龄问题对策方面,无藤隆等人特别强调家人在照顾老年人时所发挥的作用,指出家庭支援可以满足老年人的

[①] 本文在导师江新兴教授的指导下完成。
[②] 数据来自于日本总务省统计局:『推計人口』、http://www.stat.go.jp/data/topics/topi720.htm(2012年12月引用)。
[③] 参见望月嵩:『家族社会学入門 結婚と家族』、培風館1996年。

各种具体需求,是一种最贴心的关怀。① 此外,坪井、福川在研究对老年人的精神援助这一课题时指出了来自于家庭之外的社会援助的必要性,并提出应建立一个包括医生、保健师、保姆等在内的完善的援助体制。②

综上可以看出,到目前为止,日本学界关于老龄问题的理论研究已经相当完善,然而,在这样一个老龄问题严峻的国家,日本老年人的生存现状究竟如何?日本社会又做出了什么样的应对措施?对于这些问题,还有很多研究空白。

美国著名的政治学家李普曼曾在《舆论学》一书中指出:"当今的现实环境错综复杂,远非个人所能亲身经历。对于那些'不可触、不可见、不可思议'的现实环境,通过大众媒介的嫁接,就能够使人们达到可知可感、甚至还会有亲身经历的感觉。"③因此,笔者认为,在探究日本老年人生存现状这一课题时,可以借助大众媒介的功能。而本文之所以选择了《读卖新闻》这一报纸媒介,是因为和其他媒介相比,报纸具有更为显著的可信性和影响力。通过对报纸中有关老年人的报道事例进行分析,笔者希望可以从一个侧面来探究现代日本老年人的生存现况以及日本政府和社会进行援助的情况。

二、研究对象和方法

1. 研究对象

《读卖新闻》所刊载的有关日本老年人的报道。

2. 研究方法

(1)目标媒体的选取

《读卖新闻》是日本的全国性报纸,同时为日本第一大报。其发行量高居日本各大报纸之首,具有很大的影响力。另外,针对近年来日本老年人口不断增加的社会现状,读卖新闻社编辑局专门增设社会保障部这一编辑部门,对相关信息进行编

---

① 無藤隆ら:『発達心理学入門 青年・成人・老人』、東京大学出版会1990年。
② 坪井里美ら:「地域在住の中高年者の抑うつに関する要因」、『心理学研究』75、日本心理学会2004年。
③ 李普曼:《舆论学》,林珊译,华夏出版社1989年版,第25页。

辑和报道。因此,笔者认为,在对日本老年人的报道方面,《读卖新闻》具有更强的专业性和全面性。

(2)样本的选定

本文选取2012年1月1日至2012年10月31日共10个月的相关报道作为分析样本。此外,为了尽量保证样本的全面性,笔者在《读卖新闻》网站进行站内检索时,分别以「高齢者」和「老人」「年寄り」为关键词[①]进行检索,再通过人工分析排除相关度较低以及重复报道的篇幅,最终将样本数量确定为245篇。

(3)样本的分析

经过对所选样本进行分析整理,结果显示,245篇样本在内容上大致可归为两类。第一类为数据报道,如老年人口的增长情况、交通事故的死亡人数等,此类报道共36篇,占所有报道的14.69%。第二类为事例报道,如活跃在各领域的老年人,日本老年人所面临的各种问题等,此类报道共209篇,占所有报道的85.31%。此外,为了弥补报纸报道的不足,笔者在做具体分析时还参考日本官方的调查数据。

表1 《读卖新闻》对老年人报道的主题分类/篇(2012年1月1日至2012年10月31日)

报道的主题分类	数据报道	36篇	
	事例报道	209篇	关于积极乐观的老年人报道(26)
			关于老年人面临的问题报道(61)
			关于老龄化对策的报道(122)

三、研究发现

1. 积极乐观的日本老年人一族

从上述的报道分类中可以看出,关于老龄化的对策报道和老年人问题报道占据了较大比重,除此之外,还有一小部分报道(26篇)是围绕着积极乐观的老年人

---

① 汉语中的"老人"在日语中可以用「高齢者」「老人」「年寄り」来表达。

展开的。这就说明在日本这样一个老龄化程度较高的国家,虽然老龄问题更多地成为人们关注的焦点,但社会上也不乏充满活力的老年人,他们坚持老有所为,并在退休后仍然积极地寻求再就业机会。还有很多老年人依靠工作时的人际关系,为追求新的归属地,在退休后组建各种NPO进行活动。

日本老年人积极乐观的一面在《读卖新闻》的报道中表现得多种多样。例如,居住在名古屋市的四位耄耋老太太,就被日本爱知县政府任命为"代言人",她们负责提醒老年人谨防上当受骗。这四姐妹是日本著名长寿双胞胎"金银婆婆"中"银婆婆"蟹江银的女儿们,其中银婆婆的大女儿矢野年子今年已98岁。她们都住在名古屋市,平时互相往来做客,热爱生活的态度在名古屋市传为美谈。

除工作之外,对这些乐观的老年人而言,学习也是他们生活的重要组成部分。日本很多大学都设有"生涯学习科"之类的机构,专门面向社会开设各种讲座。同时,地方政府也出资聘请专家、讲师,举办各种学习班、培训班,其主要"生源"也是老年人。与被称为"企业战士"的日本年轻人相比,日本的银发一族更是常以"学到老,活到老"的姿态出现在各种各样的新闻报道中。广岛县76岁的高龄老人白苍茂生,不畏病痛折磨,花三年时间撰写学位论文,最终取得了山口大学的博士学位。70岁的山口大学校长丸本卓哉高度评价他说:"做学问和年龄无关,最重要的是那种斗志,那种精神,是我们每个日本人都应该学习的。"①

从以上的这些报道可以看出,在日本很多积极乐观的老年人在退休后并不赋闲在家,而是通过自己的实际行动积极参与到社会之中,这样不仅使他们自己的晚年生活充满朝气与活力,同时他们也用积极向上的生活态度为众人做出了表率。

2. 面临诸多问题的日本老年人一族

在本研究所选取的样本之中,围绕着日本老年人所面临的问题报道共有61篇。接下来,笔者将从造成这些问题的原因着手,从自身因素、家庭因素和社会因素三个方面,对这些问题进行分类整理,并分别以具体报道为例来一一说明。

(1)自身因素:衰老带来的问题

伴随着医疗水平的进步和生活水平的提高,人的寿命大大延长。但是衰老对

---

① 『病乗り越え博士号取得…山口大・白倉茂生さん』,《读卖新闻》2012年10月1日(2012年12月引用)。

每个生物体而言都是无法回避的客观问题。衰老造成的人体生理机能退化,时刻威胁着老年人的身心健康和生命安全。即使身在世界上最著名的长寿国家日本,老年人也摆脱不了衰老所带来的种种困扰。而通过对新闻报道的分析我们发现,在日本,自身衰老所带来的问题则突出表现在老年认知症和交通事故两个方面,分别有15篇和8篇相关报道。

据日本厚生劳动省统计,2012年日本全国患有认知症的老年人超过了300万人,比2002年时(149万)增加了1倍之多。也就是说,日本全国65岁以上的老年人中每10人就有1人患有认知症。老年认知症患者急剧增多这一问题在《读卖新闻》的报道中也有所体现。在2012年1—10月的报道中,共有15篇涉及老年人认知症的问题,是老年人面临的诸多问题之中报道比例最大的一类。认知症不仅给老年人的身心健康带来伤害,也大大加重了家族成员的看护负担。再加上认知症经常会伴随着徘徊、大小便失禁、攻击性行为等症状,疲于看护的家人经常会选择将老人送入精神科医院。但是生活环境的突然变化再加上不合适的药物治疗有时反而会导致病情加重。针对以上这些情况,目前日本厚生劳动省已决定将应对政策的重点转为在家护理。比如,针对认知症初期的患者,厚生劳动省将组建由专职人员组成的"初期集中支援队",支援队将走访老年人家庭,听取患者及其家人的心声,并为他们提供建议。

除了健康问题外,衰老也影响到老年人的出行问题,给他们的日常生活带来诸多不便。近年来,老年人交通事故频频见诸报端,已经成为当今日本社会热议的话题之一。根据日本警察厅所作出的统计数据(见图1)可以看出,近年来,日本死于交通事故的人数呈现出持续降低的态势。但同时我们也发现,在所有年龄层中,65—74岁,特别是75岁以上的高龄者死于交通事故的人数却一直居高不下。这一点在《读卖新闻》2012年1月6日的报道中也有所验证,据报道,德岛县2011年死于交通事故的49位受害者中,60%以上均为65岁以上的老年人。

老年人交通事故较多的原因,一方面是因为老年人自身行动不便、反应迟缓,容易成为事故的受害者。另一方面,老年人也经常扮演着事故肇事者的角色。据报道,在日本茨城县的交通事故案例统计中,老年人开车所导致的交通事故呈现出逐年上升之势。其中在2011年,县内19.5%的较大交通事故都是起因于老年人开车。这是因为老年人虽有着多年的开车经验,对自己的开车技术充满信心,但他们并没有意识到自己身体机能的衰退,因此一旦疏忽就会导致车毁人亡的悲剧发生。

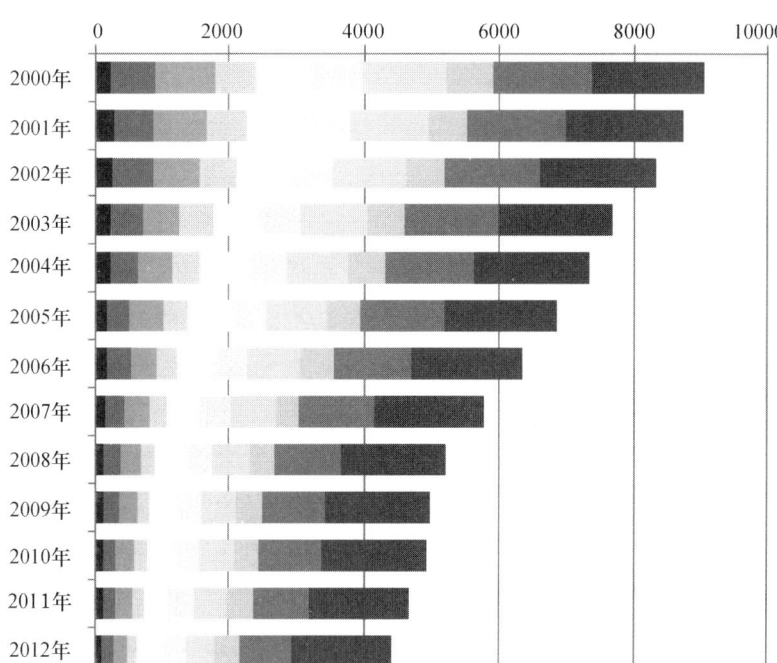

图1 各年龄层交通事故死亡人数的变化①(单位:人)

从左至右分别为:15岁以下、16—19岁、20—24岁、25—29岁、30—39岁、40—49岁、50—59岁、60—64岁、65—74岁、75岁以上

(2)家庭因素:家庭结构变化带来的问题

二战以后,随着日本新宪法和民法的制定,日本原有的以几代人同居为特征的家庭制度不复存在。日本家庭小型化趋势日益明显,许多年轻人在成年后、特别是在成家后便会离开父母单独居住,这导致老年人独居或夫妇单独居住的情况不断增加。据日本厚生劳动省统计,1989年,65岁以上的老年人独居的比例为14.8%,夫妇二人居住的比例为20.9%。但是到2010年时,老年人独居和夫妇二人居住的比例已分别高达24.2%和29.9%,②可见,在日本,超过一半的老年人都

---

① 引自网站 http://www.garbagenews.net/archives/2047698.html(2012年12月引用)。
② 数据来源于厚生労働省:『国民生活基礎調査』(2010年)、http://www.mhlw.go.jp/toukei/saikin/hw/k-tyosa/k-tyosa10/1-2.html(2012年12月引用)。

是和子女分开居住。

在老年人单独居住的情况下，一方面，可以按照自己的方式随心所欲地生活。然而另一方面，由于受到身体情况的限制，独居老人在生活以及心灵上面临重重困难。在我们所选取的样本中，有7篇报道提及独居老人的生活情况和精神状态。例如，据7月3日的《读卖新闻》报道，日本山形县的独居老人已超过5000人，其中25%的老人每周的外出次数都少于一次。而其外出次数较少的原因则分别是"没有什么要办的事情"（37.2%）、"担心自己的身体"（28.7%）、"交通不方便"（25.2%）、"害怕外出"（22.6%）等。此外，有关独居老人在生活中所遇到的困难，56.8%的老人选择"下雪"等天气因素，还有较多的老人表示日常购物和外出都非常不便。然而，除了上述生活上的困难之外，独居老人心灵上的空虚、孤独和不安也是一个极其严重的社会问题。"我希望有人能和我说说话"、"我每天都担心自己会不会孤独地死去"等，都是独居老人们发自内心的声音。

上述事实表明，独居老人们的担心并非杞人忧天。近年来，独居老人"孤独死"事件正在逐年增多，已经成为困扰日本社会的一大难题。"孤独死"是日文中一个特有的词汇，就是指在外界毫不知情的情况下孤独死去，遗体在死去长时间后才被发现的情况。孤独死案件虽然在各国均有发生，但是在核心家庭化加剧、人际关系淡薄的日本，该问题显得尤为严重。根据《读卖新闻》2月10日的报道发现，2011年仅在鹿儿岛一县就有574位老人孤独死去，该人数达到了2010年的1.4倍，呈现出一种急速增长的态势。据悉，这些孤独死的老人均为单独居住，他们平时很少外出，与邻人的交流甚少，所以即使他们连续几天都不出现，外人也很难察觉出有什么异常。

此外，孤独死的案例在多人共同居住的家庭中也时有发生。而这种情况则主要发生在日本典型的"老老看护"家庭中。在长寿大国日本，由高龄老人和超高龄老人组成的家庭非常常见。在这种情况下，如果家庭中唯一一位具有独立生活能力的成员意外去世的话，其他家人也很有可能会因为失去照料、孤立无援而连锁死亡。

(3)社会因素：不良社会风气带来的问题

通过对《读卖新闻》报道的分析发现，除了老年人个人因素和家庭因素所带来的问题之外，日本老年人还面临着诸多来自于社会的威胁。比如以老年人为目标的欺诈活动(相关报道10篇),以及养老机构对老年人的虐待(相关报道5篇)等。

近年来,日本"是我是我"电话诈骗影响广泛,其主要对象就是老年人,其中更以女性和独居老人居多。诈骗者大多伪装成他们的儿女或孙辈,编造各种谎言(如遭遇交通事故、过失引起事故、招惹了麻烦要付赔偿金等)并故意营造紧张气氛,博得老人同情,然后要求老人往指定账户汇款。据日本大阪府警察厅统计,仅在2012年前4个月内,大阪府就发生了20起"是我是我"诈骗案,被骗金额达5700万日元,其中被害者全部为60岁以上的老人。老年人之所以容易成为诈骗犯的"狩猎"目标,一方面是因为在日本65岁以上的高龄人口已经接近全国总人口的1/4,他们的个人金融资产占据了日本全国资产的很大比例,而另一方面老年人自身反应能力和辨别能力的相对弱化,也为罪犯提供了可乘之机。

除诈骗问题外,老年人受虐待问题也是近年来颇受关注的话题之一。在日本,老年人受虐待主要包括家庭内虐待和养老机构内虐待。而从虐待的类型上来看,身体虐待最多,其他如谩骂、侮辱、恐吓等精神虐待,以及以怠慢、放弃看护为特点的隐性虐待,和未经老人允许擅自使用老人金钱的经济性虐待行为也在逐年增多。据《读卖新闻》2012年9月11日报道,福井县在2011年度共有194位高龄老人遭受过虐待,比上一年增加了28人,人数创历史新高。老年人受虐待问题是由多种原因引发的复杂现象。从老年人自身来看,老年人固执、以自我为中心的性格容易给护理者带来较大的精神压力。另一方面,老龄化进程加快导致护理负担加重,而养老院等福利设施又经常出现从业人员不足的情况,护理人员不断加重的护理负担及精神压力长期得不到发泄时,就很容易将怨气发泄到所守护的老人身上,由此引发老年人受虐待问题愈演愈烈。

老年人受欺诈、受虐待等问题的严重性,凸显了日本法律制度的缺陷以及社会道德水准的滑坡。而如何确保老年人的权益不受侵害,并使他们度过一个安乐的晚年,是日本政府面临的重大课题。

3. 日本政府和社会对老年人的支援

众所周知,日本老龄化起步较早,老年人所面临的问题也比较严重,而另一方面,日本政府和社会各界也为解决老年人问题做出了很大努力。在本文所选取的245篇报道中,有122篇都是关于老龄问题对策的报道。接下来,笔者将结合日本老龄问题对策的具体措施,从三个方面对这122篇报道中提及较多的内容进行分析。从中可以窥探出日本政府和社会对老年人的援助情况。

(1)日新月异的高新技术:提高老年人自我保障能力

日本作为一个发达的科技大国,在人口老龄化日益严重、却又缺乏人手照看老人的情况下,很多新技术和新发明应运而生。日本政府也积极设置四通八达的电脑网络,以防止老年人在危急时孤立无援。

据《读卖新闻》2012年2月22日报道,富山县射水市将于2015年3月份导入一种综合利用"护身手机"和SOS紧急呼救的新型系统,以防止患有认知症的老人走失。比如,当家人发现老人不见时就可以给老人的"护身手机"打电话,而"护身手机"就会自动进入到通话模式,这时家人就可以和老人通话以确定老人是否安全,并利用"护身手机"内安装的GPS定位系统确定老人的位置。如果这样还无法找到老人,家人还可以致电SOS紧急呼救,呼救中心会立刻向全市的出租车公司、金融机关、商场等发送包含老人身体特征等信息的电子邮件,动员全市的力量寻找迷失的老人。该系统被认为是防止徘徊老人遭遇事故的有效手段之一,但如何保证认知症老人能够随时携带"护身手机"还有待进一步研究。

再如,2015年7月,本田公司利用研发双腿行走机器"ASIMO"时生成的控制技术开发出了一套"节奏步行助手"装置。"节奏步行助手"旨在帮助腰腿功能减弱的人恢复健康行走功能——像绑腰带一样在腰部和大腿处系上该装置后,电动机就会帮助使用者按照适当的步幅和节奏行走起来。可以说,此类技术的开发,为那些身体衰弱行动不便的老人们创造了再次行走的机会,在一定程度上提高了老年人的自我保障能力。

(2)不断完善的社会保障制度:弥补家庭养老的不足

如前文所述,日本的老年社会保障制度建设起步较早,发展到今天已经相当完善,日本老年人所享受的社会福利和保障即使是在发达国家中也处于较高水平。从图2可以看出,日本老年人家庭收入的70%以上均是来源于公共年金,可以说首先在经济方面,政府的大力支持为老年人群解决了后顾之忧。

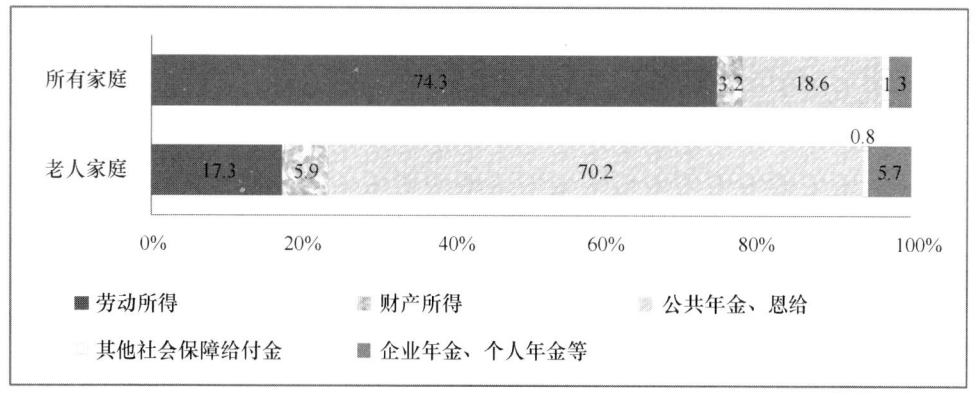

图2　日本家庭所得构成情况①

其次,在老年人的生活照料方面,针对家庭结构变化所带来的家庭养老功能弱化的问题,日本政府从很早以前便开始重视社区的服务功能。组建社区服务员队伍,定期对老年人进行访问指导、医疗护理、机能训练等工作。而参加社区服务的人员,除了政府人员和民政人员之外,还有一些政府资助下的民间组织,以及由家庭主妇、大学生和部分健康老人所组成的志愿者等。社区服务为老年群体提供了无微不至的生活照料,在一定程度上弥补了家庭养老的不足。

此外,日本政府还不断完善老年人法律保障体系,以应对不断变化的社会需求。比如,本次样本中关注度较高的「市民後見制度」(市民后见制度),就是在老龄程度不断加深的情况下提出来的。「成年後見制度」(成年后见制度)主要是针对认知症患者、智障者等行为能力欠缺的成年人,由家庭裁判所选任的后见人负责其身体照料,并代行财产管理等职责的法律制度。在日本,成年后见制度开始实施于2000年4月,其后见人主要由近亲属或专职人员(如律师)担任。但是随着老龄程度的加剧,社会上无依无靠的老人越来越多,在这种情况下,由一般市民担任后见人的市民后见制度便应时而生了。据《读卖新闻》2012年10月18日报道,2011年,青森县家庭裁判所就收到了约230件成年后见人申请,其中的119件都是由亲属和专职人员之外的第三者担任后见人,该比例同2008年(23.8%)相比增加了一

---

① 数据来源于厚生劳働省:『国民生活基礎調査』(2010年)、http://www.mhlw.go.jp/toukei/saikin/hw/k-tyosa/k-tyosa10/2-4.html(2012年12月引用)。

倍之多。针对这种情况,青森县从今年9月份开始开办"市民后见人养成讲座",向市民讲授后见活动中所需要的家族法和财产法等法律知识。同青森县一样,市民后见人的培养势必将成为今后日本各地政府的工作重点之一。

(3)无微不至的精神慰藉:确保老年人心情愉悦

在本文所选取的样本中,涉及这一方面内容的报道有27篇。比起经济上的支援和身体上的照料,对老人的精神援助可以说是更高层次的需求,同时也是保证老人安享晚年的必要条件。特别是在人际关系淡漠的日本,老年人内心的孤单、空虚等情绪已经成为影响老人健康的隐性杀手,严重者甚至会导致老人自杀事件的发生。对此,日本政府和社会各界也采取了各种措施,以满足老年人的精神需求。其中促进老年人就业、增加老年人社会参与就是行之有效的方法之一。老年人可以在社会工作或者志愿者活动中找到自己的人生价值、目标以及生活的乐趣。而促进老年人就业也是老龄化和少子化形势下的必要举措,同时在防止老年人认知症方面也发挥着一定的作用。

另外,目前日本各自治体还致力于增进老年人之间的交流活动。据《读卖新闻》2012年4月7日报道,群马县富冈市计划于两年内开办40所老人交流场所。老年人可以在此廉价享受美食和饮料,还可以唱歌、跳舞,甚至卖蔬菜等。除此之外,各养老机构、老人院等也都积极地创造条件,为老年人提供各种娱乐设施。

综上所述,日本政府和社会在应对老年人问题方面不可谓不得力,然而在人口老龄问题、少子化进程不断加强的情况下,日本社会面临重重困难。首先,人口老龄化带来的财政负担越来越严重,为此日本政府也在考虑是否要降低福利标准,比如推迟养老金发放年龄、减少医疗保险比例等,而这些举措势必又会影响到老年人的生活水平。其次,老年人福利设施和从业人员严重缺乏,无法应对急剧增多的老年人需求。在这种情况下,这些福利设施的服务水准也将受到考验。

四、结语

媒体是社会的一面镜子,媒体报道可以真实地反映出社会的现实情况。而本文之所以选择从《读卖新闻》的报道出发也正是出于这点原因。通过对245篇样本进行分析,笔者发现日本老年人积极向上的一面,同时也发现了困扰日本老年人的各种问题,比如认知症、孤独死等。老年人作为社会上的弱势群体,是极易受到伤害的高危人群,因此,如何保障老年人的生存权利,并为他们提供无微不至的关怀,是整个社会的责任。

纵观整个人类文明史就会发现,在对待老年人方面,人类社会经历了一个从遗弃老人到赡养老人、尊敬老人、优待老人的发展历程。可以说对老年人的重视程度从一方面也反映了该社会的文明程度。在本文所选取的245篇报道中,老龄对策方面的报道占据了半数之多,可见日本社会对老年人关注度之高。日本所采取的一系列行之有效的对策,对缓解日益严重的老龄化危机产生了良好的效果。另一方面,中国自2000年正式步入老龄化社会,虽然这一时间比日本晚了30年,但由于中日两国的老龄问题特点存在着很多相似的地方,比如高龄化速度快、地区不平衡等,①因此,日本在老龄化对策方面的成功经验,对中国来说也有着如下积极的借鉴作用。

第一,建立健全各种法规,为老年人保障体系提供法律依据。如前文所述,日本在老年人保障体系方面,已经相继出台《国民年金法》《老人福利法》《老人保健法》等法律法规,建立了比较完善的法律体系。而我国目前却仅有一部《老年人权益保障法》。《老年人权益保障法》颁布于1996年,是我国第一部,也是唯一一部系统保障老年人权益的法律。然而老年人权益的保障,仅靠一部《老年人权益保障法》远远不够,还需要配套完善相应的法律法规。只有做到法令先行,我们所出台的老年保障制度才能够行之有效。

第二,构建居家养老方式,增强社区的服务职能。由于我国的经济水平还不够发达,加上我国有着"尊老爱幼"的优良传统,因此,家庭养老一直以来都是我国主要的养老方式。家庭养老能够满足老人在精神上的需求,但却大大加重了家庭人员的看护负担,特别是在独生子女家庭,这种现象尤为严重。针对这一问题可以借鉴日本的居家养老经验。由政府工作人员、民间组织、志愿者等组建社区服务队,定期为老年人做健康指导、护理等工作。逐步形成住在家庭、养老靠社会的养老模式。

第三,改变用人机制和观念,支持老年人就业和再就业。众所周知,日本是著

---

① 刘长茂:《中日两国人口老龄化再比较》,《南方人口》2003年第2期第18卷。

名的长寿大国,也是老年人口就业率较高的国家。日本政府一直致力于促进老年人就业,除了不断推迟退休年龄之外,日本还设置了"积极录用高龄者奖励金",对高龄职工比例较高的企业进行奖励和补贴。此外,日本还有很多老年人才中心等机构来帮助解决老人的就业问题。由于老人的经验丰富,工作积极性又高,用人单位应适当放松员工的年龄限制,支持健康的老年人就业和再就业。这样不仅可为我国的经济建设吸引一批优秀的人力资源,也使老年人自身能够发挥余热,更好地实现自己的人生价值。

五、今后的课题及研究方向

虽然新闻报道具有真实客观的特征,但由于各报纸根据其自身的受众特点和服务对象的不同,在编辑内容时的侧重点及风格也不尽相同。所以,如仅选择一家报纸进行分析难免有失全面,这是本文的不足之处。针对这一问题,笔者会持续对其他主流媒体的相关报道进行分析,以便更全面地把握现代日本老年人的生存实态。

参考文献

1. 中文文献

李普曼:《舆论学》,华夏出版社1989年版。

刘长茂:《中日两国人口老龄化再比较》,《南方人口》2003年第2期第18卷。

2. 日语文献

望月嵩:『家族社会学入門　結婚と家族』、培風館1996年。

無藤隆ら:『発達心理学入門　青年・成人・老人』、東京大学出版会1990年。

坪井里美ら:「地域在住の中高年者の抑うつに関する要因」、『心理学研究』75、日本心理学会2004年。

日本総務省統計局:『推計人口』、http://www.stat.go.jp/data/topics/topi720.htm。

厚生労働省:『国民生活基礎調査』(2010年)、http://www.mhlw.go.jp/toukei/saikin/hw/k-tyosa/k-tyosa10/1-2.html。

厚生労働省:『国民生活基礎調査』(2010年)、http://www.mhlw.go.jp/toukei/saikin/hw/k-tyosa/k-tyosa10/2-4.html。

文中所引『読売新聞』報道

「最高齢のキャンペーンガール」、2012 年 8 月 30 日。

「病乗り越え博士号取得…山口大・白倉茂生さん」、2012 年 10 月 1 日。

「孤独死、初の500 人超え…2011 年鹿児島県内」、2012 年 2 月 10 日。

「山形県の独居高齢者 5 千人…外出週 1 回以下 4 人に 1 人」、2012 年 7 月 3 日。

「認知症、急増の300 万人超…65 歳以上の 1 割」、2012 年 8 月 24 日。

「認知症急増　在宅ケアの態勢作りが重要だ」、2012 年 9 月 2 日。

「交通死、6 割以上が高齢者…徳島」、2012 年 1 月 6 日。

「交通死、高齢運転の割合増加…茨城」、2012 年 6 月 30 日。

「昨年度　高齢者虐待最多194 人…福井」、2012 年 9 月 11 日。

「オレオレ詐欺急増」、2012 年 5 月 14 日。

「GPS 携帯で徘徊の高齢者発見」、2012 年 2 月 22 日。

「アシモの技術生かした歩行支援装置、ホンダ開発」、2012 年 7 月 30 日。

「第三者が後見人急増中…自治体が担い手育成乗り出す」、2012 年 10 月 18 日。

「高齢者に『ふれあい居場所』富岡市 2 年で40 か所設置へ」、2012 年 4 月 7 日。

「特養ホーム、入所待機者が激増…山形」、2012 年 2 月 10 日。

肆 历史与跨文化交际

第一章　中日创世神话中女性神祇形象及地位变迁比较研究

陈　斯

导　言

神话,是上古先民对于世界朴素认识的体现。创世神话作为神话中最为古老的组成部分,反映了古代社会最原本的样貌。目前可见的中日两国创世神话中,女性神祇基本上均作为男性神祇的配偶或女儿出现。而通过对原始神话文本进行细致的考察与分析就会发现,女性神祇的形象是经过一系列的变迁之后,才成为今日人们所熟知的样子。例如,女娲在中国神话中,前后形象就发生了较大的变化。在中国的创世神话中,女娲作为独立创造人类、英勇补天的大母神,曾拥有至高无上的权力。但随着时间流逝,其神格却逐渐下降,最后成为男神的配偶,失去了原有的一系列权力。而在日本的《记纪》神话中,原本身为最高太阳女神的天照大御神,则是作为伊耶那岐命的女儿出现的,并且最终将苇原中国的统治权让渡给了天孙。

作为概念界定,本文中将汉族创世神话中的女娲形象分为"前""后"两个时期,分别用于代表身为独身神的前期形象,以及身为男神配偶,即对偶神的后期形象。以下表记为女娲(前)、女娲(后)。本文将以女娲(前)与天照大御神、女娲(后)与伊耶那美命为例,对中日创世神话中的女性神祇形象加以论述。

一、作为独身神的女性神祇

老子曰:"有物混成,先天地生。寂兮寥兮,独立而不改,周行而不殆,可以为天下母""天下有始,以为天下母"。①

老子在《道德经》中的这番话,可以解释为:世间万物皆由母亲所生,母亲是整个世界的起源。与此同时,这番话也表示出了女性在人类社会中的初始地位。女性崇拜与女神崇拜正是原始社会的特点之一。可以说,大母神是原始信仰中最早出现的神祇,也是后世诸神信仰的起源。从时间上讲,对于女性神祇的崇拜要远远早于对男性神祇的崇拜。但是,在目前可见的中日神话中,女性神祇却总是作为男性神祇的妻子或女儿出现。可以断言,这绝不是女神形象的原初样貌。如果我们回顾人类文明的历史源流就会发现,人类社会在由母系氏族社会过渡到父系氏族社会的同时,神话信仰的崇拜中心也由女性神祇变为了男性神祇。本章将对中日两国创世神话中的独身女神——女娲(前)及天照大御神的形象进行分析,力争对二者的原始神格加以考证。

1. 中国的女娲(前)

以下两段内容,分别描述了女娲(前)造人与补天的神话。

(1)女娲造人:"俗说天地开辟,未有人民,女娲抟黄土作人。剧务,力不暇供,乃引绳于泥中,举以为人。故富贵者,黄土人;贫贱者,引绳人也。"②

(2)女娲补天:"往古之时,四极废,九州裂;天不兼复,地不周载。火爁焱而不灭,水浩洋而不息;猛兽食颛民,鸷鸟攫老弱。于是女娲炼五色石以补苍天,断鳌足以立四极,杀黑龙以济冀州,积芦灰以止淫水。苍天补,四极正;淫水涸,冀州平;狡虫死,颛民生;背方州,抱圆天。……然而不彰其功,不扬其声,隐真人之道,以从天地之固然。"③

通过以上内容,我们可以对女娲(前)的形象与神格加以概括总结。

---

① 《道德经》,第二十五章与五十二章。
② 袁珂:《中国神话选》,人民文学出版社2005年版,第10页。
③ 同②,第12页。

首先，女娲造人的故事无疑出现于母系氏族社会期间。上古先民认为，女性、或者说女神具有神秘的力量，能够独立创造出人类。由此可见，这段神话的内容是相当原始且质朴的。而其中有关人类身份有贵贱之分的内容，则是后世的学者为了将统治阶层的统治加以正当化的附会之作，绝非女娲原本的神格形象。其次，女娲炼五色石补天的内容，则说明当时的人类已经掌握了用火烧制陶器的技术。女娲不仅是创造出人类的伟大女神，同时也是具有知识的女神与女性形象的代表。此外，女娲为了保护人类，与凶恶的猛兽英勇搏斗的场面，则代表了女娲的勇敢与无私。当天地恢复泰平之后，女娲没有宣扬自己的功绩，而是平静地隐于天地之间，顺从自然的变化。总之，女娲不仅有着悲天悯人的性格，同时也是将力量、智慧、勇气集于一身的中华民族女性高尚品格的代表。

2.日本的天照大御神

在日本的《记纪》神话中，与天照大御神有关的内容主要有以下几段。

(1)天照大御神诞生："当时伊耶那岐大神洗左眼时出现的神的名字叫作天照大御神。……他把玉串赐给天照大御神说：'你去治理高天原吧！'让出了那里的统治大权。"[①]这段内容描述了天照大御神从父亲伊耶那岐命的左眼中诞生的情景。与此同时，伊耶那岐命将象征着高天原王权的玉串赐予了天照大御神。由此，天照大御神自出生起，就成为高天原的统治者。

(2)天安河誓约："于是，天照大御神和须佐之男命隔着天安河，面对面起了誓……于是，天照大御神跟须佐之男命说：'后生的五个男孩子，是从我的玉串中出生的，当然是我的孩子。先生的三个女孩子，是从你的剑中出生的，当然是你的孩子。'作出了这样的裁断。"[②]这段内容讲述了天照大御神与弟弟须佐之男命交换誓约，双方互相交换玉与剑，通过这样的做法独自化生成诸神的故事。

(3)原谅弟弟须佐之男命的恶行："于是，须佐之男命对天照大御神说：'我的心是清白的，毫无谋反之意……'于是，得意忘形，毁坏了天照大御神亲自造的田埂，填塞了沟渠……他这么胡作非为，天照大御神并没有责备他，还说：'……我亲爱的

---

① 梅原猛：《诸神流窜——论日本〈古事记〉》，经济日报出版社1999年版，第16页。
② 同①，第17—19页。

弟弟不会干那种事。他毁坏田埂、填塞沟渠,恐怕是想扩大耕地吧。……'为须佐之男命的行为辩护。"①此处承接天安河誓约的故事,须佐之男命在证明了自身的清白之后,却大肆作恶,破坏农田,毁坏神殿。但仁厚的天照大御神却并没有阻止或惩罚自己的弟弟,而是为其恶行进行辩护,纵容原谅了须佐之男命。

(4)天岩屋户:"看到这种情况,天照大御神也感到害怕了。她跑进天岩屋户,紧闭门户,隐藏在里面不出来。天照大御神一旦隐藏起来,整个高天原幽暗不明,苇原中国也变成一片漆黑。"②天岩屋户主要描写了须佐之男命在得到天照大御神的原谅之后,并没有反省自己的恶行,而是更加肆无忌惮地作恶,最终导致了神衣织女的死亡。天照大御神受到惊吓之后躲进了天岩屋户,天地陷入了一片漆黑之中。八百万诸神想尽办法,最终才使得天照大御神离开天岩屋户,天地得以重见光明的故事。

(5)让渡苇原中国之统治权与天孙:"于是天照大御神和高木神同意了天忍穗耳命的意见,诏谕迩迩艺命说:'这丰苇原水穗国是你该统治的国土。现将统治权交给你,你应该遵照我们的命令,从天上下去。'"③这里描述了天照大御神原本打算令自己的儿子天忍穗耳命下降苇原中国成为统治者,却因孙儿迩迩艺命诞生,而直接将降临苇原中国的神敕授予天孙的故事。

从以上几段内容中,我们可以对天照大御神的形象与神格加以分析与概括。

《记纪》中记载的日本神话,一般被认为是将日本皇室起源神圣化,并说明皇室对日本国土统治正当性的王权神话。其中最为直接且明显的一个组成部分,就是身为天上之神的高天原女王天照大御神,将苇原中国的统治权交给自己的孙儿,令其降临人世的故事。这正是所谓的"天孙降临"的神话。其意义在于说明皇室的祖母神是天上之神的神界女王,皇室的统治权来源于太阳女神天照大御神的神敕,这种支配与统治具有无可置疑的权威性与正当性。

那么,除去这一明显的政治意图,想要探究天照大御神最为原始的神格形象,就需要我们更加细致地对神话文本加以研究。首先,天照大御神是拥有神界王位的最高神,具有凌驾于男性诸神之上的神威。而天照大御神这一具有大母神性格

---

①② 梅原猛:《诸神流窜——论日本〈古事记〉》,经济日报出版社 1999 年版,第 19 页。
③ 同上,第 41 页。

的女性神祇，与日本古代历史中长期存在的女王也有着一定的联系。其次，天照大御神最大的神格特征，就在于慈悲仁厚。天照大御神对于须佐之男命的恶行所采取的态度，就是其例证之一。对于胡作非为的须佐之男命，天照大御神非但没有加以严惩，反而以善意对其所作所为加以开脱与包庇。但这种慈悲与仁厚，反而招致了更大的灾祸。由于须佐之男命的恶行导致了神衣织女的死亡，天照大御神出于惊惧，立刻隐身于天岩屋户之中，导致天地陷入一片黑暗之中。即使须佐之男命犯下如此罪行，身为最高神的天照大御神仍然没有主动对其加以惩罚，而是隐去自身这种做法，也从另一个侧面印证了天照大御神彻底的温和仁厚的性格。此外，天照大御神的神格还具有一个显著的特点，那就是她获得天上王位的过程具有无可争议的正当性。天照大御神出生之后，其父伊耶那岐命马上就令其统治高天原，赋予了其天上女王的地位。这一过程是和平的，没有受到任何质疑与抵抗。这标志着天照大御神神界王者的身份是与生俱来、无可争议的。虽然这段描述是为了将此后的"天孙降临"统治人世加以合理化与正当化，但我们仍能从中看出天照大御神的神格中所具有的和平与温厚的特征。

3. 女娲（前）与天照大御神神格形象的比较分析

两者的相似点在于：首先，中国的女娲（前）与日本的天照大御神，分别是中日神话中的最高女神，两者都具有大母神的神格特征，有着巨大的力量。中国的女娲不仅能够创造人类，而且在人类遭遇危机之际，还能够英勇地对抗强敌取得胜利，保护人类与整个世界。而作为日本太阳女神的天照大御神，则是与生俱来、独一无二的神界女王。其次，女娲与天照大御神都具有慈悲仁厚的性格。女娲之所以会在人类面临灾难时挺身而出，正是由于她对人类的慈爱。而在有关天照大御神的日本神话中，她不仅是神界女王，同时也作为日本皇室的皇祖神而受到崇拜。她厚待作恶多端的弟弟，为了避免争斗而隐去自身，以及和平取得王位的过程，都体现了其慈悲仁厚的性格。此外，两者的相似点还体现在，无论是女娲还是天照大御神，都能够独立创造出子嗣[①]这一点上。女娲身为人类之母，创造出了人类。而天照大御神身为处女神，却也在天安河誓约时创造出了子嗣。这固然是由于超凡神

[①] 人类或诸神。

力使然，但我们也能从中体会到古代先民对女性神祇，或者说对女性生产的崇拜。

两者的不同点主要体现在：女娲虽然具有慈悲仁厚的性格，但同时也有着英勇、坚强的性格特征。与此相反，天照大御神则是自始至终保持着宽厚、温和的性格。此外，女娲在拯救了人类与世界，立下了巨大的功绩之后，默默地隐身于天地，不曾接触权力。与此相对，天照大御神却是与生俱来的神界女王，天然地具有至高无上的政治权力。这一点也是两者之间的重要区别之一。

笔者认为，造成两者相似点与不同点的主要原因如下。

相似点的原因：首先，女娲与天照大御神在中日神话中的莫大力量，来源于原始社会中先民对于大母神的崇拜。具有巨大力量的女性神祇形象，正是起源于母系氏族社会中原始先民对于女性、女神的崇拜。其次，女娲与天照大御神都具有慈悲仁厚的性格，这一点应当是来源于女性自身的温和与极具包容力的性格。此外，两者都能够独立创造出子嗣，这一方面是由于其身为神祇，具有普通人所没有的神力；另一方面，也是由于原始先民对于女性生产中所蕴含的神秘力量的崇拜。

不同点的原因：在人类文明发展的历史长河中，不同的民族受到不同风土、社会条件、文化宗教形态的影响，分别形成了其独特的国民性格与文明形态。中国的古代先民受到大陆文明的影响，形成了勇于与自然抗争，抵御灾害的民族精神。因此，在中国神话中，女娲自然而然地具有英勇的性格特征。与此相对，日本古代先民生活在较为温和的自然环境中，无须过多地与自然抗争。同时又要在狭小的空间内与他人和平相处，这就使其产生了追求"和"的精神。天照大御神作为代表日本的女性神祇，也就天然地具有"和"的精神。此外，天照大御神与女娲不同，自出生起就是神界无可争议的女王，具有十分明显的政治意义。其原因在于，日本古代编纂《记纪》神话的目的，就在于强调天皇的统治权来源于至高无上的天神，并将皇室的地位绝对化。由此，会在《记纪》神话中着意描写身为皇祖神的天照大御神王位来源的正当性，也是极其自然的。

二、身为对偶神的女性神祇

神话故事出现在人类的幼年期，随着人类自身意识的成长与社会形态的变化，神话的内容也逐渐发生了改变。在这一过程中，女性神祇逐渐失去了原始的大母神地位,神格地位也从独身神降格为对偶神。世界各地的神话,基本上都经历了从女神神格中心向男神神格中心发生转变的过程。这一转变的现实基础,就是母权社会向父权社会的转变。由此,身为男神之妻的对偶神中的女性神祇出现了。本章将对中日神话中已成为男神之妻、从大母神降格为对偶神的女性神祇的形象与神格进行考察。需要注意的是,女神神格日渐式微是一个长期且复杂的过程,其时间与原因都无法简单地绝对化。只有对其加以细致分析,我们才能得出较为合理的结论。

1. 中国的女娲(后)

作为对偶神的女娲,最有代表性的故事就是有关其兄妹成婚的内容:"昔宇宙初开之时,有女娲兄妹二人,在昆仑山,而天下未有人民。议以为夫妻,又自羞耻。兄即与其妹上昆仑山,咒曰:'天若遣我二人为夫妻,而烟悉合;若不,使烟散。'于烟即合。其妹即就兄,乃结草为扇,以障其面。今时取妇执扇,象其事也。"[①]这段内容描述了宇宙开辟之初,女娲兄妹成婚的故事。在原始社会中,兄妹婚在一定的历史时期内确实存在过,这段故事可以被认为反映出了原始先民的真实生活状态。而后世的学者为了迎合当时的伦理观念,才添加了诸如以扇遮面之类的内容。有关女娲兄妹成婚的神话故事,有多个不同的版本传世。有的版本中提到,由于大洪水导致人类灭绝,只有女娲兄妹得以幸存,所以二者才不得不成婚以繁衍后代,却产下怪胎的故事;而其他版本中,则有着女娲起初不同意兄长的求婚,其兄长在外力帮助下才得以与女娲成婚的情节。

通过上述内容,我们可以对女娲(后)的形象与神格加以概括。

在有关女娲兄妹成婚的神话中,只出现了女娲的名字,而作为其兄长与丈夫的男神的名字,却没有出现。不得不说,这是原始社会中一个非常具有代表性的现象。同时,这也说明了这段神话起源于相当原始的阶段。而在不同的版本中,几乎都出现了女娲最初并不情愿与其兄长成婚的内容。至于二者结合后产下怪胎的情节,则很有可能是原始时代兄妹婚后的真实写照。由此,古代先民逐渐开始避免近亲结婚,这可能正是后世伦理观念的起源之一。

---

① 袁珂:《中国神话选》,人民文学出版社2005年版,第16页。

另外，笔者还想指出的一点是，在女娲兄妹成婚的神话被创造出来的时期，女娲虽然已经成了男神的妻子，但仍然具有一定的力量。这在某种程度上反映了当时社会中女性的地位。例如，女娲起初并非无条件地答应兄长的求婚，而是具有拒绝其求婚的权利，是在天意使然或兄长受到外力帮助的情况下，女娲才顺从天意，与兄长结合。这显示出女娲仍然具有自主权与一定的力量。但在当时，女娲的这种力量已经不足以抗衡天意——男权的意志。最终，身为女性神祇的女娲，还是成了男性神祇的妻子，从而失去了独立的神格。

2. 日本的伊耶那美命

在日本的《记纪》神话中，与伊耶那美命有关的内容主要有以下几段。

(1) 淤能碁吕岛之圣婚："这时，特别天神声言是众神的命令，对伊耶那岐命、伊耶那美命二神说道：'希望你们将这个飘荡不定的国土建造完成。'……伊耶那美命先开口说道：'啊呀，好一个美男子！'随后伊耶那岐命才说：'啊呀，好一个美女子！'互相这么说后，伊耶那岐命跟妻子说：'女的先开口，恐怕不吉利。'……这次伊耶那岐命首先说道：'啊呀，好一个美女子！'然后伊耶那美命才说：'啊呀，好一个美男子！'这么说后，行房事，生下的孩子叫淡道之穗之狭别岛（淡路岛）。"①这段内容描述了伊耶那美命、伊耶那岐命互相表达爱意并结合的情景。两位神祇通过生殖行为产下了日本的国土。但最初产下的国土，却由于身为女神的伊耶那美命主动求爱而失败。在其他天神的指引下，由伊耶那岐命首先开口求爱，才终于产下了健全的国土。

(2) 伊耶那美命因生产火神去世："以后又生了山神、海神、风神等35位神。可是，伊耶那美命生火之迦具土神时，因阴户被烧伤而去世。"②这里描写了伊耶那美命在产下日本国土之后，因生产火神而去世的内容。这段内容同时意味着，在原始时代，女性的生产往往伴随着极大的风险，甚至连身为神祇的伊耶那美命都无法幸免。

(3) 伊耶那美命成为黄泉津大神："伊耶那岐命想跟妻子伊耶那美命再见一面，

---

① 梅原猛：《诸神流窜——论日本〈古事记〉》，经济日报出版社1999年版，第11—12页。
② 同①，第12页。

追赶妻子到了黄泉国。……她身上共长出了八种不同的雷。看到这幅情景,吓得伊耶那岐命转身就往回逃。他的妻子伊耶那美命恨恨地说:'让我丢人献丑了!'立即差派黄泉国的丑女去追赶伊耶那岐命。……这时伊耶那美命说道:'亲爱的丈夫,如果你要离异,我每天要扼死你国的一千人。'而伊耶那岐命说:'我亲爱的妻子,如果你要这样做,我将每天生一千五百个孩子。'由于这个原因,这世上每天一定要死一千人,生一千五百人。"①这段内容描写了伊耶那岐命为了见到去世的妻子而来到了黄泉国,却由于触犯禁忌,窥探到妻子伊耶那美命死后恐怖的样貌之后夺路而逃,从而招致了可怕后果的故事。伊耶那美命曾命丈夫不得窥视自己此时的容貌,而伊耶那岐命却触犯了这一禁忌。这一行为令伊耶那美命感到了极大的羞辱,因此才会化身黄泉津大神,诅咒每日要夺取地上之国的一千条人命。

通过以上内容,我们可以对伊耶那美命的形象与神格加以总结。

从伊耶那美命与伊耶那岐命的婚姻来看,首先开口赞美对方的伊耶那美命具有相当主动的性格,但这一举动却导致两人之间产下了不健全的子嗣。而伊耶那岐命也评论道:"女的先开口,恐怕不吉利。"此后,由身为男神的伊耶那岐命先开口求爱,两人之间才产下了健全的子嗣。这些内容都显示了当时的女性以及女性神祇的地位已经有所下降。而伊耶那美命因生产而去世,则反映了生产有时会导致女性死亡的原始社会的真实情况。

如同在伊耶那美命与伊耶那岐命的婚姻中所论述的那样,对偶神时代的女性神祇,其神格已然下降,与男性神祇相较已经处于劣势。但女性神祇仍然在一定程度上保留了自身的力量,在某些情况下,这种力量也是不容忽视的。例如,伊耶那岐命在触犯了伊耶那美命"不准窥视自己"的禁忌之后,就遭到了愤怒的伊耶那美命的惩罚。伊耶那美命将丈夫违背自己的意愿,触犯禁忌视为对自身莫大的侮辱,不仅派人追杀伊耶那岐命,还亲自化身为黄泉津大神,将地上之国与地下的黄泉国、生与死的界限彻底区分开来。由此,伊耶那美命所具有的巨大力量可见一斑。整体而言,虽然伊耶那美命自从一开始就是伊耶那岐命的妻子,但她仍然具有相当大的力量。当自己的禁忌被打破时,伊耶那美命对丈夫不留情面的追杀,以及对地上之国的强力诅咒,都显示她是一名拥有巨大力量的女性神祇。这也说明,在这一

---

① 梅原猛:《诸神流窜——论日本〈古事记〉》,经济日报出版社1999年版,第13—14页。

神话故事形成当初的古代日本,女性仍然掌握着一定的权力。但具体到程度而言,却已无法与男权相抗衡。伊耶那美命在婚姻主动权上的劣势便是其例证之一。另一方面,伊耶那美命诅咒千人之死,却无法在数量上胜过伊耶那岐命许愿一千五百人出生这一点上,也侧面印证了这一观点。

3. 女娲(后)与伊耶那美命神格形象的比较分析

两者的相似点在于:首先,女娲(后)与伊耶那美命最为明显的相似点,就在于她们都是男性神祇的妻子。不论是顺从天意还是出于自愿,身为男性神祇配偶这一点,正是她们最大的共通点。其次,两者之间一个较大的相似之处在于,这两位女神都仍然拥有着较大的权力。女娲一开始拒绝兄长求婚的话语权和伊耶那美命对于地上之国的强力诅咒,都印证了这一点。但与此同时,她们所拥有的力量,却已经无法与男性神祇或者说男权的力量相抗衡。此外,如同此前许多学者指出的那样,女娲与伊耶那美命都在兄妹婚的形式下,产下了不健全的子嗣这一点,也是两者的共通之处。

两者的不同点则主要体现在对于兄妹成婚的不同态度上。对于兄长的求婚,女娲首先表示了拒绝,采取了较为抵抗的态度。而伊耶那美命对于兄妹成婚,却表现出了积极且热情的态度。与女娲最终无奈顺从天意才与兄长成婚不同,伊耶那美命对于兄妹成婚这件事,采取了相当主动的态度。

通过分析,笔者认为造成两者相似点与不同点的主要原因如下。

相似点的原因:探究女娲(后)与伊耶那美命的形象具有相似点的原因,首先要考虑历史发展对人类社会造成的影响。具体而言,就是古代社会由母系氏族社会向父系氏族社会过渡这一历史事实。在此背景下,尽管女性神祇仍然具有一定的力量,但她们还是不得不成为男神的配偶者,从而失去了独立的神格。此外,中日创世神话中对偶神的婚姻神话如此类似,也绝非偶然。正如严绍璗先生指出的那样:"可以说,日本的二神神话中的创世形态,融合了中国文化的要素。"①如果从时间上来考虑的话,日本的《记纪》神话成书于8世纪,当时中日两国之间的交流已经相当频繁。由此,日本会吸收作为强势文明的中国文化要素用于创作本国的神话

---

① 严绍璗:《比较文学视野中的日本文化——严绍璗海外讲演录》,北京大学出版社2004年版,第220页。

故事,也是理所当然的。

不同点的原因:可以说,自然环境、历史文化、民族性格等都是造成女娲(后)与伊耶那美命两者形象有所区别的原因。与重视伦理观念的中国相比,生活在日本列岛上的古代先民,具有更加崇尚自然的倾向。日本列岛气候温和,自然条件较为优越,日本古代先民在这种环境中,逐渐形成了自身的民族性格。由于崇尚自然,因此他们对于男女结合之事不存在过多的顾虑,而是采取了一种尊重人性、顺其自然的态度。

三、女性神祇的地位变迁

中日女神神话的变迁过程,具有显著的特征。这一特征是分别以中日两国文化为基础,诞生并发展起来的。中日文化的特征,也在女神神话的发展变迁过程中留下了深刻的烙印。本部分将以中日两国最具代表性的女性神祇,即女娲与天照大御神为例,对中日神话中女性神祇地位变迁的过程及原因进行分析。

1. 女娲的地位变迁

据《山海经大荒西经》的记载,女娲是一位人首蛇身的女神。[1] 这一形象应当是来源于图腾崇拜,女娲的原型很有可能是一位以蛇为图腾的氏族女首领。身为独身神的女娲,曾经能够独自创造人类,并且在人类遭遇苦难时,以巨大的力量拯救人类与整个世界。但在后期,身为对偶神中男神配偶的女娲,不仅失去了独自造人的能力,而且也不再是一位全知全能的神祇。这一现象的深层原因在于,当时的女性在生产生活的过程中,已经逐渐失去了主导权。由此,现实社会中的女性不得不向男性低头,神话世界中的女性神祇,也不得不屈服于男性神祇。女娲从原始时代的大母神降格成为男神的妻子的过程,同时也反映了女性地位变迁的经过。

2. 天照大御神的地位变迁

在天照大御神的地位变迁中,最应当注意的,就是天照大御神从父亲的眼中诞

---

[1] 高馬三良:『山海経—中国古代の神話世界』、平凡社 2006 年、166ページ。

生这一点。其原因在于,这段内容与之后的天岩屋户相关的内容存在矛盾。在有关天岩屋户的内容中,由于身为太阳神的天照大御神隐身于天岩屋户之内,而使得整个世界陷入了一片黑暗之中。但若据此推测,那么在天照大御神出生之前,世界岂不是一直处于黑暗之中?这种情况显然是有失合理性的。因此,我们可以做出如下推测:天照大御神的原型,很有可能是日本某个地区的古代先民所笃信的一位大母神。在编纂《记纪》神话之际,大和朝廷为了强调自身统治及皇室的正当性,取得当地人的认同,将天照大御神吸收进了自身的神话体系中,并使其成为伊耶那岐命之女。作为佐证,希腊神话中也有着相似的倾向。例如,赫拉作为希腊神话中主神宙斯之妻,就曾是某个被希腊征服的部族所虔诚信仰的大母神。由于希腊人在战争中取得了胜利,赫拉也由此被吸收进了希腊神话的体系中,成为宙斯的妻子。在古代,征服者为了使自身的统治更加稳固,在征服当地人民的同时,也要将其信仰一并征服。而身为女性神祇的天照大御神,很有可能就是通过这样的途径,由一位至高女神变为《记纪》神话中伊耶那岐命的女儿。此外,同样是出于将自身统治正当化的目的,《记纪》神话中还安排了天照大御神在高木神的命令之下,将苇原中国的统治权让渡给天孙的内容。这些内容都反映了天照大御神地位变迁的轨迹。

3. 地位变迁的原因

(1)女性神祇地位在中国变迁的原因主要可以概括为以下几点:首先,要考虑历史因素的影响。由于原始社会由母系氏族社会过渡到了父系氏族社会,这不仅造成了女性地位的下降,同时也使神话中女性神祇的地位不断下降。其次,神话历史化的影响也是一个不容忽视的原因。许多学者都曾经指出,历史化问题是中国神话学的基本问题之一。现存的中国神话,并没有如同日本《记纪》神话一般完整的体系,而是散见于包括历史书在内的各种文献中。一部分神话甚至被写入了历史书中。女性神祇自然也受到了神话历史化的影响。由于古代中国长期处于男权中心的社会当中,女性一直没有得到应有的尊重,这也导致了女性神祇地位的低下。此外,还要考虑伦理道德对中国的女性神祇地位变迁造成的影响。森严的宗法制度与伦理道德,是中国古代社会的重要特征。在古代中国,伦理道德与政治势力有着密不可分的联系。统治阶层以伦理道德为标准,对神话中的世界也加以规范,对不符合"规范"的神话内容进行了大量的篡改及删除。在伦理道德的压抑之下,古代中国女性的地位十分低下,神话中具有大母神性格特征的至高无上女性神祇,由于其形象不符合当时的社会规范,自然也无法得到应有的尊重。可以说,女性神祇地位的变迁,同时也反映了女性地位由高到低、不断下降的历史过程。

(2)女性神祇地位在日本的变迁原因则主要可以概括为历史因素的影响。除了历史上女性自身地位下降带来女性神祇地位变化这一主要原因之外,当我们考察《记纪》神话的成立过程时,还能够找到其他更为具体的历史原因。

在神话中,人是由神祇创造的。但事实上,神祇却是由人类创造出来的。古代先民所创作的有关神祇的故事,就成了如今的神话。神话中虽然有许多虚构的成分,但也在一定程度上反映了古代先民的生活状态。《记纪》神话也被认为是日本最为古老的历史文献。7世纪中叶,日本发生了壬申之乱①,此后天武天皇②继承了皇位。据《古事记》序言所述,天武天皇认为历史书为国家之根本,也是天皇政治的基本。因此,他下令对当时的各种历史书进行编纂、整理,以期制作出符合统治需要的历史定本。天武天皇在世期间,这一工作并没有彻底完成,但此时的成果,却成为其后《记纪》文本的基础。

天武天皇之后,持统天皇③作为女性天皇登上了皇位。天武天皇去世之后,持统本想令自己与天武天皇之子的草壁皇子成为天皇,但草壁皇子却先于持统去世,无奈之下,持统天皇只得亲自登上了皇位。其目的就在于使草壁皇子之子,也就是自己的孙儿轻皇子成为天皇。此后,持统天皇不顾群臣反对,令轻皇子成为文武天皇④。这种由祖母将自己的皇位让渡给孙儿的情况,与《记纪》神话中天照大御神将苇原中国的统治权让渡给天孙的情节如出一辙。而文武天皇去世之后,文武天皇的母亲元明天皇⑤,也意图将天皇之位让给自己的孙儿首皇子⑥。由此可见,《记纪》神话很有可能是为了迎合统治者的目的,将祖母把皇位让渡给孙儿这一行为正

---

① 壬申之乱:发生于672年,是日本古代史上著名的内乱。
② 天武天皇:出生年份不明,686年去世,日本第四十代天皇。
③ 持统天皇:645—703年,日本第四十一代天皇。
④ 文武天皇:683—707年,日本第四十二代天皇。
⑤ 元明天皇:661—721年,日本第四十三代天皇。
⑥ 首皇子:即日后的圣武天皇,701—756年,日本第四十五代天皇。在元明天皇之后,身为首皇子姐姐的元正天皇(680—748年)即位,成为日本第四十四代天皇。此后,元正天皇让位于首皇子,使其成为圣武天皇。

当化,才加入了天照大御神将苇原中国的统治权让渡给天孙这一内容。

总之,虽然具体原因与表现形式有所不同,但历史因素对神话中女性神祇地位变迁的巨大影响,却是不容置疑的。历史的发展造成了女性地位的低下,同时,中日两国的统治者为了强调自身统治权的正当性,巩固统治的基础,都对神话的原始内容进行了篡改,而有关女性神祇的内容,自然也难逃被篡改的命运。

结 语

在历史发展的过程中,中日两国女性神祇的形象与地位都发生了很大的变化。在男权社会中,虽然女性受到了极端的压抑,但对于女神的崇拜与信仰,却一直不曾消失。

中日两国的女神神话,反映了人类原始社会的生活状态。众所周知,人类的历史是由母系氏族社会起源的。当时,女性是生产生活中最重要的因素,人类只知其母不知其父。中日两国都有着女神独立创造子嗣的神话故事,这无疑反映了母系氏族社会的真实情况。同时,女神造人的神话,也证明了原始社会中女性掌握着人口生产主动权这一事实。但是,随着社会的发展,物资生产的重要性逐渐超越了人口生产本身,成为社会生活中最重要的组成部分。而男性在物资生产的过程中,借助与生俱来的身体优势,逐渐超越了女性,掌握了人类社会的主导权。由此,人类社会逐渐进入了男权社会的时代。在神话中,男性神祇也逐渐取代了女性神祇,成为神话世界的主人公。女性神祇的地位日渐式微,虽然她们的神格并没有完全消失,但却已经失去了原本独立的神格,成为男神的附庸,并最终由至高无上的大母神降格成为男神的配偶或女儿。

女神是女性在神话中的代言人,女性同时也是女神在现实世界的化身。女性神祇的地位变迁,实际上反映了现实社会中女性地位的变迁。本文对于女性神祇形象与地位变迁的研究,不仅是对于神话世界中女神的研究,同时,也是对于现实世界中女性在历史发展过程中地位变迁的研究。

根本而言,女性在历史上地位低下的主要原因,就在于没能够掌握物资生产的主导权。近代以来,女性解放运动的先驱们不遗余力地想要提升女性的经济地位,正是由于认识到了这一点。在现代社会中,随着科学技术的发展,男女两性在生理上的自然属性差异已经显得不再那么重要。由此,女性首次与男性站在同一个起跑线上,开始以平等的身份掌握自身的命运。随着女性经济地位与社会地位的不断提高,曾经一度被扭曲的女性神祇的形象,也在研究的过程中,重新被人们所认识、所尊重。

在本文中,笔者对中日两国女性神祇的形象与地位变迁进行了考察。在古代,女性神祇由原始时代的大母神,降格为男权社会中男神的配偶或女儿。虽然大母神崇拜时代已经成为过去,但真正属于女性的时代,却已经迎来了曙光。随着现代社会的发展,女性逐渐开始能够真正地认识自身、发展自身,并且以自己的方式,对社会进步的方方面面作出贡献。可以说,现代的女性通过不断的努力,正逐渐实现着自身无可取代的社会价值。而这一社会价值也正是古代的女神们曾一度失落的"神格"。

参考文献

1. 中文文献

梅原猛:《诸神流窜——论日本〈古事记〉》,经济日报出版社 1999 年版。

袁珂:《中国神话选》,人民文学出版社 2005 年版。

严绍璗:《比较文学视野中的日本文化——严绍璗海外讲演录》,北京大学出版社 2004 年版。

2. 日语文献

高馬三良:『山海経—中国古代の神話世界』、平凡社 2006 年。

第二章 历史传承之载体、文化交流之平台[①]
——冲绳久米至圣庙

姜 娜

冲绳与中国关系源远流长，冲绳县那霸市东海岸有一福州市援建的福州园，福州园背后就是日本最南端的孔子庙——久米至圣庙。要了解至圣庙的由来，就必须从久米村和久米三十六姓说起。

一、久米三十六姓[②]

1372 年，琉球开始向中国朝贡，但是由于造船技术和航海技术并不发达，影响了两者之间的朝贡贸易。为了显示大国国威与实力，1392 年，明朝洪武帝赐给琉球若干学者、航海家等专门人才，以期促进琉球造船业的发展以及与中国之间的朝贡关系。因这些人多出身于当时中国造船技术水平最高的福建省，故被称为"闽人三十六姓"。他们抵达琉球后，多定居于琉球久米村（当时被称作"唐荣"或"唐营"，后音传为"久米"），所以又被称为"久米三十六姓"。[③] 这些人的后裔及居住在久米

[①] 本文为以下基金项目阶段性研究成果。项目名称：2014 年中央教育经费基本科研业务费专项"现代琉球·冲绳与亚洲——海洋视角下的文化交流与融合"；项目批准号：14WKPY12。
[②] 三十六只是一个概数，表示数量很多。
[③] 琉球国官修史书《中山世谱》中有相关的记载，但是同时代的明朝的《明实录》里却没有明确的记载，所以有关久米三十六姓是否为洪武帝下赐，存在一定的争议，也有研究认为是久米村为了确立自己的身份地位而建构的历史源头。但是，确实有这样一群专门人才曾经为琉球的发展作出过贡献，故而是否为洪武帝所赐，不在本文讨论范围内。

村的人自称"KUNINDA"。久米三十六姓及其后裔在琉球废藩置县之前,一直专事中琉之间的外交、贸易以及儒学的普及事宜,出现了包括蔡温在内的很多政治家、学者。久米村在很长一段时间里是中琉交往的据点和核心,是当时先进文化和生产技术的普及源头地,久米三十六姓因其所掌握的技术和发挥的作用,有着较高的政治经济地位,据浜下武志教授所言,当时的久米村是一个几乎可与首里①王府并立的政治外交权力所在。② 久米三十六姓将汉字文明传入琉球社会,儒教文化长久以来都是琉球王国的国教。即使是今日,久米三十六姓的后代依然在冲绳有着一定的影响力。正是在久米三十六姓的影响下,才出现了久米孔子庙(至圣庙)。

二、久米至圣庙之沿革③

(1) 琉球孔子祭的开始

1610年,那霸久米村总役(久米村最高负责人)紫金大夫④蔡坚⑤喜有名⑥亲方念亭(1585—1647)作为进贡使之一前往中国(明代),期间特意前往山东曲阜参拜孔子庙,并购得孔子、颜子、曾子、子思子、孟子的画像带回琉球。村中有志之士共商,纷纷出钱在村内士大夫家中轮流举行释奠祭礼。

(2) 至圣庙的建立

1671年,久米村总役紫金大夫金正春城间亲方守恒(1618—1674),通过摄政向象贤⑦羽地王子朝秀,奏请尚真王,启建孔子庙,得到许可和官方资金支持以及王子士大夫的集资支持。1672年,选址久米村泉崎桥头,开始动工,1674年11月竣工。久米村有了正式的释奠祭礼场所。

---

① 琉球王国的首府。
② 参考浜下武志:『沖縄入門』、筑摩書房2000年。
③ 本部分内容参考具志堅以德编集:『久米至聖廟沿革概要』、(社团法人)久米崇圣会2009年。
④ 久米村最高阶层,因头戴编织有金色丝线的紫色帽子而得名。对内称"亲方",对外称"紫金大夫"。
⑤ 史书上记载的第一位亲方,号念亭。
⑥ 当时的行政区之一。
⑦ 琉球第二尚氏的王族,原姓"吴",名"重家"。在他死后的1691年,琉球王府将王族的分支统一改姓为"向",名改为"朝"字辈,象贤的名才被改为"朝秀"。初为按司,后升王子。1666年至1673年任琉球国摄政。

(3)圣像的雕刻

1675年5月,绘师查秉德仲宗根亲云上命令从中国学艺归来的宿蓝田平田亲云上典通绘制壁画以及庙内装饰,1676年正月,塑像完成。

(4)释奠祭礼仪式的正式开始

1676年2月,第一次在至圣庙举行了释奠祭礼大典,费用由官方负担。

(5)明伦堂的建立及启圣祠的祭祀

久米村总役紫金大夫程顺则①名护亲方宠文于1717年4月奏请尚敬王在至圣庙旁建设学校明伦堂。当时奏请的原因是,"清朝即将派使者来琉球册封尚敬王,如果被使者看到我们只有孔子庙,却没有学校,岂不是会被使者笑话"。于是,1718年正月获得许可,当年即竣工落成。同年11月,又在明伦堂内北侧设立祭坛,祭祀启圣公,也就是孔子、颜子、曾子、子思子以及孟子的父亲,是为启圣祠。明伦堂是琉球最早的公办教育机构。辉广志根据史料推测,当时使用的教科书应为程顺则从中国带回的《六谕衍义》以及《小学》《四书集注章句》《五经集传》等。②

(6)祭祀仪式的修正

久米村总役紫金大夫程顺则名护亲方宠文于1719年奏请尚敬王,希望仿制中国,用太牢的典制祭祀至圣庙,少牢的典制祭祀启圣祠,获得许可,并于同年2月开始实施。而之前只是简单地行八拜之礼。

(7)废藩置县后的至圣庙与明伦堂

明治维新的社会大变革也给琉球带来了深刻的影响,琉球国成为琉球藩(1872年),1879年废藩置县,琉球藩又成为冲绳县,至圣庙、明伦堂持有的土地、建筑、藏书等成为国有,由县管理。释奠祭礼等在那霸区政府补助以及有志之士的资助下进行。1901年,那霸区请求国家将相关所有权下发给那霸区并于1902年得到许可。

至圣庙与明伦堂长久失修,1912年,久米村联合那霸区有志之士发起募捐修庙的运动,同年,以维持管理至圣庙和明伦堂、执行释奠祭礼、普及儒教为目的的崇

---

① 程顺则童名思武太,号念庵。1663年出生于琉球国久米村。受其父影响,程顺则自幼对中华文化产生浓厚兴趣,1683年,随王明佐率领的琉球谢恩使团前往清朝,潜心钻研儒家经典,历时四年,回国后受到尚贞王的器重,成为讲解师。程顺则为官期间,制定了《琉球国中山王府官制》(1706年),确立了琉球国九品十八阶的位阶制度;此外,他还刊行了从中国带回来的《六谕衍义》,使提倡忠孝节义的儒家理念渗入琉球国社会。

② 辉广志:『久米明倫堂沿革概要—沖縄最初の学校』、(社団法人)久米崇聖会2011年、18—19ページ。

圣会成立,首任理事长宫城世昌。1914年5月,注册法人,成为社团法人久米崇圣会。同时,久米崇圣会还是久米三十六姓的最高联合机构,成员资格严格限定在久米三十六姓范围内,其下有各个姓氏的门中组织,积极组织和参加那霸祭、那霸拔河(那霸传统节日)、那霸龙舟等大型文化比赛活动。

1915年,应崇圣会的请求,那霸区役会决定将至圣庙等所有权划归崇圣会所有。由此,崇圣会具备作为法人的法律地位以及法人财产,开始每年春秋两季的释奠祭礼。

(8)神道仪式下的释奠祭礼

随着时代的发展,人们已经很难继续使用旧有的祭祀方式,于是从1939年秋天开始使用东京汤岛圣堂①的祭祀仪式,两百多年来的饮福受胙、三跪九叩之礼画上了休止符。

(9)战后复兴

第二次世界大战期间,冲绳成为决战战场,1944年10月10日,至圣庙、明伦堂、圣像、藏书等在那霸市大空袭中全部付之一炬。其后大部分土地都被建为军事用路,很难再复建。1962年12月,社团法人久米崇圣会恢复法人身份,计划在波之上的护国寺附近的天尊庙、天妃宫(这两处也是崇圣会的土地)遗址复建。1973年3月,开始兴建,1975年1月,落成仪式。1975年1月25日,复建后第一次释奠祭礼盛大举行。孔子第七十七代子孙孔德成先生出席。同天,台湾将孔子像赠送给至圣庙,并立于至圣庙旧址。

2010年后,至圣庙等建筑逐渐老化,再加上久米三十六姓一直希望"回归久米",在得到那霸市的理解和支持后,决定将至圣庙等搬迁至现址所在地——久米松山公园。该地与中国风的庭园——福州园相邻,两者可以相互呼应,促进民众加深对中日文化交流关系的认识,各方都希望可以通过这个机会使之成为新的观光景点,振兴冲绳观光业。同时,还在明伦堂设置图书室以及可以进行公开讲座、开设久米孔子塾的设施。工程开始于2012年3月19日,2013年4月完工。2013年6月15日,举行了迁址仪式及落成仪式。2013年9月28日,新址第一次释奠祭礼举行,因场地原因而中断的三跪九叩之礼在战后第一次恢复,同时还进行了战后首

---

① 东京孔子庙,德川幕府第5代将军德川纲吉所建。

次的启圣祠的祭祀。

三、释奠祭礼

在描述久米孔子庙的释奠祭礼之前,有必要先对久米至圣庙的建筑格局做一描述。新建成的孔子庙主要由两部分组成,分别是大成殿(包括启贤祠)和明伦堂。正门左手边有一石头,上书"孔子庙"三个字,正门中间有一扇门,上面的红底金字匾额上书写着「至聖廟」三个大字,这个匾额是台湾的中琉经济文化协会理事长蔡雪泥赠送的。左右两边各有一扇小门。中间这扇门是孔子专用的门,每年只在释奠祭礼的九月二十八日打开一次。从右边的侧门进入后,靠门右手边有中山孔子庙碑。这是根据战前的拓本复原的程顺则记载的孔子庙创办过程的石碑,正面记载着他向尚贞王请愿的过程和内容,背面记载着工程的起始和结束的年月及相关人员的官位和名字。破损原件的一部分保存在明伦堂内。进入正门沿着水泥路(两边是草坪)走到底就是位于五层台阶正中央的御路,上了台阶就是大成殿。大成殿的门前有两根高 3.55 米、直径 65 厘米、底座高 25 厘米,直径 75 厘米、重 3.69 吨的大石柱,上面雕刻有五爪龙的图案,这两个龙柱和御路(正方形,边长 1.6 米,厚 25 厘米,重 2.3 吨)造于山东曲阜,图案与曲阜孔子庙一致,是崇圣会于 2011 年那霸市·福州市友好都市缔结 30 周年时前往中国,拜访曲阜孔子子孙的中国孔子学院孔祥林的时候,由孔氏介绍的生产者。大成殿门上有一个一张榻榻米大小(约 1.6 平方米,长方形,竖放)的匾额,上书"大成殿",同样是红底金字。殿内中央是孔子像和神位,上面有"万世师表"的匾额,左右放着四配(颜子、曾子、子思子、孟子)的神位。在大成殿外面右手侧有一个木箱,上面放置着中、英、日等各种语言的介绍孔子庙的小册子。大成殿后面有一个单独的房间,是祭祀四配父亲的启圣祠。在整个孔子庙的东侧(入门后右手侧),是两层的明伦堂,最初的明伦堂是程顺则请愿建设的,以久米村子弟为对象,讲授以儒学为中心的中国的官方语言、外交文书的书写方法等,是琉球最初的公立学校,废藩置县前,其中一个房间还是久米村的村办公室,现在则是多功能办公室,一楼是崇圣会办公室和图书室,二楼是讲堂,面向民众开放。

在日本全国各地有很多孔庙,他们大多数被指定为国家历史遗迹,受到国家和地方的保护,再加上多为国家所有,并没有像崇圣会这样的宗族组织负责孔庙的运营,所以部分孔庙并不是全天开放,目的是为了节省开支。① 与此不同,冲绳久米孔子庙曾经在战火中付之一炬,现在的建筑是 2013 年刚刚竣工的新建筑,并且有专门的机构——(一般法人)崇圣会负责运营,全天免费开放。重视教育是久米村的传统,所以他们在兴建明伦堂的时候还设置了图书室和学习室,供一般市民使用,不定期地邀请各高校和研究机构的学者、研究人员讲座,讲授儒家思想以及中琉关系史等内容。时不时地会有家长陪同学生来这里祈祷,祈求学业顺利。

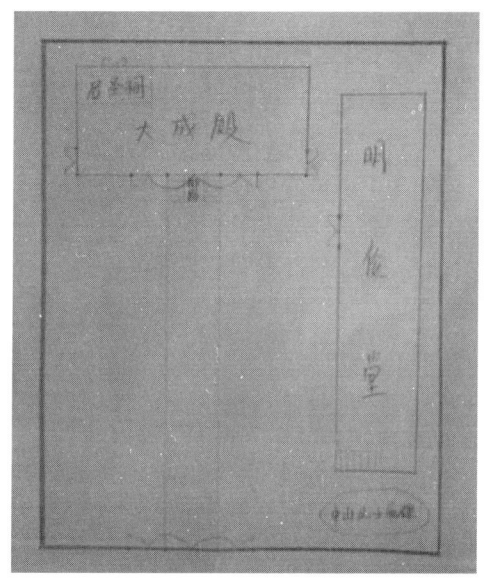

图 1　2014 年 8 月末的至圣庙平面图(上北下南,占地面积约 1320 平方米)

在对孔子庙的空间布局有了一个立体的印象之后,我们再来看崇圣会的释奠仪式。崇圣会介绍的释奠祭礼流程如下:

(1)释奠祭礼仪式开始

(2)执事就位:相关人员各就各位

---

① 例如日本水户市弘道馆和偕乐园就是如此,具体内容可参考秦兆雄:《日本水户弘道馆与偕乐园考察研究》,国际儒学网,http://www.ica.org.cn/rxgllb/content.aspx?nodeid=358&page=ContentPage&contentid=4996。

(3)祭主就位:祭主由引礼引导抵达大成殿,就位

(4)开门:开启至圣门

(5)迎神:祭主与列席者一起面向至圣门迎接孔子

(6)献食:执事打开贡品的盖子

(7)上香:祭主清洗手,向孔子和四配上香

(8)初献礼:祭主向孔子和四配献上绢织品、神酒

(9)念诵祝文:祝官向孔子奉念祝文

(10)次献礼:祭主第二次敬献神酒

(11)终献礼:祭主第三次敬献神酒

(12)来宾上香:来宾以及崇圣会的代表在引礼的带领下上香

(13)饮福受胙:祭主代表孔子和四配接受福酒和福胙

(14)撤膳:执事将贡品盖上盖子

(15)送神:祭主与列席者一起送走孔子

(16)烧祝文:按照祝文、绢织物、神酒的顺序烧掉

(17)关门:将至圣门关掉

(18)撤班:祭主、执事等回到开始前的位置

(19)结束

以上所述只是单纯的流程,在实际操作过程中,经常会有一些小变化。例如,2008年,将释奠开始时间由下午两点改为下午日落时分前。之前,由于是下午两点左右开始,日照强烈,不得不用道具遮盖大成殿等举行仪式的空间,这使得整体祭祀空间变得很狭促,观众也无法看到整个祭祀流程,于是改为日落时分,以避免日照对整个仪式的影响。这一次释奠,还演奏了战前就已经停止使用的"圣庙乐"。另外,琉球华侨总会的龙狮团还在广场上表演了舞龙;2009年,崇圣会在战后第一次穿上琉球传统的黑色礼服举行仪式;2012年,上山中学一年级的学生用汉语朗读《论语》,同时,祝文也是用汉语念诵的;2013年(战后第38次),在进行释奠祭礼之前,时隔69年,重新开启了启贤祠的祭祀等。

同属于崇圣会的还有留在若狭的天尊庙和天妃宫,天尊庙里面祭祀的是"九天应元雷声普化天尊"的道教最高神,该庙内还有关帝庙以及龙王庙。天妃宫是祭祀航海女神妈祖的地方。两处会举行上天祭和下天祭。这在中国开始于12世纪,而

在冲绳开始于18世纪初,上天祭,是送这些天尊、龙王、妈祖等上天去向玉皇大帝报告工作的仪式,下天祭是则是指迎接这些神回到人间的仪式。

四、久米崇圣会的中日交流

久米崇圣会的中日交流活动,有据可寻的多在2000年以后。其中较多的是与福建省的短期交流。根据收集到的资料列表如下:

表1 久米崇圣会与中国的交流

时间	地点	事件
2001	福州	久米崇圣会在那霸市·福州市友好城市缔结20周年之际派出22人前往福州交流。
2006	福州	久米崇圣会在那霸市·福州市友好城市缔结25周年之际派出12人前往福州交流。
2008.3.22—24	台湾	青少年研修、汉语会话实践台湾行。
2008.9	福州	派遣冲绳县·福建省友好之翼访问团前往福建。该年度是冲绳与福建缔结为友好城市10周年,理事长等7名会员前往福州参加纪念仪式,参加冲绳·福建艺能文化公演鉴赏会,参观福州文庙,学习文庙的释奠祭礼仪式,同时将《三山志》中记载有释奠的一部分拍摄下来,以供日后使用。
2008.11	福州	那霸市·福州市儿童学生交流祭。
2010.8.4	至圣庙	孔子直系第75代当家人孔建(孔祥林)拜访至圣庙,并赠送《论语》等相关书籍及新闻报纸。
2011.6.28	至圣庙	商议那霸市与福州市缔结友好城市30周年纪念活动安排的福州人民政府国际交流部门负责人(福州市人民政府外事侨务办公室室长、福州市海外交流协会副秘书长等3人)访问至圣庙。
2011.6.13—15	台湾	孔子庙调查。
2011.11.4—8	福州	那霸市·福州市友好都市缔结30周年纪念之旅(53人),参观福州琉球人墓、琉球馆、天后宫、文庙等地以及山东省博物馆、曲阜市孔府和孔庙等。
2012.3	福州	蔡氏门中①会前往中国福建参加"纪念蔡襄公诞辰一千周年大会",与台湾的蔡氏进行交流。

---

① 门中:同一始祖的父系血缘集团,类似于中国的宗族。门中会是门中成员形成的组织。本文中提到的门中会都是崇圣会的下属组织。

另外还有一些不定期的交流活动：

表2　久米崇圣会与中国的不定期交流

主　体	事　件
林氏濂江会	参加福州市林氏祖庙的祖先祭祀
郑氏义才门中会	参加福建省寻根交流活动
久米梁氏吴江会	与福州梁氏交流，参加祖屋落成仪式
阮氏我华会	与福州阮氏交流，目前还在实施与台湾阮氏之间的寄宿交流
王氏门中会	访问福州
陈氏华源会	前往福州，与陈氏崇亲会交流

除此以外，冲绳县与中国进行交流时，还会事先组织一些行前准备的研修活动，其中就包括到孔子庙来学习中琉文化交流历史的活动。例如，参加2014年3月2日至3月15日的冲绳县教育厅国际精英培育海外短期研究活动的20名高中生就曾来到至圣庙，学习历史知识。

通过上面列举的中日交流活动，我们很容易看出崇圣会与中国的交流活动有这样四个特点：

第一，绝大多数都是孔子庙单方面的主动交流。在上述17项活动中，只有2项是中方访冲。

第二，均为短期。其中时间最长的2011年的福州之行也不过5天时间。

第三，交流活动多局限于福州一地，顶多还有台湾。这当然是因为构成久米村的三十六姓多来自福建，而由于历史和地理等原因，冲绳与台湾的交流确实较多。

第四，寻"根"的意念。无论是前往福建的寻根活动，还是拍摄福建文庙记载的释奠流程，都表现出崇圣会成员寻求"根源"所在的意念和谦逊的学习态度。

所谓交流，要你来我往，形成互动关系，才谓交流。但是我们发现，这一交流多由冲绳方面单方面发起，他们积极主动地前往久米村的发源地、冲绳文化影响地——福建寻根，寻找自己的祖先曾经生活的地方，学习福建文庙的释奠礼仪。又去参观山东曲阜的孔庙，还积极地与台湾方面联络，显示出了他们寻求"正统"的理念。"中心"与"边缘"是一对相对的概念，正统一般产生于中心，并逐渐传播至边缘。山东曲阜是孔子的诞生地,这里毫无疑问地成了儒家文化的中心地,世界各地的孔氏后裔、儒家文化受教者都相信这里的一切才是正宗,才是正统,去曲阜就像朝圣一样有着不同寻常的含义。但是,应该指出的是,"中心"与"边缘"也是一对可以相互转换的概念。当"正统"从中心消失或者衰落时,边缘也可以变成寻礼的中心。从2004年开始,济宁市政府开始主导曲阜的祭孔大典,祭孔成了一种政府行为,家祭变成国祭,冗长的领导讲话,简短的祭孔仪式,民众的参与度大大降低。就连祭祀孔子的仪式的名称,也早就由最初的"释奠"变为"祭孔大典"了。而曲阜以外的地方则结合自己的地方特色创造出了不同的祭孔方式,如广州市番禺的大龙孔子诞,它本身就是由村民自己组织和参与的活动,其最受瞩目的特点就在于结合了粤剧的成分在内,形成独特的民众自己的番禺祭孔方式。同样地,久米村的释奠也通过穿琉球礼服等方式彰显了自己的特色,但仪式参与者主要还是久米三十六姓的后裔及地方政府官员等,这是一个介于中国官方与地方两种祭孔方式之间的释奠。所以,除了福州文庙、曲阜孔庙和因历史原因而一直亲近的台湾孔子庙以外,崇圣会还可以到地方社会去看一看更为鲜活的、融入民众日常生活的祭孔大典,或许会有另外一种收获。而我们也不应该以"中心"自傲,疏忽了对外交流,而是应该在儒家思想作为东方独立思想日益受重视的时代背景下,充分利用儒家思想在世界上形成的庞大的社会网络,将儒家文化和中华文明进一步宣传出去,让世界了解中国,并在外界的反馈刺激中不断完善自我。

五、久米历史展示室

在久米至圣庙的东侧空地,那霸市决定兴建松山公园的关联设施,包括历史展示室、饮食店、象棋广场等。笔者前往时(2014年8月中旬),原处的各种设施都已经被清空。整个工程计划于2014年9月开始动工,2015年10月投入使用(据悉,该工程截至2016年3月尚未完工)。其目的是将福州园、松山公园、久米至圣庙等与历史展览室融为一体,促进公园的一体化利用及使用率,使整个区域成为地方传播信息、交流信息的据点,向外界展示和介绍久米村的历史、文化及精神。

据参与建设规划的田名真之教授(冲绳国际大学南岛文化研究所所长)介绍,待全部设施建成后,会在设施门前立上龙的雕像。众所周知,冲绳文化的代表是狮子,走在冲绳的大街小巷,屋檐上、大门上、窗前、盆栽盘、各种小店内,随处可见狮子的影迹。这种信仰是由中国福建传入的,融合了自身的信仰后演变成现在独特的琉球狮子,这种琉球狮子通常雌雄成对出现,一个张着大嘴广纳百福,一个紧闭大嘴驱邪避魔。有着如此来源和寓意的象征物岂不是更适合放在此处以彰显冲绳特色?田名教授解释道:其实有关到底是立狮子还是立龙的雕像,确实有很大的争议。甚至还有人认为太过浪费,不应该立雕像。最后决定还是立龙的雕像,因为龙是整个中华民族的象征,中国人是龙的子孙。这个建筑群南向那霸港,那霸港是中国游轮来冲绳的停靠港,换句话说,来自中国的游客走下游轮、进入冲绳,第一眼看到的就会是中国的象征——龙,会带有一种亲切感,宾至如归。

冲绳自古以来就与中国有着密切的往来,受到中国文化的深刻影响,即使是今日,依然四处可见中国文化的痕迹。如日本本土见不到的猪肉饮食文化,路口随处可见的石敢当、赛龙舟习俗、墓制等。中国和冲绳之间本就有许多亲近的理由。而纵观日本本土与冲绳之间的关系,一方面,1972年冲绳才回归日本,在这之前,即使是日本人去冲绳也要使用护照才可以,而在日本本土人眼里,冲绳人是一个特殊的存在,甚至还会歧视他们。另一方面,美军基地问题使得冲绳与本土之间关系十分紧张。笔者去的时候恰逢"美军直升机在冲绳国际大学校园坠毁十周年纪念活动"(2014年8月13日),校园紧挨着普天间冲绳基地,站在冲绳国际大学教学楼内远远望去,基地内有一块郁郁葱葱的地方,那里是冲绳人的原乡,很多人家的坟墓就在那里,可是想要扫墓,还要经过美军基地的同意。直升机起飞降落的噪音,低空盘旋给居民带来的困扰,部分美国大兵的"横行霸道",始终无法妥善解决这一问题的日本政府,这些都让冲绳人对日本政府一直心存不满。

无论是从地理上来讲,还是从心理上来讲,都处于日本边缘地带的冲绳人,虽然从国籍上来讲是日本人,但是又不完全是日本人,他们自称"冲绳人",提到日本本土时,用的是"日本"一词,而不是"日本本土"。他们的身上有很多中国文化的影子,可是无论从外貌来讲、言行举止来讲,又确实不是中国人。如此一来,冲绳人的身份认同成了一个颇具研究意义的课题,而这种不确定性、模糊性在与日本本土矛盾日益加剧的今天,变得更加模糊。冲绳是一个自己没有多少资源可供利用的地方,历史上的琉球王国就是依赖中转贸易兴盛起来的。它通过朝贡贸易从中国获得大量货物,之后将这些货物转运至日本和东南亚各国销售,再从日本和东南亚各国收集中国没有的物品,运到中国进行朝贡贸易。这种状况一直持续到日本废藩置县。其后,冲绳渐渐淡出国际贸易舞台,而现在,由于被戴上了"心灵的原乡""治愈心灵的地方""长寿之地"等桂冠,冲绳已经成为国际观光都市,这其中数量最大的游客来自中国。走在冲绳著名的国际通大道上,会感觉到这是"中国通"而非"国际通"。

那霸市政府建历史展览室的举措、同意崇圣会将孔子庙搬回久米的行为,都是吸引中国游客的措施。在身份暧昧的情况下,在从日本本土无法获得必要支持或平等待遇的前提下,他们选择了充分利用自己的边缘身份,活用旅游观光资源中的中国要素,吸引邻居十几亿人口的潜在资源,振兴冲绳经济。至圣庙、福州园、计划中的历史展示室都是免费参观的设施,正是因为免费,才能够吸引大量的旅行团前来参观,这就会带动其他的周边消费,如住宿、餐饮和娱乐业。原本是为了普及儒学教育和维护族群身份意识的孔子庙,其作用已经开始发生微妙的变化,成为吸引游客、振兴当地经济的重要一环。这是久米孔子庙与日本大多数孔子庙相异的一点,久米孔子庙本身因为免费参观,并不会从观光旅游中直接获得经济利益,它只是构成一种吸引力,吸引游客前往,并在这一过程中宣传自我、宣传久米村。

结　语

本文在对至圣庙的历史沿革进行简单梳理之后,对其建筑格局和祭祀礼仪做一介绍,在此基础上,对至圣庙重建后久米崇圣会(运营管理崇圣庙的法人团体)的对外交流活动进行分析,认为其具备:(1)绝大多数都是孔子庙单方面的主动交流;(2)均为短期;(3)交流活动多局限于福州一地,至多还有台湾;(4)饱含寻"根"的意念等四个特点。并从"中心"与"边缘"的角度出发,认为崇圣会还可以考虑扩大其交流范围,并通过那霸市规划的历史展览室的建立分析久米孔子庙的一个新增功效——吸引观光资源,阐释其形成原因。最后,反观中国自己的孔庙,希望我们也能够走出去,充分利用儒学文化所编织的社会网络勤加交流,在不断完善自我的同时,对外宣传地道的中华文明。

图2　至圣门/摄于2014年8月15日

图3　大成殿内/摄于2014年8月15日

图 4　中山孔子庙石碑/摄于 2014 年 8 月 15 日

图 5　明伦堂/摄于 2014 年 8 月 15 日

图6　历史展示室建设用地,正前方即是那霸港/摄于 2014 年 8 月 15 日

参考文献

具志堅以徳編集:『久米至聖廟沿革概要』、(社団法人)久米崇聖会 2009 年。

輝広志:『久米明倫堂沿革概要—沖縄最初の学校』、(社団法人)久米崇聖会 2011 年。

浜下武志:『沖縄入門』、筑摩書房 2000 年。

第三章　中日傀儡戏比较研究[①]
——以布袋戏与人形净瑠璃为例

郑　靓　朱晓静

导　言

　　傀儡戏,即通过操纵偶人来表演故事的艺术形式,作为中国民间艺术的一朵奇葩拥有久远的历史。据考,在东汉时期已有偶人歌舞助兴,隋唐时发展成了故事性戏剧。邱雅芬认为中国傀儡戏在唐代迎来了成熟期,遍布全国亦流传至日本,后日本傀儡子流浪艺人与净瑠璃(说唱艺人)合作表演,创作出了"人形净瑠璃"这一占据日本演剧三分天下的经典艺术形式。宋时中国傀儡戏的舞台转至南方,闽南地区孕育出的布袋戏后又传入台湾大放异彩,可谓闽台民俗文化之翘楚。梳理中日傀儡戏变迁历程,我们可以清晰地看到两者的交集。而布袋戏和人形净瑠璃作为当代中日傀儡戏的代表,二者同根同源,一个发展为百姓心中的闽台民俗文化印象标志,一个成为日本国粹级别艺能典范,是什么原因造就了这种发展结果的不同呢?面对文化多元化发展的冲击,布袋戏毅然跳出规矩框架,开始与现代媒体结合,进行商业化传播,而人形净瑠璃却执着于对古典的坚守,这又反映出两国艺人对待传统艺术的何种态度呢?

[①] 本文在导师江新兴教授的指导下完成。

一、中日傀儡戏史的变迁

1. 中国傀儡戏之流变

中国傀儡戏的历史十分悠久,早在汉时宴会中开始有了傀儡表演。《旧唐书·音乐志》记载:"魁礧子,作偶人以戏,善歌舞,本丧家乐也。汉末始用于嘉会。"[1]当时的傀儡戏受到欢迎,并逐渐被用于歌舞表演。侯莉在考证中国木偶戏史时,曾引用周贻白对"丧家之乐"中"乐"字的解释,认为其有"仪式"或"礼节"之义,而当傀儡被用于嘉会时原先纯粹的丧祭仪式便开始向娱乐的傀儡戏过渡。[2]

唐代是傀儡戏发展成熟的重要时期,这时的傀儡戏慢慢演变为故事性表演。杜佑《通典》中关于唐代的傀儡戏有载:"歌舞戏有大面、拨头、踏摇娘、窟礧子等戏。……窟礧子,亦曰'魁儡子',作偶人以戏。"[3]现已考证了踏摇娘、拨头等戏都是带故事的歌舞戏,[4]所以有学者推断,与之表演上也大致相似并同属于歌舞戏的傀儡子(即傀儡戏)亦是有故事情节的,而且在当时已成了商业演出形式的娱乐表演。[5] 另由唐·韦绚《刘宾客嘉话录》中"著一粗布襕衫,入市看盘铃傀儡,足矣。"可知当时傀儡戏在市井中大受欢迎。

宋时傀儡戏迎来了黄金时代。从两宋的笔记、诗词中可以看出,民间的瓦舍勾栏伎艺演出活跃,傀儡戏也是其中重要一项,艺人众多。北宋时期傀儡表演就有分杖头傀儡、悬丝傀儡、药发傀儡、水傀儡等,[6]而且几乎每种都有较为详尽的记述,足见傀儡戏在市民文化生活中的地位之重。南宋时,又增加了肉傀儡和鲜为人知的清乐傀儡、全场傀儡三种,[7]而当时作为政治中心杭州的傀儡戏班的数量、道具行头的精美程度都表明其发展态势甚好。当时南方经济发达的地方都风靡此物,

---

[1] 刘昫:《旧唐书》(第二九卷),中华书局1975年版,第1074页。
[2] 侯莉:《中国古代木偶戏史考述》,中国艺术研究院硕士论文,2005年。
[3] 杜佑:《通典》(第一百四十六卷),《文渊阁四库全书》(电子版),1990年。
[4] 张庚、郭汉城:《中国戏曲通史》(上册),中国戏剧出版社1980年版,第21页。
[5] 侯莉:《中国古代木偶戏史考述》,中国艺术研究院硕士论文,2005年。
[6] 孟元老:《东京梦华录》(第五卷),中国人民大学出版社1993年版,第32页。
[7] 周密:《武林旧事》(第六卷),浙江古籍出版社2011年版,第418页。

便有了"南方好傀儡"的说法,在这个时期布袋戏也开始萌芽。南宋莆田的诗词家刘克庄的一句"久向优场脱戏衫,亦无布袋杖头担。"证实了闽南布袋戏拥有千年的历史。

明清中国傀儡戏进入一个新的发展时期,地方傀儡戏纷纷兴起,在全国大多数的省市地区都出现了风格各异的地方傀儡戏流派。闽南地区的布袋戏显得尤为活跃,漳州各地大量出现专业布袋戏班社,形成若干不同的流派,其中主要有"福春""福兴""牡丹亭"三派,各有特色;泉州晋江的戏班则唱着南调,模仿着梨园戏的表演渐渐兴盛起来。如今要寻起形式保存完好的古傀儡来,当首推福建闽南一带;要论傀儡的制作技术与操纵技术之高超之地,也非闽南莫属。洪世键在对闽南布袋戏进行考察时,曾引用《晋江县志》、《永春文史资料》等福建地方史来说明清时在闽南诸县布袋戏已发展得如火如荼。[①] 闽台间只一水隔,台湾居民的百分之七十为闽籍移民及其后代,随着闽移民的迁徙,布袋戏迅速传遍了台湾的街头巷尾,成为台湾戏剧形态中最重要的一种,也是台湾人民社会文化生活中不可或缺的部分。

2. 傀儡戏东传日本

上文中我们谈到从唐时开始傀儡戏已盛行于市井并发展成熟,恰逢彼时,中国作为亚洲的中心正在向周边国家辐射强大的文化感召力,日本在积极汲取唐文化的同时也没有错过对傀儡戏的引进。

被操纵的戏偶在中日两国古代都记作"傀儡"。日语中"傀儡"可读作 kairai 或 kugutsu,前者为音读,即模仿中文的发音,后者为训读,是日式发音。但邱雅芬提出了 kugutsu 或是模仿中国傀儡戏经典角色"郭秃"一词的发音,仍属音读的观点,并认为这种标记与发音的共同性暗示了两国傀儡戏交流史悠久的可能性。邱通过日本最早的分类体百科全书《倭名类聚抄》(930 年前后)中的"杂艺具·傀儡子"条熟练援引中国文献以作解释这一点,论证当时日本对中国傀儡戏的了解程度之深。[②]

[①] 洪世键:《论南派布袋戏的基本特征和艺术价值》,《中国木偶皮影》2010 年第 4 期。
[②] 邱雅芬:《唐代傀儡戏东传及日本傀儡戏的形成》,《中国文化研究》2010 年夏之卷,第 25—26 页。杂艺具·傀儡子:"唐韵云,傀儡賄礧二音,和名久久豆,乐人之所弄也,颜氏家训云,俗名傀儡子,为郭秃。"其中,《颜氏家训》指北齐文学家颜之推的传世代表作。

那么，傀儡戏到底是如何实现东传日本的呢？邱雅芬在《中国各类型傀儡戏之东传》一文中考证了两国的文献，说明了机关傀儡、皮影、药发傀儡等传入日本的经纬。①总的来说，傀儡戏是作为散乐中的一种，通过遣唐使与移民为媒介传入日本的。②平安时代中期的官僚藤原明衡（？—1066年）在《新猿乐记》中描述散乐初到日本的情景（散乐日语读作sagaku，与猿乐sarugaku发音相似，故后多记作猿乐）："予廿余年已还、历观东西二京、今夜之见物计事者、于古今未有。就中咒师、侏儒舞、田乐、傀儡子、唐术、品玉、轮鼓……"③虽然我们可以肯定傀儡戏大概在平安时期传入日本，但目前掌握的史料还未能确定具体传入的时间。

进而，日本才子大江匡房（1041—1111年）用汉语作《傀儡子记》，对其进行了专门的介绍："傀儡子者，无定居，无当家，穹庐毡帐，逐水草以迁徙。颇类北狄之俗。男则皆使弓马，以狩猎为业，或双剑弄七九，或舞木人斗桃梗，能生人之态……"④说傀儡子当时在日本为流浪艺人，除表演傀儡技艺还擅杂耍，内容与中国散乐保持一致。

当然，傀儡戏传入日本经历了一定本土化的过程，最后形成了独自的艺术形式。傀儡舶来后不久就与日本原有的偶人结合起来，如山梨县甲府市的傀儡田乐天津司舞，这种神事艺能表演使用9个与人等大的偶人，在舟形舞台上舞蹈祈求丰收。另外，随着室町时代庶民文化的发展，以挂箱表演⑤的形式各地巡演的手傀儡也兴盛起来。值得一提的是，手傀儡的表演形式与闽台的布袋戏极为相似，但很遗憾，迄今为止没有资料显示两者之间有何交流历史，而且手傀儡现已失传。

16世纪末摄津西宫的傀儡子集团，将傀儡戏与说唱艺术净琉璃、从琉球传入的中国三弦（日本称三味线）结合起来，创造了全新的艺术形式——人形净琉璃。江户时期的人形净琉璃在关西一带形成规模，几经洗练后成为与歌舞伎、能乐三足鼎立的经典艺术。贞享元年（1684年）竹本义太夫在大阪设立"竹本座"，在其发展

---

① 机关傀儡：由三国时代发明家马钧利用齿轮传动原理创制的一种水动力木偶模型发展而来的傀儡戏形式；皮影：又称"影子戏"或"灯影戏"，以兽皮或纸板做成的人物剪影，在灯光照射下用隔亮布进行演戏；药发傀儡：借药力爆炸使其活动进行表演的傀儡。
② 邱雅芬：《中国各类型傀儡戏之东传》，《戏曲研究》2011年第83辑，第321—332页。
③ 藤原明衡『新猿楽記』平凡社1983年、3ページ。
④ 群書類従刊行会『群書類従9』醋灯社1951年、324ページ。
⑤ 挂箱表演：即艺人在脖子上挂个箱子巡回演出，演出时以脖子上的箱子为舞台。

史上具有划时代的意义,他所开创的义太夫曲调,亦刚健亦哀婉,影响最为深远。日本傀儡戏由一种民间信俗艺能演变为文学和艺术价值极高的精英文艺,还有一个人功不可没,那就是剧作家近松门左卫门,正德五年(1715年)他创作的《国姓爷合战》将人形净瑠璃推向了全盛期。近松死后,吉田文三郎等人对人形外观、三味线演奏及唱腔进行了改良。文化八年(1811年)文乐轩的表演崭露头角,但明治维新后,人形净瑠璃进入低迷期,当文乐轩挂出了"官许人形净瑠璃文乐座"的招牌时才又展示出顽强的艺术生命力。作为日本傀儡戏发展的最高形式,人形净瑠璃形成了完整的体系,不断雅化、精美化,首批入选世界非物质文化遗产。

梳理中日傀儡戏发展脉络,我们可以清晰地看到二者之间的渊源,这个交集可概括为:它是日本在如饥似渴地吸收唐文化的过程中一并引进傀儡戏的,它在日本传播的过程中吸收了本土的文化因子,产生了全新的效果。作为二者发展成果中最具代表性的布袋戏与人形净瑠璃同在两国市井文化十分发达的封建社会最后一个王朝中蓬勃发展,闪烁着两国人民怎样的审美意识和文化内涵呢?

二、布袋戏与人形净瑠璃的异同

1. 布袋戏偶与人形的比较

一个布袋戏偶的制作首先要雕刻出一个木偶,这要经过选料、劈形、精雕、打磨、上漆、绘脸等十几道工序。福建山林多,为选料提供便捷,特别是漳州盛产的樟木,独具清香,不易变形。传统戏偶不过30cm大小,以脸谱的拉长或缩短、五官的移位或聚散,借助动物特征或荒诞古怪的结构来强化人物性格。将单手置于中空的布袋,即戏偶的服装中,以左手为例,食指套入头部,拇指入其右袖,另三指入左袖,以控制戏偶的动作,这也是布袋戏又称掌中傀儡戏、手袋傀儡戏的缘由。戏偶略分为生、旦、净、末、丑、兽、杂七角,操控手法各不相同。20世纪中期,台湾布袋戏为了达到更好的视觉效果,将戏偶增大至50—70cm,因此也变得难以单手操控。头部和躯体中加装了特殊装置,通过拉线能控制眼睛睁眨,中指扳动机关可控制嘴唇闭张,手足也变得可屈可伸。如今的戏偶可作沉思、狂奔、跳跃、抛接等各种情状。霹雳布袋戏更是将笔画眼改为玻璃眼,塑胶假发改为真实的植发,形象精美逼真。

而早期的人形净瑠璃所使用的人形只有头和手，没有腿脚，后来演变出由头部、躯干、手足、服装共同组成的人形，长约1米至1.5米，一般重量为3公斤，最重的可达20公斤，从头饰到服装甚至脚上的鞋无一不装备得一丝不苟。据日本学者吉永孝雄统计，在男人头中老人头八种，中年头十八种，青少年头五种，共三十一种。在女木偶中，老年头三种，中年头四种，少女头七种。[①] 其操纵方式与中国的傀儡戏有所不同，采用"三人操纵"的手法，需将三个操偶者的呼吸整合为一体来操弄一个人形。这是世界上独一无二的操作方法，动作细腻，堪称绝技。三个操偶者分工为：操纵头及躯干和右手的"主操纵"，操纵左手的"左操纵"，操纵双腿的"脚操纵"。主操纵一边用重物支撑人形，一边用指尖控制装在躯干部分的装置，可以操纵头部，甚至眼珠、口舌、眉毛等，做出各种各样的表情，手指的关节也能做出灵巧的动作。操偶者虽与人形同台，但全身穿了黑衣，避免与人形争夺观众的注意力，只有被评为"人间国宝"的操偶者可抛头露面。

无论是布袋戏还是人形净瑠璃，在能工巧匠们的不懈努力下，"硬件"戏偶制作水平都得到了相当的提升，而在"软件"提升上，艺人们更是付出了极大的努力，快节奏的武打布袋戏要求艺人几近魔术师般身手敏捷；净瑠璃虽节奏稍慢，但熟谙操纵技巧十分不易，与搭档达成默契更需要时间的磨砺。正如中国俗语言"台上一分钟，台下十年功"，人形净瑠璃界也常说"足十年，手十年，成为'主操'又十年"，其艰辛可见一斑。

2. 伴乐与语言艺术

欣赏戏曲艺术本是视觉和听觉上的享受，为了营造戏剧气氛，推动人物情绪，光是台前的戏偶表演是不够的，后台的配乐非常重要，而口白[②]更是全剧的灵魂。布袋戏与大多传统戏剧一样有文、武戏之分。文戏中常以乐器的音高变化来助推渲染情节，多采用二胡、唢呐、月琴、笛、达仔、艾仔、大同弦等中国传统管弦乐器。武戏采用的则是只有节奏而无音高变化的打击乐器，如小鼓、通鼓、钞、钹等。根据

---

① 唐月梅：《日本戏剧》，上海三联书店2006年版，第115页。
② 口白：就中国传统戏曲而言，是指人物内心独白或两个人物之间的对话。该对话虽无唱腔表现，且接近日常语言，不过仍比口语夸张。

配乐形态不同,布袋戏戏种可细分为生旦戏、审场戏、连台戏、折子戏和拳打戏。随着戏偶和脚本的变化,配乐也变得多元起来,除了对京剧等的引入,更启用了西洋乐器演奏、歌手现场演唱以及电子音乐等。

以闽南语配音的口白师可谓布袋戏的灵魂人物,他们隐身于后场,包揽了所有角色的对白与念白,也常是布袋戏中唯一的挂牌主演者。传说中的闽南布袋戏鼻祖梁炳麟本是个读书人,文学修养很高,出口成章,而口白师们也需要深厚的文学造诣和音乐素养,不仅要模仿男女老幼不同人物的音质,还需做到不同性格的角色五音分明,加上情绪表达的七声八白,一个口白师至少掌握28种不同情绪角色的口白配音。

比起热闹的布袋戏,人形净瑠璃早前只用琵琶和扇拍子(把扇子打开,用右手指甲有节奏地在扇骨和纸面上拍打出声响,也可用折叠着的扇子拍打手掌或膝盖)进行伴奏。中国元代以来就开始使用蛇皮做的三弦,此物经转琉球传入日本,后来盲人琵琶法师将蛇皮改成猫皮,三弦有了日本名字——三味线,它音律轻快哀婉,悠扬神秘。简约淡泊的日本人民非常喜爱这种令人感伤的音色。这种表现与日本人崇尚物哀与幽玄的审美意识是相吻合的,亦如日本文学对自然季节的感受之纤细洗练,日本绘画纯净淡泊蕴含名风趣。三味线以幽婉清丽的情趣为主,富于恬淡的韵味,虽然旋律简单,却能通过悠扬的旋律来表达人物的心情,或表现剧情的变化,赋予了人形净瑠璃更强的表现力,是日本独有的艺术表现。

和口白师一样,太夫在剧团也具有很高的地位。竹本义太夫开创的"义太夫节",大抵分词、地、节三部分。其中词为道白,地为在三味线伴奏下以朗诵声调讲说剧情,节则为比地更有节奏感的部分。"七五调"的台词以地与节诵咏最有韵味。后来,受到歌舞伎的影响,道白的部分变重。人形净瑠璃太夫表演时用自己的声音分饰男女老少所有登场人物,在"时代物"(历史剧)中模拟夸张的武士腔调,缓慢而洪亮,彰显出武士的隐忍或风雅;"世话物"(世态剧,以町人社会为主)则显得贴近生活,节奏也加快了不少。"千斤道白四两曲"是布袋戏区别于中国其他传统戏剧的一大特点,却恰与人形净瑠璃相同,二者皆极为重视语言艺术,以道白对话为主,鲜加唱腔歌曲。

3. 剧目脚本

17世纪中叶,布袋戏盛行之初,其表演形式非常简单,演出戏码大多是即兴表演,主题集中在忠孝、仁义和惩恶扬善上。由于傀儡戏早期主要的社会功能为驱祟避邪,以保一方平安,作为其分支的布袋戏也同样具有神秘的宗教色彩,其叙事模式来源于神话、传说与各种仪式。从18世纪开始流行起才子佳人、审案及武打等类型的戏码,但布袋戏的传承偏重戏偶操纵技巧与后场音乐搭配,对于演出的剧本多是口耳相传,所以如今难觅其踪,流传于世的只有《四锦裙记》《乌袍记》《喜鹊告状》等。有时剧团请来说戏先生给团员们讲故事,让团员上场发挥表演,这些故事多取自稗官野史或是《三国演义》《封神榜》《西游记》《水浒传》等小说中的桥段。

近代以前布袋戏结构中缺乏专门剧作家的成分,主要是借助流行小说的情节,通过精湛的操偶和口白表演技术呈现,以满足大众娱乐需求,这项空白决定了布袋戏没有突破市井舞台的命运,却在人形净瑠璃中得到了填补,成就了它跻身上层艺术的行列。树立起这座日本文化史上的里程碑的正是前文提到的被称为"日本莎士比亚"的近松门左卫门,他一生创作净瑠璃剧110余篇、歌舞伎剧28篇,是当时最伟大的剧作家。

近松门的作品可以大致分为时代物、世话物以及结合前二者的折中物三类。51岁以前的近松门向往武士的英雄时代,对这类题材的剧本,写得气势磅礴,场面宏伟,把武士精神表现得有声有色。《出世景清》《国姓爷合战》是这个时期的代表作,也是划时代的作品。《出世景清》取材于《平家物语》,主人公平景清报仇不成反受仇人源赖朝宽恕之恩,令其内心极度矛盾,终挖去双目出家为僧以断复仇之念,全剧矛盾尖锐而又富于戏剧性,以人物的内心冲突和悲剧性的气氛推动情节发展;《国姓爷合成》中描写了明末郑成功为光复台湾而进行英勇斗争的故事,连续上演达17个月,反响很大,以致人们把此前的净瑠璃都称为"旧净瑠璃"。元禄16年(1703年),近松门以当时社会上发生的一起心中(情死)事件为题材,创作了《曾根崎心中》,开始了长达十年的世话剧创作时期。他与同为"元禄三文豪"的作家井原西鹤一样最早开始观察市民阶级中、下层人的生活,以细腻的笔触表现沉迷于市井生活中的男女的哀愁,诉说他们纯真的爱情被封建社会吞噬的悲剧。近松门首次把舞台上的人形与社会中的人物命运相联系,把社会冲突搬上傀儡戏的舞台,把江户戏剧由市井说唱推上了艺术的高峰。

近松门对戏剧艺术的特点和规律也很有见解,其所提出的"虚实皮膜论"是其美学思想的集中体现。他认为艺术的真实位于艺术虚构与真实世界的皮膜之间,光写实是不够的,只有摆脱生活细节,创作出具有概括意义的形象,才能诠释出艺术的价值。他主张戏剧不仅要注意情节,更要注入人物(人形)以真情实感;不仅要注意舞台动作的重要性,还要注意人物的性格化。

布袋戏与人形净瑠璃在艺人的努力下愈加纯熟,戏偶之精美、操偶技术之精湛、伴乐口白之高超几乎难分伯仲。相比荣膺国粹艺术人形净瑠璃的高贵典雅,布袋戏散落于田间地头,更具亲民特质。自古以来中国傀儡戏作为民间艺术,鲜有文人大家愿意染指,所以自其脱离祭祀功能后,其最大的社会功能一直停留在娱乐层面上,故布袋戏的舞台也止步于市井。而人形净瑠璃显然比较幸运,在其发展过程中得到了文学和理论的洗礼,艺术性得以成熟,并得到官方的重视,在1955年时就被日本政府指定为重要的非物质文化遗产。

三、中日傀儡戏发展之现状

1. 布袋戏的申遗与创新

如今,闽南布袋戏日渐式微,因为收入太低,许多艺人因生活所迫纷纷转行歇业,但是近年政府十分重视乡土文化,先是为布袋戏申请了国家非物质文化遗产,又出台一系列保护规划,拨付专项资金资助。而在海峡对岸的台湾却是另一派景象。2006年台湾"行政院新闻局"主办了一场台湾意象票选活动,选出台湾多数人能够认同的文化标志,布袋戏脱颖而出,超越玉山和台北101大楼成为宝岛文化象征。

布袋戏在台湾之所以能成为民间最喜闻乐见、不可或缺的文化形式,是因为它走了一条有别于其他传统戏剧的发展道路——开启电视时代。让布袋戏进军小屏幕的关键人物黄俊雄于1970年将《云州大儒侠》搬上电视,开播后新颖的音乐、典雅的口白、紧凑的剧情加上惊人的声光效果，令全台疯狂，创下了97%的高收视率，①用"万人空巷"来形容这番场景都不为过，政府也不得不以"妨害农工作息"为由限制其播出，却也难抑人们对布袋戏的喜爱。可是，黄俊雄的成功使其他民间布袋戏竞相模仿，而终致泛滥成灾。为了迎合观众渐渐多元化的审美兴趣，布袋戏团体们纷纷引进大量东洋、欧美等舶来文化色彩，如当时的金光布袋戏以强幻灯光、绚丽舞台、劲烈音响为卖点，为了增加娱乐效果，口白里还掺杂了日语和英语。未经时间的沉淀和处理的剧情内容多显粗暴，表演形式也较为粗糙，在接下来的十年内布袋戏走上下坡路。但机智的艺人们并没有任其流俗，他们不断摸索，成功地演绎了布袋戏与科技创新的结合，他们引入了好莱坞的拍摄手法和超现代的表演方式，在制作上有了质的飞跃，并结合动漫等新鲜元素紧随时代的步伐创新，从而拥有了大量年轻戏迷。另一方面，彻底地颠覆了非白即黑的传统二分法，创造出许多正中带邪的"偶"像，吸引大量年轻戏迷，并通过成熟的制作技术和巧妙的商业营销让布袋戏代表台湾走向世界。

然而，当我们刨去繁华的景象，冷静地审视台湾布袋戏的内核，不难发现这活跃的"新生代"已然淡化了传统布袋戏的影子。在商业化制作的背景下，台湾布袋戏为了迎合观众喜好不断量产更新，所谓的"行规""信念"已经渐行渐远。

2. 人形净瑠璃的坚守

人形净瑠璃剧团有个很大的特点，即重视传统优秀剧目的保留演出，以及表演技术的锤炼，至于脚本的创新并不着意追求。目前，日本净瑠璃演出的剧目为100多部，大多都是18世纪以前创作的。作为传统文化代表的传统剧目可谓是经久不衰，每年都会获得到国外演出交流的机会。

即使保存较好的传统净瑠璃剧如今也面临一个很现实的问题，那就是绝学，后继无人。首先，技艺学习难度大。前面也说过，学习木偶操纵必经"足、手、主"三个过程，每一步都需十年时间才能练成。而整个修行都必须靠个人努力，100多余部剧目都不是以文字形式存在的，全靠弟子们的"偷师"模仿。剧目不得改动，人形的每一个扮相和每处关节的运动轨迹也不得有丝毫的更改。这虽然保留了一招一式

---

① 维基百科：布袋戏条，http://zh.wikipedia.org/zh/%E5%B8%83%E8%A2%8B%E6%88%B2。

的原汁原味,但无疑给这门绝学的传承增加了难度。其次,演员都上了年纪,年轻人又不感兴趣,遗产继承出现断层。如今整个日本只有大阪一家文乐剧团。除了团员80人,全国的学生加起来也不过300人,学的人少了,看的人就更少了。据报道,国立文乐剧场已很少有人问津。操偶人、"人间国宝"吉田蓑助曾说,"故事太传统,节奏也比较慢,不够娱乐。再加上用大阪方言念出的古文道白,吓跑了许多观众。就连在日本巡演我们都要在舞台旁边的屏幕上打出台词。"[①]

　　面对这种困境,日本艺能大师们开始小心翼翼地创新,拓宽演出路径,但主要的支持其实来自于日本政府,各方面的人力和资金投入为人形净瑠璃吸引更多的年轻人驻足。位于大阪的国立文乐剧场不仅设有大小两个剧场,于每年1月、4月、7月和11月分别进行3周的净瑠璃剧目公演,同时还开设了专门用于培养演艺人员的研修所和展示历史资料的展厅等。另外,剧场设有推广培训课并组织了文乐后援团。他们募集会员,举办研修会,定期演示讲解净瑠璃知识,与新闻媒介建立固定的联系、发布演出和研修的消息,还把讲堂设到区役所和大学,甚至组织中小学生到剧场听文乐常识解说和观摩演出。普通演出票价一般为4600日元,而大学生、研究生、留学生半票,中小学生只需1300日元。而且日场还保留有一定数额的赠券,优惠学生和外国人。[②]虽然人形净瑠璃受到政府和部分民众的重视,但今天人形净瑠璃的发展仍存在一大弱点,那就是过于依赖国家资金援助。

　　布袋戏和人形净瑠璃的发展现状体现着中日两国艺人全然不同的选择。无论布袋戏还是人形净瑠璃,在传承过程中,是坚守还是创新都是值得我们思索的问题。中国台湾模式发展过程中会不会因娱乐过度而丢失了布袋戏作为民间乡土艺术的根基,这一点尚无定论却也令人担忧;同样日本方面,如果不能开拓出符合现代人品味兴趣的发展道路,会不会造成人形净瑠璃无以为继也是发人深省的。传统艺术在现代社会的传承中需要兼顾艺术性与娱乐性,得到人民群众的喜爱又不失升华提炼,使美好的传统艺术与文化不至于在现代化、国际化的冲击中慢慢凋零、失传,最终沦为文献中的符号。比较布袋戏与人形净瑠璃的今昔,我们看到了曾经深受中国文化滋养的日本,把本土的文化因子融入舶来文化中,将之视作本民

[①] 徐佳:《大阪文乐:举手投足都是历史》,《第一财经日报》2010年7月2日第D04版。
[②] 李晓:《东瀛观剧印象记(下)》,《上海戏剧》2003年Z1期。

族的文化以极其慎重的态度对待,在时代的变迁中,仍然努力保持文化的真髓。在世风日益浮躁的现代社会,这种恋古情绪和保护民族文化传承的信念显得弥足珍贵。

在国家积极提升文化软实力的今天,我们需要对外释放更多具有中国特色的文化信息。在这方面反映民众生活、表达民众情感的民间传统艺术拥有巨大的文化感召力。如何将传统民间艺术琢磨升华为民族特色乃至民族象征是今后待研究的课题,而我们该以什么态度对待这一课题却是刻不容缓的。

参考文献

1. 中文文献

丁言昭:《中国木偶史》,上海学林出版社1991年版。

河竹繁俊:《日本演剧概论》,郭连友、左汉卿、李凡荣、李玲译,麻国钧校译,文化艺术出版社2002年版。

侯莉:《中国古代木偶戏史考述》,中国艺术研究院硕士论文,2005年。

洪世键:《论南派布袋戏的基本特征和艺术价值》,《中国木偶皮影》2010年第4期。

李晓:《东瀛观剧印象记(下)》,《上海戏剧》2003年Z1期。

李晓林:《文渊阁四库全书》(电子版),1990年版。

廖奔:《中国戏曲史》,上海人民出版社2004年版。

刘昫:《旧唐书》,中华书局1975年版。

孟元老:《东京梦华录》,中国人民大学出版社1993年版。

邱雅芬:《唐代傀儡戏东传及日本傀儡戏的形成》,《中国文化研究》2010年夏之卷。

邱雅芬:《中国各类型傀儡戏之东传》,《戏曲研究》2011年第83辑。

石理恒:《对台湾文化创意产业开拓大陆市场的探析——以霹雳布袋戏为例》,《佳木斯教育学院学报》2010年第5期。

唐月梅:《日本戏剧》,上海三联书店2006年版。

王国维:《宋元戏曲史》,长沙岳麓书社1998年版。

翁淑华:《中日韩戏剧文化因缘研究》,学林出版社2004年版。

徐佳:《大阪文乐:举手投足都是历史》,《第一财经日报》2010年7月2日第D04版。

张庚、郭汉城:《中国戏曲通史》(上册),中国戏剧出版社1980年版。

周密:《武林旧事》,浙江古籍出版社2011年版。

2. 日语文献

藤原明衡:『新猿楽記』、平凡社 1983 年。

群書類従刊行会:『群書類従 9』、酣灯社 1951 年。

后　记

　　跨文化交际能力的培养已经成为高校外语专业教学的重要指向。《高等院校日语专业基础阶段教学大纲》(2001年版)明确提出"外语教学的最终目的是培养学生跨文化交际的能力,而语言知识(指语音、语法、文字、词汇等)和语言技能(指听、说、读、写)是语言交际技能的基础"的教学原则。教育部即将公布的大学本科专业类教育质量国家标准明确要求日语专业的学生应具备外语运用能力、文学赏析能力、跨文化交流能力、思辨能力、一定的研究能力、自主学习能力和实践能力。

　　在社会需求和外语教育发展的大环境下,高校的外语教育不能止步于训练学生对语言知识和语言技能的掌握,需要促进学生的语言知识和语言技能转化为跨文化交际的实际能力。如何培养日语专业学生的跨文化交际能力成为亟待探究的课题。

　　为了提升日语专业学生的跨文化沟通能力,满足中日之间交流往来的需求,北京第二外国语学院日语学院于2009年成立跨文化交际系,开设跨文化交际、商贸日语和商务沟通与谈判等专业必修课。为了推动跨文化交际系的学科建设,以日语学院社会文化方向的教师为主体的研究团队申请北京市教育委员会社科计划面上项目《中日跨文化交际障碍及教学对策研究》,并得以立项。由此展开了为期两年的项目建设。课题组负责人是跨文化交际系主任侯越,成员包括铁军、周洁、詹桂香、吕文辉四位教师。在项目的建设过程中,一些对跨文化交际感兴趣的日语学院教师、研究生也加入进来,最终汇集成这本《中日跨文化交际研究》。

课题组的研究成果主要分为四大类：(1)语言与跨文化交际。探析如何提高跨文化交际中的语言沟通能力。(2)跨文化交际教学实践。围绕跨文化交际、商务日语、翻译教学实践展开研究。(3)社会文化与跨文化交际。解读日本社会文化的特征以及中日文化的相互关系。(4)历史与跨文化交际。溯源中日文化交流历史。

《中日跨文化交际研究》的创新性在于：

1. 聚焦于中日跨文化交际的专题研究，凸显重点。目前国内大部分跨文化交际方面的研究多集中在中西方之间，中日之间跨文化交际研究成果尚不多见，本书的出版有助于推动日语学界跨文化交际领域的研究。

2. 注重实证性研究，着重分析中日跨文化交际中存在的差异及其原因。

3. 以中日语言表达、跨文化交际教学、文化解读为研究核心，形成以中日跨文化研究为主题的综合性专题研究成果。

4. 不仅关注中日跨文化交际中的差异，同时着眼于中日之间的文化共性，以期比较全面地构筑中日之间跨文化交际的桥梁。

本书得益于多位学者的指点与帮助。在此谨向《中日跨文化交际障碍及教学对策研究》课题结项评审专家组的北京日本学研究中心郭连友教授，中国社会科学院哲学研究所研究员、原北京第二外国语学院跨文化研究院院长王柯平教授，科研处处长江新兴教授，原应用英语学院院长张喜华教授，原德语系主任刘学慧教授，北京第二外国语学院原日语学院院长潘寿君教授表示衷心的感谢！此外，还要感谢对跨文化交际实践研究提出宝贵意见的对外经济贸易大学外语学院德语系潘亚玲教授，为此书的出版付出心血的中国传媒大学出版社冬妮编辑。

谨以此书纪念北京第二外国语学院日语学院跨文化交际系成立6周年。

编　者

2016年1月20日

作者简介
（按照文中出现的先后顺序）

铁　军，北京第二外国语学院日语学院教授。

主要研究领域为日本文化、中日民俗比较。

主要研究成果包括专著《日语古典语法》；主编、合著《日本龙文化研究》《中日乡土文化研究》《中日色彩的文化解读》《日本古典和歌审美新视点》等。

李　莉，北京第二外国语学院日语学院副教授，博士。

主要研究领域为日语语言学、中日语言对比、笔译理论与实践。

主要研究成果包括合著《日语被动句》《商务基础日语》《日语会话》；译著《走向明天》（合译）等。在《日语学习与研究》等杂志上发表《日语中的否定接头词「不」》《现代汉语类前缀"非"与日语否定接头词「非」的对比研究》《关于同声传译中的听力教学》等多篇论文。

林　曌，北京第二外国语学院日语学院副教授，在读博士。

主要研究领域为中日语言对比、翻译理论与实践。

主要研究成果包括《从〈心〉的三个译本看译者的再创造性》《试析影响颜色词翻译的因素》等；参编《中日笔记实用技巧训练（上册）》等教材。

侯　越，北京第二外国语学院日语学院教授，博士。

主要研究领域为日本文化研究、跨文化交际教学研究。

主要研究成果包括专著《文化人类学视野中的现代日本地域艺术文化研究——以蕨座剧团为个案》；合著《中日乡土文化研究》；主编《传承与跨

越——中日当代社会文化研究》;论文《从韩流看"影视表象"与"旅游地形象"的构筑》《日语专业跨文化交际课程教学体系的构建》等十余篇。

詹桂香,北京第二外国语学院日语学院副教授。

主要研究领域为日本社会文化(民俗)研究及跨文化教育。

主要研究成果包括合著《日本的祭礼》;合译《走遍地球——意大利》;论文《跨文化教育中的"日本概况"教学研究》《从日本"安城七夕祭"看现代活动向传统节日的转型》等十余篇。

王　怡,北京第二外国语学院日语学院副教授。

主要研究领域为日语语言学、对照语言学、日语教育。

主要研究成果包括《日语复合动词基础词汇和学习词汇的范围设定与构想——关于KT·JNT·CNT日语教材复合动词使用分布状况的调查分析》(共同执笔)等论文12篇及教材10本。

滑美琴,北京第二外国语学院日语学院2015届社会文化方向研究生。硕士论文「日本映画『フラガール』における身体の意味構造と文化資本の再生産」被评为北京第二外国语学院2015年优秀硕士学位论文。

吕文辉,北京第二外国语学院日语学院讲师,在读博士。

主要研究领域为日本经济、日本社会文化及跨文化交际研究。

主要成果包括参编《日语口译实务》《日语会话》《日语高年级教程》《中日笔译实用技巧训练(上册)》《中日同声传译听译实践训练(上下册)》等教材。在《日语学习与研究》等杂志上发表《关于复合动词「～つける」——分类与前项动词的语义特征》《图式理论在交替传译教学中的运用》等论文。

杜晓静,北京第二外国语学院日语学院2014届社会文化方向研究生。

李胜男,北京第二外国语学院日语学院2014届社会文化方向研究生。读大学期间在《华章》杂志上发表论文《关于日语教学的调查研究》,并荣获辽宁师范大学科技奖学金。

陈　斯,河北大学外国语学院日语系讲师,博士。

主要研究领域为日本社会文化。

主要研究成果包括《象征与权威——试论日本古代政治二元结构的起源》《日本维新会之探析与展望》等多篇论文。

姜　娜，中山大学历史人类学研究中心讲师，博士。

主要研究领域东亚及东南亚社会文化研究。

主要科研成果：论文《日本酒文化遗产保护策略及其借鉴》《清酒職人的变迁：京都伏见民族志》等；合译《客家：华南汉族的族群性及其边界》；译文《身体与生命体系——南太平洋斐济群岛的社会文化传承》；会议综述《首届东亚人类学论坛：人类学与历史 论坛综述》等。

郑　靓，北京第二外国语学院日语学院2014届社会文化方向研究生。

朱晓静，北京第二外国语学院日语学院2014届社会文化方向研究生。